뉴 롱 라이프

THE NEW LONG LIFE

뉴 롱 라이프

장수와 신기술의 시대에 어떻게 적응할 것인가

1판1쇄 펴냄 2021년 2월 18일

지은이 린다 그래튼, 앤드루 J. 스콧 | **옮긴이** 김원일

펴낸이 김경태 | **편집** 홍경화 성준근 남슬기 | **디자인** 박정영 김재현 | **마케팅** 곽근호 전민영
펴낸곳 (주)출판사 클
출판등록 2012년 1월 5일 제311-2012-02호
주소 03385 서울시 은평구 연서로26길 25-6
전화 070-4176-4680 | 팩스 02-354-4680 | 이메일 bookkl@bookkl.com

ISBN 979-11-90555-41-8 03330

뉴 롱 라이프

THE NEW LONG LIFE

장수와 신기술의 시대에
어떻게 적응할 것인가

린다 그래튼Lynda Gratton,
앤드루 J. 스콧Andrew J. Scott 지음

김원일 옮김

우리의 100세 시대 동반자
다이앤과 나이절에게

목차

한국의 독자들에게

한국의 새로운 100세 시대를 위하여

고대 그리스의 철학자 헤라클레이토스Heraclitus는 '변화만이 유일하게 고정불변한다'라고 썼다. 이 문장의 파장이 더욱 강하게 공명하는 시기가 있다. 지금이 그렇다. 이 책의 목적은 미래를 내다보며 장수와 기술이라는 두 가지 힘이 앞으로 당신과 당신의 가족, 동료의 일과 삶을 어떻게 변화시킬지 묘사하는 것이다. 이 두 힘은 함께 작용하여 우리 삶의 여정 전체의 구조뿐 아니라 며칠, 몇 주와 같이 그보다 작은 시간 단위의 모습마저 바꿔놓을 것이다. 이러한 변화는 경제의 물적物的 측면을 넘어 사회와 개인에게 심대한 영향을 미칠 것이다.

기술과 장수의 힘이 결합하여 삶의 모든 단계의 결정, 선택지, 가능한 행동을 변화시킬 것이다. 미래를 계획하는 방식도 바뀔 수밖에 없다. 교육의 방식과 시기, 직업의 모습, 고용 형태, 커리어의 궤적, 재정, 인간관계에 이르기까지 파급의 범위는 광대하다.

당연히 한국도 변화에 예외일 수 없다. 한국은 지난 60년간 역사상 가장 빠른 속도로 대규모의 경제적 변모를 경험한 나라 중 하나다. 이 기간 동안 한국은 농업국가에서 (2019년 IMF 통계에 의하면) 세계 11위의 경제 대국으로 탈바꿈했다. 앞으로 한국은 기술과 장수가 견인하는 다음 단계의 변모에서 선도적 역할을 할 것이다. 기술의 측면에서, 한국은 노동자당 로봇 밀도가 세계에서 가장 높다. 장수의 측면에서, 한국의 기대수명은 83.5세로 세계에서 열한번째로 길다. 이미 한국은 14세 미만 인구보다 65세 이상 인구가 많다.

기술과 장수라는 도전에 직면하여 어떻게 적응할지가 미래 한국의 경제적 성패의 관건이 될 것임은 두말할 나위 없다. 그러나 이는 개인에게도 해당되는 말이다. 당신의 성공 여부는 기술이 노동시장에 일으키는 급진적 변화들을 헤쳐나가는 능력에 좌우될 것이다. 아울러, 얼마나 건강하게 나이 드는지가 성공 여부를 크게 좌우할 것이다. 이는 매우 중요하다. 장수하는 사람이 많아질수록 건강하게 나이 드는 것이 점점 중요해지기 때문이다. 신기술과 장수의 조합은 이전 세대는 겪어보지 못했던 도전이다. 따라서 미래를 계획할 때 부모 세대의 기준을 뛰어넘는 안내를 받는 것이 현명하다.

우리는 그 안내를 제공하기 위해 이 책을 썼고, 그러면서 세 가지 목표를 세웠다. 우리는 기술과 장수라는 중대한 힘에 관한 당신의 지식을 크게 넓히고, 그 힘이 어떤 영향을 미칠지를 보여주고자 한다. 다시 말해, 당신이 남은 평생 동안 살게 될 새로운 100세 시대의 맥락이 무엇인지 설명하려 한다. 두번째 목표는 새로운 미래를 가장 잘 준비하는 방법을 고심하는 당신을 돕는 것이다. 즉, 다가오는 변화를 최대한 유리하게 활용하기 위해 직능, 커리어, 인간관계, 건강, 재정의 측면에서 무엇을 해야 하는지 이해시키는 것이다. 변화는 버거울 수 있다. 하지만 기술과 장수는 커다란 기회도 가져온다. 스마트 머신과 더 길고 건강한 삶이 결합하면 우리는 더 좋은 삶을 누릴 놀라운 기회를 얻을 수 있다.

하지만 이 기회를 붙잡으려면, 당신이 한 개인으로서 할 수 있는 것도 많지만, 다른 이들의 도움이 필요하다. 특히 기업, 정부, 교육 제도가 당신을 지원해야 한다. 이들이 함께 변해야 우리 모두가 장수 시대에 행복하게 번영할 수 있다. 그것이 바로 이 책의 세번째 목적이다. 이 사회를 이루는 각종 제도가 우리에게 무엇을 제공해야 할지에 관한 담론에 불을 지피는 것이다. 당신이 부모나 조부모가 걸었던 길을 답습하지 않고 다르게 행해야 하듯, 정부와 기업도 다른 행동을 취해야 한다. 과거에 효과적이었던 것들 대부분이 미래에는 좋은 결과를 산출하지 못할 것이다. 이를테면, 우리 모두가 행복하게 번영하려면, 정부는 기업이 업무를 자동화하고 노동자를 실직시키는 데만 기술을 사용하지 않도록 해야 한다. 대신, 일터에서 인간의 역할을 증강하고 인간의 생산성을 높이도록 기업에 인센티브를 제공하는 데 역점을 두어야 한다. 하지만 기술이 전부는 아니다. 삶이 길어질수록 보건 체계도 아프면 비로소 개입하는 데는 힘을 덜 쏟는 대신 건강하고 행복한 삶이 유지되도록 하는 데 진정으로 주력해야 한다.

이러한 변화의 한복판에서 우리가 가장 중요하게 생각해야 할 것은, 기계가 기계다워질수록 우리는 개인과 집단의 인간적 특징을 강조하고 돋보이게 해야 한다는 점이다. 이는 더 길고 건강한 삶이 주는 기회이기도 하다. 기술의 발전과 수명 연장의 눈부신 성과는 반드시 인간의 행복을 위해 사용해야 한다. 이는 특별히 중요한데, 우리 인간 관계의 너무나 많은 부분에 변화가 예고되기 때문이다. 태어나는 아이는 줄어들고 장수하는 사람은 많아지는 시대에는 세대 간의 공감과 관계를 형성하는 데 주안점을 두어야 한다. 커리어가 길어지고 다양한 직업과 역할로 전환함과 더불어, 일터가 평생의 관계에서 차지하는 중요성이 줄어듦에 따라, 당신의 정체성은 직업 외적인 삶에 더 많이 근거하여 정의될 수밖에 없다.

우리는 기술과 인구구조가 개인과 집단의 피할 수 없는 운명이 아님을 반드시 인식해야 한다. 우리가 개인과 국가의 미래를 만들 수 있다. 그러려면 길어진 삶에 투자할 의지와 능력이 있어야 한다. 이 책을 읽음으로써 당신이 원하는 미래를 계획하고 그것을 준비하기 위해 어떤 행동을 취해야 할지 이해하는 데 유리한 고지에 올라서기를 마음 깊이 소망한다.

린다 그래튼, 앤드루 J. 스콧

들어가는 말

인류의 역사는 공동의 성취로 만들어낸 감동적인 이야기이다. 우리는 수천 년에 걸쳐 인구와 수명, 가용한 자원의 양을 큰 폭으로 늘려왔다. 그 결과 오늘날의 인류는 과거보다 훨씬 풍족하고 건강하다.

이러한 진보의 원동력은 인간의 창의성이었다. 인간은 새로운 기술과 교육을 매개로 지식을 확장하여 새로운 가능성과 기회를 창출한다. 불, 농경, 문자, 수학, 인쇄기, 증기기관, 전기, 페니실린, 컴퓨터는 우리의 생활수준을 비약적으로 개선한 여러 혁신 가운데 일부일 뿐이다.

이 개선을 주도한 것은 인간의 창의성이지만, 진보가 늘 순조롭거나 즉각적으로 이루어진 것은 아니다. 때로 진보는 개인과 사회 모두에게 고통스럽고, 더디며, 우여곡절을 일으킨다. 1만여 년 전 수렵채집에서 농경으로 이행되던 시기를 예로 들어보자. 농경 덕분에 장기적으로 인간은 더욱 부유하고 건강해졌다. 그러나 새로운 농업 기술로 전환이 일어나던 시기에는 생활수준이 하락했으며, 이는 수세기 동안 이어졌다. 이와 유사한 생활수준의 정체는 영국의 산업혁명 시기에도 있었다. 산업혁명 초기 수십 년 동안에는 기술이 야기한 혼란 때문에 많은 이들의 삶의 질이 나아지지 못했다. 사람들은 경제적 측면뿐 아니라 심리적 측면에서도 고충을 겪었다. 산업화를 거치면서 사람들은 가족과 전통적 공동체를 떠나 급속히 성장하는 도시로 이주했지만, 그들 대부분은 지원과 보호를 받지 못했다. 새로운 기술을 익히고 생경한 역할과 정체성을 받아들여야 했으며, 소외된 채 일하는 경우가 많았다. 이러한 과도기를 경험한 많은 이들에게 진보한다는 느낌은 매우 희미했을 것이다.

앞의 두 과도기에는 공통의 패턴이 있다. 인간의 창의성이 기술의 발달을 이루어냈지만, 기술의 발달은 기존의 경제·사회 구조를 와해했으며, 그 때문에 또 다른 형태의 창의성이 필요하게 되었다. 바로 **사회적 창의성**social ingenuity이다. 기술적 창의성이 새로운 지식을 기반으로 새로운 가능성을 창출해내는 것이라면, 사회적 창의성은 그러한 기술의 산물이 인간 공동체를 개인적·집단적으로 개선하도록 새로운 삶의 방식을 고안해내는 것이다.

하지만 중요한 것이 있다. 기술적 창의성은 저절로 사회적 창의성으로 이어지지 않는다. 또, 사회적 창의성이 결여된 기술적 창의성은 인류에게 진정한 이익을 주지 못한다. 그렇기 때문에 역사의 진보와 개선의 패턴은 그 변화의 시기를 직접 체험하는 사람들의 관점에서 볼 때보다 훗날 그것을 되돌아볼 때 더 명백해진다. 두 창의성의 격차가 벌어지는 시기가 불안, 전환, 사회적 실험으로 특징지어지는 이유도 바로 그 때문이다.

프랑켄슈타인 증후군

우리는 기술적 창의성과 사회적 창의성의 격차가 점점 벌어지는 시대에 살고 있다. 기술적 창의성은 앞으로 내달리는데 사회적 창의성은 더딘 나머지 여러 사회적 형태, 즉 삶의 맥락을 이루는 구조와 체계가 기술을 따라잡지 못한다. 우리는 기술이 약속하는 성취에 경탄하면서도, 동시에 그 사회적 결과를 우려하고 있다.

메리 셸리Mary Shelley의 소설 『프랑켄슈타인Frankenstein』에서 빅터 프랑켄슈타인 박사가 만들어낸 피조물은 자신의 창조자에 반발하여 그를 죽인다. 오늘날에도 인간이 이룩한 기술적 쾌거가 인간에게 반발하여 진보가 아닌 고통을 초래할 것이라는 두려움인 '프랑켄슈타인 증후군Frankenstein syndrome'이 감지된다. 다시 말해, 기술적 창의성이 너무도 강력하고 빠르게 위세를 떨쳐 인간 고유의 삶의 방식을 압도할 것이며, 인간의 직업과 생계, 심지어 인간의 정체성까지 위협하게 될 것이라는 두려움이다.

미디어는 그러한 경고들로 넘쳐난다. "자동화로 인해 2030년까지 전 세계 일자리 8억 개 증발."[1] "미국 일자리 절반 이상 사라질 위기."[2] 이는 단지 경제적 차원의 위협이 아니다. 생존의 위협이다. 스티븐 호킹Stephen Hawking은 "완전 지능[범용 인공지능]의 개발은 인류의 종말을 부를 수 있다"고 믿었다. 빌 게이츠Bill Gates, 일론 머스크Elon Musk 등도 같은 두려움을 공유한다. 셸리의 소설은 인간의 지식과 창의성을 향한 경고를 담은 이야기이다.

인간의 창의성에 대한 우려의 목소리는 기술의 영역에만 국한되지 않는다. 장수에 대해서도 커다란 불안이 존재한다. 20세기를 거치면서 인간의 창의성은 공중보건의 두드러진 개선과 경이로운 의료 발전을 이룩하며 인간의 수명을 크게 연장시켰다. 20세기 초에 영국에서 태어난 소녀는 자신이 약 52년을 살 거라 예상했다. 하지만 20세기 말에 이 수치는 80년(2010년에는 83년)으로 늘었다. 2050년에는 중국의 65세 이상 인구가 4억3800만 명을 웃돌고(이는 현재 미국 인구보다 많다), 일본은 5명 중 1명이 80세 이상일 것이다. 그러나 우리는 이 엄청난 성과를 축하하기보다 사회의 고령화로 인해 국가가 파산하고, 연금이 고갈되며, 보건비가 증가하고, 그에 따라 경제가 불가피하게 악화될 것을 우려한다. 우리는 인간의 창의성을 두려워하고, 지식의 발전이 인간의 삶과 행복을 저해할까 걱정한다.

이렇게 인간 성취의 역효과를 우려하는 시선을 이해 못할 바는 아니지만, 우리는 그 역효과가 제한적이라 믿는다. 역사가 가르쳐주듯, 이러한 성취가 인류에 득이 되도록 하는 방법이 분명히 있지 않겠는가. 새로운 스마트 기술, 더 길고 건강한 삶을 골칫거리가 아니라 기회로 여겨야 하지 않겠는가. 매사추세츠공과대학교MIT에서 에이지랩AgeLab을 이끌고 있는 조지프 커글린Joseph Coughlin은 이렇게 말했다. "인류 역사의 가장 위대한 성취를 두고 우리가 하는 말이라고는 '건강보험이 파산하지 않을까'뿐이다. 오히려 그 성취를 취하여 나이든 사람을 위한 새로운 이야기, 새로운 관습, 새로운 신화를 창조하면 어떤가."[3]

문제는 우리가 그런 혜택을 정말 체감하려면 기술적 창의성 못지않게 사회적 창의성이 널리 퍼져야 하고, 깊이가 있어야 하고, 혁신적이어야 한다는 것이다. 이는 우리 각자가 창의적이어야 한다는 의미다. 규범에 의문을 제기하고, 새로운 삶의 방식을 창조하고, 더 깊은 안목을 기르고, 실험하고, 모험해야 한다. 또한, 정부, 학교, 기업 등 우리 사회의 기관과 단체도 사회적 창의성이라는 도전에 맞서야 한다는 의미이다.

이 사회적 창의성의 필요야말로 우리가 이 책을 쓴 근본적인 동기이다. 이 책이 신기술과 장수의 시대를 맞아 우리가 무엇을 이루길 원하고 앞으로 수십 년간 어떻게 번영을 구가할지에 관한 담론에 불을 지피길 희망한다. 우리는 독자들이 다가올 미래를 예측하는 데 도움을 주고, 사회적 창의성이 어떤 형태로 발현될지에 관한 호기심을 불러일으키며, 우리 모두가 경험 중인 전환과 격변을 적극적으로 헤쳐 나갈 도구를 제공하고자 한다.

▎사회적 개척자

우리의 미래가 어떻게 탈바꿈할 것인지에 관한 논의는 죄다 '로봇의 부상'과 '고령화 사회' 현상에 초점을 맞추고 있다. 이러한 주제에서 눈에 띄는 점은 그것이 참으로 **탈인격적**이라는 것이다. 이들은 기계 혹은 '외부의 것'에 관한 이야기이다. 그러나 이러한 발전의 혜택을 우리 모두가 누리도록 만드는 인간의 창의성은 기본적으로 **인격적**이다.

왜냐하면 겉보기에 탈인격적인, 장수와 기술의 종합적 추세가 사실은 인간 고유의 정체성에 심대한 영향을 미치기 때문이다. 뒤에서 다루겠지만, 장수와 기술의 추세는 결혼을 할지, 한다면 언제 할지, 일과 가정을 어떻게 조화시키고 젠더 역할은 어떻게 분담할지, 무엇을 배우고 어떻게 배우고 누구에게 배울지, 커리어와 직업을 어떻게 바라보고 우리의 직업 정체성을 어떻게 확립할지, 생의 각 단계에서 무엇을 할 것이며 인생의 서사*를 어떻게 구성할지 등의 윤곽을 형성한다.

이렇게 삶의 가장 기본이 되는 것들이 바뀔 수밖에 없다. 이때 우리가 마주한 질문은 이것이다. 나는 그것들이 어떻게 바뀌길 원하는가?

수백만이 똑같은 딜레마에 봉착하여 똑같은 질문을 던지는 현 상황은 사회적 창의성이 움틀 수 있는 옥토가 되어가고 있다. 분명한 것은, 과거는 미래를 위한 좋은 안내서가 못 된다는 점이다. 과거의 전통적 선택지들은 오늘날에는 적절치 않을 가능성이 크다. 과거에 삶의 뼈대 노릇을 하던 사회 구조 역시 더는 제구실을 하지 못할 것이다. 당신은 이러한 추세를 이해해야 할 뿐 아니라 그에 대한 지식을 바탕으로 행동에 나설 수 있는 용기와 열의를 가져야 한다. 장수와 기술로 말미암아 새로운 상황에 직면한 이때, 우리는 나이에 관계없이 개인으로서뿐 아니라 가족, 기업, 교육기관, 정부의 일원으로서 함께 실험에 임할 준비를 해야 한다.

우리 모두가 사회적 개척자가 될 준비를 해야 한다는 것, 그것이 이 책이 던지는 메시지이다.

● 저자는 장수와 다단계 삶의 시대를 맞아 각자가 설계하는 인생 계획의 연속체를 서사narrative 라고 부른다.

▌ 우리들

이렇게 변화하는 환경을 이 책에서는 '우리들everybodies'이라 명명한 가상의 인물들의 시선을 통해 바라볼 것이다. 이들을 통해 독자가 자신의 삶을 더 깊이 통찰하고, 거대한 사회적 추세와 자신의 선택을 연결할 수 있기를 소망한다.

'우리들'을 소개한다.

히로키와 마도카 20대 중반의 일본인 커플로 일본 가나자와시에 거주한다. 둘은 긴 인생을 해로할 새로운 방법을 모색하지만, 그들의 부모와 사회적 기대로 인해 제약을 느낀다.

라디카 20대 후반의 대졸 독신 여성. 인도 뭄바이에서 전문직 프리랜서로 일하고 있다. 라디카는 긱 이코노미gig economy●의 자유를 만끽하며 이미 사회적 규범을 거부했지만, 앞으로 어려운 선택이 기다리고 있음을 알고 있다.

에스텔 두 자녀를 둔 30세 한부모. 에스텔은 영국 런던 번화가의 슈퍼마켓 체인에서 시간제 계산원으로, 저녁에는 지역 요양원에서 일한다. 그녀는 좀 더 규칙적이고 안정된 직업을 원하고 있다.

톰 40세의 트럭 운전기사로 아내와 성인이 된 아들과 함께 미국 텍사스 주 댈러스에 거주한다. 톰은 자율주행차 기술의 발전을 예의주시하고 있으며, 그것이 자신의 직업에 미칠 영향이 궁금하다.

● 임시직, 비정규직, 프리랜서 등 단발적이고 유연하며 고용 기간이 길지 않은 일자리가 많은 경제.

잉 55세의 이혼한 회계사로 호주 시드니에 거주한다. 직장에서 막해고 통지를 받았다. 잉의 직무는 자동화되고 있는 반면, 그녀는 나이가 많고 근속년수가 높아 회사 입장에서는 고용 유지에 너무 많은 비용이 든다. 잉은 돈을 마련하기 위해 일을 해야 하며, 아직 커리어를 유지하면서 일할 날이 한참 남았다고 생각한다.

클라이브 71세의 퇴직한 엔지니어. 영국 버밍엄 근교에 거주한다. 클라이브는 65세에 퇴직했고 아내와 가족, 네 명의 손주와 여생을 즐기고 있다. 그는 퇴직 기간의 재정 관리에 대해 걱정이 많으며, 다시 일을 하고 지역 공동체에도 참여하고 싶다.

▌우리의 제안

이 책은 전작 『100세 인생』의 성공 후 우리가 가졌던 수많은 담론에서 탄생했다. 우리는 사람들이 길어진 삶에 대해 이야기할 때 던지는 질문의 상당수가 예외 없이 기술과 장수의 '결합'에서 비롯된다는 사실을 발견했다. 커리어가 길어지면 일자리는 어디에서 찾아야 하는가? 로봇이 우리의 일자리를 빼앗게 될까? 그것이 우리의 커리어와 인생의 각 단계에는 어떤 영향을 미칠까? 전작에서 우리가 '나이 듦'에 관한 낙관적 의제를 개진했음에도 기술을 둘러싼 두려움과 우려의 뿌리는 여전히 깊어서, 이를 해결하기 위한 노력이 필요했다. 프랑켄슈타인 증후군은 피하기 어려운 것이다.

바라건대, 경제학자와 심리학자인 우리의 관점이 결합되어 독자가 기술과 장수가 어떻게 상호작용하는지, 또 사람이 행복한 번영

human flourishing●을 위해 필요한 사회적 창의성이 무엇인지 더 면밀히 탐색할 수 있는 광범위한 식견을 얻게 되길 희망한다. 제1부 '인간에 관한 질문'에서는 최근 인공지능과 로봇공학의 경이로운 성과를 바탕으로 기술과 장수가 어떻게 상호작용할지 살펴보고, 기대여명●●과 건강의 최근 추세를 고찰한 후, 사회가 어떻게 고령화되고 있는지 검토한다. 이 책에서는 '우리들'의 시선을 통해 그러한 발전이 촉발하는 질문과 그것이 만들어내는 선택지의 조합을 생각해본다. 기술적 성취는 사람이 행복한 번영을 가능케 하는 삶의 방식을 구축하는 데 커다란 영향을 미친다. 다시 말해, 기술적 성취는 우리를 사회적 창의성이라는 심오한 주제로 초대한다.

하지만 여기서 꼭 필요한 질문이 있다. 무엇을 위한 사회적 창의성인가? 궁극적으로 인간의 행복을 달성하기 위함이라는 점은 명백하다. 하지만 어떻게 새로운 사회 형태를 설계할 것인가? 또, 그러한 사회 형태를 어떤 기준으로 평가할 것인가? 경제적 번영이 한 축이 되어야 한다. 다시 말해, 질 좋은 삶을 경제적으로 뒷받침할 자원을 어떻게 확보할 것인지 생각해봐야 한다. 그러나 바람직한 사회 개혁은 기본적으로 인간 고유의 정체성의 더 깊은 면면을 구현할 수 있어야 한다. 즉, 인류의 서사가 유기적이고 긍정적으로 전개되도록 돕고, 인간이 탐색하고 실험하고 배우도록 하며, 타인과 관계를 맺고 이를 유지시키도록 할 수 있어야 한다. 바로 이 세 가지 원칙, 즉 삶의 서사

● 'human flourishing'은 직역하면 '인간 번영'이지만, 이 책에서는 사람이 개인적·사회적으로 자신의 능력을 발휘하면서 건강하고 행복하게 사는 것을 의미하여 "사람이 행복한 번영"으로 옮겼다. 저자는 3장에서 이를 아리스토텔레스가 정의한 행복의 개념인 '에우다이모니아eudaimonia'와 연결한다.

●● 기대여명은 특정 연령의 사람이 향후 얼마나 더 살 것으로 기대되는지를 나타낸다. 이 기대여명을 태어난 순간을 기준으로 산출한 것이 기대수명life expectancy at birth이다.

만들기, 탐색하기, 관계 맺기는 제2부 '인간의 창의성'의 분석의 토대가 된다. 제2부에서는 새로운 100세 시대에 대비하기 위해 우리 각자가 밟아야 할 단계를 소개한다.

제2부에서 소개하겠지만, 사회적 개척자로서 우리가 개인적으로 달성할 수 있는 것도 많다. 그러나 우리 앞에 놓인 선택, 또 우리가 내리는 결정은 더 큰 파트너십과 상호작용의 맥락 속에서 이루어진다. 우리가 교육기관, 기업, 정부와 상호작용하는 경우에는 더욱 그렇다. 다 함께 행복해지려면 대규모의 제도 변화가 필요하다. 제3부 '인간 사회'에서는 이렇게 경제 및 사회 체계의 심층부에서 일어나야 하는 변화를 다룬다. 오늘날 변화의 압력은 거세다. 이제 변화라는 의제는 점점 명백해지고 있으며, 개인과 집단 모두의 행동이 절실히 요구되고 있다.

제1부

인간에 관한 질문

1장

─────────── 인간의 진보 ───────────

바퀴를 사용하기도, 주전자에 물을 끓이기도 하면서 역사적으로 인간은 기술을 이용해 삶을 더 편리하게 만들어왔다. '기술'이라는 말은 특정 세대의 낯설고 새로운 발전상에 붙이는 단어였으며, 사람들은 기술이 새 시대를 열 것이라 상상했다.[1] 오늘날 '기술'은 컴퓨터와 연관 지어 사용되는 일이 많다. 이른바 4대 '법칙'의 힘으로 발전해온 컴퓨터는 현재 그 성능의 변곡점을 맞이하고 있다.

▌경이로운 기술의 창조

1965년에 인텔을 공동 창립한 고든 무어Gordon Moore는 컴퓨터의 성능[2]이 18개월마다 두 배로 향상된다고 예견했다. 이 '무어의 법칙'이라는 관측은 대단히 정확한 것으로 판명되었다. 컴퓨터의 이러한 극적인 성능 향상과 함께 자율주행차를 비롯한 수많은 혁신이 뒤따랐다. 이렇게 기하급수적인 성장이 지속된다면, 3년 후 자율주행차의 계산 능력은 지금의 네 배로 증가할 것이다. 그때가 되면 현재의 버전은 초보적이고 제한적으로 보일 것이다.

경이로운 속도로 발전하는 기계 덕분에 우리를 둘러싼 세상은 완전히 탈바꿈하기 직전인 것처럼 보인다. 그런데, 무어의 법칙은 계속될까? 무어의 법칙의 기술적 관건은 칩 안의 처리장치 수를 늘리는 것인데, 이제는 칩이 너무 작아진 나머지 나노 기술이 한계에 도달하여 성능 증가 속도가 감소할 우려가 있다. 일부 전문가는 무어의 법칙이 향후 5년 내로 무효화될 거라 예측한다.

아이러니한 것은 컴퓨터 처리 능력의 증가 속도가 둔화할 거라는 우려 속에서도 인공지능과 로봇공학 기술의 힘에 대한 믿음은 더욱 빠르게 견고해지고 있다는 점이다. 기존에 무어의 법칙이 거둔 성과를 그와 동반 성장하는 여러 기술이 활용하고 있으며, 이 새로운 기술들의 영향력이 결집되어 국가 경제, 일터의 업무, 삶의 방식이 재편될 것이다.

이렇게 무어의 법칙을 보완하는 기술 중 하나는 정보 배분의 통로가 되는 대역폭•의 확대이다. 미국의 기술자 조지 길더George Gilder는 대역폭 증가 속도가 컴퓨터 성능 증가 속도의 세 배가 넘을 것으로 내다보았다. 다시 말해, '길더의 법칙'은 컴퓨터 성능이 18개월마다 두 배로 증가할 때 대역폭은 6개월마다 두 배로 증가함을 암시한다. '길더의 법칙'의 결과 인터넷 트래픽••은 폭발적으로 증가했다. 2018년에는 1.8제타바이트[3]의 트래픽이 오간 것으로 추정된다. 이는 역사를

• 정보 전달의 통로가 되는 주파수의 폭을 말한다. 대역폭이 커지면 한꺼번에 처리할 수 있는 정보의 양이 늘어나고, 따라서 정보의 전달 속도도 증가한다.
•• 네트워크 상에서 이용자들이 주고받는 정보의 양.

통틀어 인류가 기록한 모든 단어의 수를 크게 뛰어넘는 수치다.

대역폭이 커지면 연결된 네트워크의 수도 증가한다. 이더넷ethernet 을 발명한 로버트 멧커프Robert Metcalfe가 '멧커프의 법칙'에서 관찰했듯, 네트워크의 가치는 연결된 사용자 수의 제곱에 비례하여 증가한다. 즉, 연결된 사용자가 두 배 증가하면 네트워크의 가치는 네 배 이상 증가한다. 이는 페이스북과 유튜브의 깜짝 놀랄 만한 성장을 설명해준다. 네트워크 규모가 클수록 신규 사용자는 더 많은 매력을 느끼는 것이다.

이러한 성장을 더욱 부추기는 것은 구글의 수석 경제학자인 헬 배리언Hal Varian이 관찰한 현상이다.[4] '배리언의 법칙'은 자유롭게 이용 가능한 수많은 기존 기술을 활용하면 기존의 아이디어들을 경제성 있는 방향으로 조합할 수 있음을 보여준다. 이를테면, 무인자동차에는 사실 새로운 기술이 전혀 필요치 않다. 무인자동차는 GPS, 와이파이, 첨단 센서, 잠김 방지 브레이크, 자동변속기, 구동력 및 안정성 제어 장치, 적응형 순항 제어 장치, 차선 제어 장치, 매핑 소프트웨어 등 기존 기술의 '잡탕'일 뿐이다.[5] 이러한 기존의 기술이 많을수록 우리가 이용할 수 있는 '잡탕'의 종류가 다양해지고, 그 경제적 가치도 커지며, 결과적으로 기업이 앞다투어 이러한 '잡탕'을 시장에 내놓으려 한다.

바로 이 무어, 길더, 멧커프, 배리언의 법칙의 기저에 있는 기술적 역량의 조합이 로봇공학과 인공지능 분야에서 전례가 없고 날이 갈수록 빨라지는 발전을 부른다. 이러한 발전의 결과는 새로운 제품의 출현에서 끝나지 않는다. 새로운 기업 운영 방식, 새로운 경제 부문의 출현, 가치의 전환, 가용한 일자리의 종류와 관련한 급격한 변화를 초래한다.

인간은 기계에게 일자리를 빼앗길 것인가

텍사스에서 트럭을 운전하는 톰은 근래 자율주행차에 관한 소식을 더 자주 접한다. 톰은 자율주행차에 관해 어느 정도 알고 있으며, 가끔 그의 집 근처 도로를 자율주행차가 돌아다니는 것도 보았다. 운전기사로 일하면서 이미 그는 내비게이션, 운송 정보 및 연비 시스템의 중요한 변화를 경험했지만, 이번에는 느낌이 다르다. 톰은 알파벳Alphabet과 같은 기술 선도 기업, BMW, 테슬라Tesla 등의 자동차 제조사, 우버Uber 등 승차 공유 기업이 자율주행차에 투자하고 있다는 것도 알고 있다.• 2018년 10월까지 알파벳의 자율주행차 웨이모Waymo는 공공도로에서 이미 1600만 킬로미터 이상의 주행 실적을 올렸다.

톰의 고향인 텍사스 주를 포함해 미국의 스물두 개 주에서는 자율주행차의 전면적 허용의 전 단계인 시운전 허용에 관한 법안을 이미 채택했다. 톰이 보기에 자율주행차가 도로의 주류로 부상하는 것은 가능성의 문제가 아니라 그저 시간문제다. 톰은 자율주행차에 투자한 기업들의 초창기 보도자료도 읽어보았다. 이들에 따르면 자율주행차는 인간 운전자보다 더 신뢰할 수 있고, 오류의 확률이 적으며, 휴식도 필요치 않다고 주장한다. 운송회사가 지출하는 비용 중 운전기사의 급여와 복리후생이 차지하는 비중이 40%에 달하는 만큼, 운송회사가 자율주행차를 선택할 경제적 유인은 명백하다. 게다가 사회적 이익도 자율주행차가 더 크다. 미국에서는 매년 4천 명이 넘는 사람들이 트럭 관련 사고로 사망한다.

● 우버는 2020년 12월에 자율주행차 사업을 매각했다.

이 모든 이유들 때문에 톰을 비롯하여 운전을 생업으로 하는 약 400만의 미국인은 자신의 직업의 미래에 신경이 곤두서 있다. 일부 연구에서는 차량이 완전 자동화될 경우 운송 부문 고용의 2/3가 줄 어들 것으로 예측한다.[6] 그러니 톰이 일자리를 염려하는 것도 이해할 만하다.

톰을 비롯해 많은 사람들이 자신의 직업에 로봇이 미칠 영향을 점 점 인식하고 있다. '로봇robot'이라는 말은 카렐 차페크Karel Čapek가 1920년에 발표한 자신의 과학 희곡 『R.U.R.』에서 처음 사용했다. '로 봇'은 체코어 로보타robota에서 유래한 것으로 강제 노역, 지루한 노 동을 일컫는다. 로봇은 그 어원처럼 반복적이고 따분한 작업을 수행 하기에 알맞다. 오늘날 전 세계적으로 200만 대 이상의 로봇이 제조 업에서 주로 운용되고 있으며, 특히 한국에서는 사람 1천 명당 50대 의 로봇이 투입되어 그 밀도가 가장 높다. 밀도는 더욱 높아질 것이 다. 기업가 일론 머스크는 인간 노동력이 전혀 없는 생산 라인인 '에 일리언 드레드노트Alien Dreadnought*'의 출현도 예상하고 있다. 머스 크는 "생산 라인에 사람을 배치하면 안 된다. 생산 속도가 사람의 속 도로 떨어지기 때문이다"라고 했다.[7]

로봇 기술의 질적 향상과 로봇 가격의 추가 하락으로 인해 로봇은 비 제조업 부문에서도 필연적으로 인력을 대체할 것이다. 서비스 부 문에서는 소프트뱅크Softbank 도쿄 지사에서 2014년에 소개된 어린 이 모습의 소형 로봇 '페퍼Pepper'를 본 독자가 있을 것이다. 페퍼는 도쿄 전역의 여러 은행과 사무실에서 접수원, 안내원으로 배치되어

● 일론 머스크가 로봇으로 완전 자동화를 목표하는 테슬라 전기 자동차 생산 공장에 붙였던 별칭. SF 영화, 게임에 등장하는 외계인들의 우주 전함을 지칭하는 말이다.

고객을 맞이하고 서비스에 대한 기본 정보를 제공한다. 페퍼는 고용 비용을 줄일 뿐 아니라 영업 사원을 잔업에서 해방시켜 고객과 더 오래 집중적으로 대화할 수 있도록 한다.

서비스 부문에서의 로봇 활용 가능성은 무궁무진하다. 일본의 헨나Hen-na 호텔은 '로봇 호텔'을 표방한다. 로봇 주방장(앤드루)은 오코노미야키 전문이다. 다른 로봇은 투숙객의 체크인과 수하물 운반을 돕는다.[8] 한편, 캘리포니아에서는 로봇 '샐리'가 샐러드를 만든다. '플리피Flippy'는 햄버거 굽는 로봇이다. '보틀러Botlr'는 호텔에서 여분의 수건과 세면용품을 제공한다. 이탈리아 기업인 메이커 셰이커Makr Shakr는 로봇 바텐더를 개발 중이다. 인류의 고민을 해결하기 위한 기술의 행진은 계속되어 2016년에는 도미노 피자Domino's Pizza가 뉴질랜드에서 최초로 드론 피자 배달을 성공시켰다. 뉴질랜드 팡가파라오아에 거주하는 커플은 드론으로 페리페리 치킨-크랜베리 피자를 받았다.

언젠가 당신도 로봇의 서비스를 받을 날이 반드시 올 것이다. 그때 당신은 로봇의 서비스를 받을 의향이 있는가?[9] 2030년, 인구가 줄고 고령화된 일본 같은 나라에서는 가족과 친구가 해주지 못하는 일을 로봇이 대신 할 가능성이 크다. 청소기 돌리기, 공과금 납부, 음식에서 의약품에 이르는 생활필수품 자동 주문 등 기본적인 살림을 돌보는 로봇을 당신의 집에서 보게 될 날도 올 것이다.

내 커리어를 지키려면 어떤 자격이 필요할까

역사의 많은 부분에서 인간의 창의성은 돌도끼, 수레바퀴, 방적기 등 인간의 **신체 능력**을 증강하고 대체할 수 있는 도구를 만들어왔다.

그러나 **지적 능력**을 증강하고 대체하는 기계는 훨씬 혁명적이고 이해하기도 쉽지 않다. 인공지능의 발전으로 기술은 전통적으로 인간의 전유물이었던 인지 영역으로 침투하고 있다.

물론 스마트 머신은 예전부터 사용되고 있었다. 1979년에 출시된 비지캘크VisiCalc는 오늘날의 유비쿼터스 컴퓨터 스프레드시트의 최초 작동 가능 버전이었다. 비지캘크는 종이 스프레드시트를 대체했다. 그때까지는 27.94cm×43.18cm 크기의 커다란 스프레드시트*에 서기가 일일이 행과 열을 추가했고, 작성에 시간이 많이 걸렸으며, 실수가 생길 수 있었다. 1979년 이후 많은 것이 변했다. 가장 중요한 변화는, 과거에는 기계가 어떤 과업을 수행하기 위해 사전에 정의된 규칙을 따랐다면, 현 세대의 스마트 머신은 정해진 목표를 달성하기 위해 자의적으로 계산을 수행한다는 것이다.

이러한 목표지향적 혁신이 가능하게 된 것은 머신러닝ML 덕분이다. 머신러닝이란 계산을 순차적으로 해나가는 방식(if-then)** 대신 알고리듬을 사용하는 것으로, 흔히 신경망[10] 알고리듬을 말한다. 이는 기계가 문제를 자신이 이해한 바대로 계산하고, 변화하는 환경에 적응할 수 있음을 뜻한다. 그럼으로써 인공지능은 인간 두뇌 활동의 일부를 모방한다. 물론 인간보다 빠르게 말이다. 이러한 머신러닝으로의 전환에는 앞서 언급한 4대 법칙이 적극 활용된다. 이 4대 법칙이 결합되어 방대한 정보의 빠른 전송과 처리가 가능해진다.

열여덟 번이나 세계 정상에 오른 바둑 챔피언 이세돌을 2017년에 무릎 꿇린 알파고 프로그램을 떠올려보라. 알파고는 2014년에 구

● 본래 스프레드시트는 행과 열을 나누어 숫자나 자료를 기입하던 종이를 의미한다.
●● 'if-then'은 정해진 조건에서 정해진 작업을 수행하라는 의미의 프로그래밍 명령어이다.

글이 인수한 영국계 인공지능 개발 회사 딥마인드DeepMind가 제작했다. 알파고는 리Lee, 마스터Master, 제로Zero 세 가지 버전으로 만들어졌다.[11] 알파고 리와 마스터 버전은 바둑의 규칙, 과거의 기보 정보, 인간의 지도와 전문가의 지시를 받아 서로 다른 수준으로 훈련되었다. 이와 대조적으로 알파고 제로에게는 단순히 바둑의 규칙만이 주어지고 자체적으로 여러 번 대국을 실행하여 직접 전략을 수립하라는 지시가 내려졌다. 즉, 알파고 제로는 독학을 한 것이다. 알파고 제로는 40일이 넘는 기간 동안 2900만 회의 대국을 실행하면서 어떤 인간 기사도 따라올 수 없는 데이터베이스를 구축했다. 알파고 제로는 4일 만에 알파고 리를 뛰어넘었고, 34일 만에 알파고 마스터를 격파했다.

놀라운 점은 알파고 제로가 사람 간 대국에 사용되는 것과는 질적으로 다른 전략을 세우는 능력을 가졌다는 것이다. 알파고 제로의 제작자는 이렇게 썼다. "백지 상태에서 시작한 알파고 제로는 불과 며칠 사이에 많은 양의 바둑 지식뿐 아니라 전례가 없는 전략을 재발견하여 역사상 가장 오래된 게임에 새로운 안목을 제시했다."

비지캘크는 복잡한 계산을 빠르고 안정적으로 수행하도록 프로그램됐지만, 알파고에게는 목표를 달성하라는, 즉 게임에서 이기라는 지시가 내려졌다. 어떤 의미로 알파고는 인간의 능력을 뛰어넘는 결과를 산출하기 위해 판단력을 사용하고 목표를 지향한다고 할 수 있다.

이러한 기계의 연산 능력과 목표의식, 대체 능력과 증강 능력이 결합되어 (계산원, 트럭 운전기사, 변호사, 재무 고문 할 것 없이) 우리 직업의 성격을 송두리째 바꿀 것이다. 물론 거기에는 일자리 손실

위험이 존재한다. 실제로 스프레드시트로 인해 약 40만 개의 부기 직종 일자리가 사라졌다.[12]

시드니에서 회계사로 일하는 잉은 이를 직접 경험하고 있다. 회사가 인공지능에 투자한 이후 그녀가 관리자로 있던 회계처리 부서의 필요 인원이 대폭 줄어들었다. 당초 잉은 65세에 은퇴할 생각이었다. 그러나 55세인 현재 회사로부터 6개월 안에 새 일자리를 구하라는 통보를 받았다. 학부에서 회계학을 전공하고 대학원에서 공인회계사 자격을 취득한 잉은 자신이 충분한 자격을 갖추었다고 생각한다. 그러나 몇 군데에 입사 지원을 했음에도 단 한 곳에서도 면접 제의를 받지 못했다. 과거에는 기술의 타격을 가장 많이 받는 계층이 교육 수준이 낮은 사람들이었다. 그러나 현재는 잉처럼 전문적인 자격을 갖춘 사람들도 고전하고 있다.

런던의 한 슈퍼마켓에서 계산원으로 일하는 에스텔도 잉과 비슷한 문제에 봉착했다. 셀프 계산대를 이용하는 손님이 계속 늘면서 에스텔이 일하는 매장도 아마존 고Amazon Go 편의점을 모방하여 무인 계산대 정책을 도입할 날이 얼마 남지 않아 보인다. 게다가 그녀의 전남편도 자동화로 인해 물류창고에서 일자리를 잃는 바람에 보내오는 생활비가 얼마 되지 않아 에스텔은 불안하다. 수입을 벌충하기 위해 에스텔은 지역 요양원에서 밤근무를 한다. 친구들은 에스텔에게 요양원에서 전일제로 일할 것을 권유하지만, 그러려면 자격 취득에 2년이 걸린다. 그녀는 이미 두 개의 야간 교육 과정을 중도에 포기했고, 과정을 끝까지 이수할 시간도 돈도 없다고 느낀다.

잉과 에스텔의 사례에서 우리는 기술과 장수가 결합했을 때 사회가 맞닥뜨리는 교육 관련 난관이 얼마나 큰지 알 수 있다. 따라서 교육기관이 진화하고 새로운 교육 과정을 제공하여 사람들이 그러한 난관을 극복하도록 도와야 한다. 정부 역시 교육 분야에 개입을 확대하고 평생교육을 지원해야 할 것이다.

인간은 어떤 분야에서 기계를 능가할 수 있을까

앞서 언급한 4대 법칙이 계속 유효하다면, 미래의 기술은 알파고마저 우리가 오늘날 비지캘크를 보는 것만큼 부족하고 심드렁하게 느껴지도록 만들 것이다. 현대의 기계는 체스, 바둑, 포커 등 특정 작업을 영리하게 수행할 수 있지만, 정말 인간처럼 지능을 가진 것은 아니다.[13] 인간의 두뇌는 질문을 던지고, 질문의 틀을 짜고, 가설을 세우고, 서로 다른 다양한 문제를 오가고, 미래의 가능성을 상상하는 데 대단히 능숙하다. 이렇게 볼 때 궁극의 목표는 범용 인공지능AGI이 될 것이다. 범용 인공지능이란 인간이 할 수 있는 모든 지적 작업을 성공적으로 수행할 수 있는 기계를 말한다. 범용 인공지능으로의 혁신은 '특이점singularity'에 도달하는 순간부터 시작된다. '특이점'이란 기계가 그 자신보다 더 지능이 높은 기계를 창조하는 능력을 획득하는 시점을 말한다. 그렇게 되면 개발 사이클이 필연적으로 빨라지고, 결국 기계가 모든 면에서 인간보다 훨씬 월등한 능력을 갖게 될 것이다.

이러한 미래에 대해 숙고할 때는 인공지능과 범용 인공지능을 구분하는 것이 중요하다. 미래를 경제적·사회적·존재적으로 가장 암울하게 바라보는 견해 다수는 범용 인공지능의 개발을 염두에 두고 있다. 이 견해들은 기계가 인간을 모든 면에서 앞서는 불안한 세상을 예측한다. 하지만 현재의 연구 수준에서 그런 세상은 아직 요원하다. 대부분의 인공지능은 사진 속에서 도로 표지판을 식별해야 하는 캡차

CAPTCHA[14] 등 아주 기초적인 테스트도 통과하지 못한다. 범용 인공지능이 정확히 언제 출현할지, 과연 출현하기는 할지에 대해서는 논란이 많다. 이와 관련하여 MIT의 맥스 테그마크Max Tegmark가 인용한 컴퓨터과학자들 대상 설문 조사 결과에 따르면, 컴퓨터과학자들은 범용 인공지능의 출현 시기를 '몇 년 후'에서 '영원히 출현하지 않는다'까지 다양하게 예측했다.[15] 이들의 평균 추정 시기는 2055년이었다. 이것이 맞는다면 현재 60세 미만인 사람은 생전에 범용 인공지능의 출현을 보게 될 수도 있다. 하지만 그전까지는 인간이 기계보다 유리할 것이다.

인공지능이 발전하면 기계보다 인간에게 더 유리한 직능과 직업의 유형도 바뀔 수밖에 없다. 카네기멜론대학교 로봇공학 연구소의 한스 모라베크Hans Moravec는 이를 '인간 능력의 지형landscape of human competence'이라는 비유로 시각화했다. 바다와 섬이 그려져 있고, 등고선이 인간의 능력을 의미하는 지도를 상상해보자. 즉, 봉우리의 고도가 높을수록 더 높은 수준의 인간 능력을 가리킨다. 해수면은 이미 인공지능이 수행할 수 있는 작업들이라 하자. 시간이 지날수록 해수면은 상승한다. 인공지능의 성능이 향상되어 밀물이 차오르면 인간 능력의 영역은 계속해서 줄어든다.

인간의 능력 중 스프레드시트 산술 계산, 패턴 인식, 체스, 바둑 등은 이미 바다에 잠겼다. 현재 해수면은 번역, 투자 결정, 음성 인식, 운전과 같은 인간 능력의 기슭에서 찰랑이고 있다. 독자가 이 책을 읽을 무렵에는 이미 바다에 잠겼을지도 모르겠다.

인간이 기계에 처음 자리를 내준 영역은 반복적이고 계획적인 작업의 영역이었다. 고도가 높은 난공불락의 봉우리에는 사회적 상호작용, 배려와 공감, 관리와 리더십, 창조와 혁신 등 좀 더 '인간적인' 특징이 자리한다. 따라서 인간 능력의 지형을 침수시키며 자신의 영역을 확대해가는 인공지능의 영향권을 벗어나려면 우리 각자는 더 높은 곳을 향해야 한다. 만약 범용 인공지능이 결국에는 출현하더라도 이 높은 봉우리들은 기계를 상대로 인간에게 (절대우위까지는 아니더라도) 비교우위를 제공할 것이다.

앞에서 말한 모든 것은 향후 수십 년간 펼쳐질 직업과 커리어의 변화무쌍한 지형을 가리킨다. 히로키의 아버지는 평생을 한 직장에 몸담았지만, 20대 초반의 히로키는 그런 자신의 모습을 상상할 수 없다. 신기술의 힘을 생각할 때 하나의 직능만 갖추어서는 충분치 않은 데다가, 기술이 기업의 지형마저 바꾸고 있는 만큼 지금 어느 회사에 입사하더라도 거기서 평생 일한다는 생각은 할 수 없다.

이 놀라운 기술들은 일자리의 변화뿐 아니라 일하는 방식의 변화도 가져오고 있다. 라디카는 뭄바이에서 거주하고 일한다. 그녀는 세계 긱 이코노미의 일원이다. 프리랜서인 라디카는 특정 업무를 수행해주는 대가로 보수를 지급하는 전 세계 기업들을 상대로 서비스를 제공한다. 라디카는 전통적인 의미의 직장에서는 한 번도 일해본 적이 없으며 프리랜서이기 때문에 다음 일을 적극적으로 찾아나서야 한다. 그녀에게 자율성과 자유는 있을지 모르나 일반 직장에 다니는 친구들이 누리는 성장, 승진, 직무 훈련의 기회는 전무하다. 라디카와 히로키는 전통적인 직업이 사라지고 회사와의 오랜 인연이 더는 존재하지 않는 시대에 어떻게 커리어를 설계하고 쌓을지 스스로에게 묻고 있다.

▎ 길어진 삶을 잘 살려면

기술이 직업과 커리어에 미칠 영향을 우려하는 것은 라디카와 히로키가 마주한 도전의 일부일 뿐이다. 인간 창의성의 또 다른 산물인 장수는 그들의 미래에 더 큰 영향을 미칠 것이다.

인간의 창의성은 경이로운 기술도 탄생시켰지만, 기대여명 또한 크게 늘렸다. 그러면서 수명과 삶의 단계에 대한 과거의 여러 전제 조건에 의문이 달리기 시작했다. 인간의 창의성 덕분에 이미 여러 나라에서 많은 사람들이 65세가 넘어서도 건강한 삶을 영위한다. 이는 나이 듦의 과정, 우리가 생각하던 고령화 사회의 전제 조건, 늙는다는 것의 의미에 관해 추가적인 의문과 혼란을 불러일으켰다.

현재까지 (공식적으로 기록된) 가장 오래 산 사람은 122세 164일을 일기로 1997년에 사망한 프랑스의 잔 칼망Jeanne Calment이었다. 1965년, 당시 90세였던 칼망이 그녀의 변호사 앙드레 프랑수아 라프레와 체결한 계약은 유명하다. 칼망은 자신이 죽을 때까지 라프레가 매달 2500프랑을 지급하면 사망 시점에 라프레에게 자신의 아파트를 주기로 했다. 라프레는 1995년에 77세의 나이로 사망했다. 당시 칼망은 '겨우' 120살이었다. 결국 라프레는 칼망의 아파트 가격의 두 배에 달하는 돈을 그녀에게 지불했다. 칼망은 이렇게 말했다. "살다보면 손해 보는 거래도 하고 그러는 거지."

칼망의 사례는 매우 이례적이다. 이 책을 쓰고 있는 현재 세계 최고령자는 116년 301일을 산 일본의 다나카 카네田中カ子이다. 이러한 '초고령자'는 흔치 않지만, 지난 150년간 '모범 기대여명best practice life expectancy'은 꾸준히 증가해왔다. 모범 기대여명이란 특정 시점에서

기대여명이 가장 높은 국가의 **평균** 기대수명으로 정의된다. 현재 모범 기대여명은 일본 여성이 정의한다. 일본 여성의 기대수명은 87년이다.[16]

100년이 넘는 기간에 모범 기대여명은 10년마다 2~3년씩 큰 폭으로 증가해왔다.[17] 이는 특정 세대가 바로 전 세대보다 평균 6~9년 더 오래 산다는 것을 의미한다. 결국 1900년에 20세였던 청년의 **어머니**가 살아 있을 확률보다 현재 20세인 청년의 **할머니**가 살아 있을 확률이 더 높아졌다.

이 추세가 지속되면 오늘 선진국에서 태어난 아이가 100년 넘게 살 확률은 50%를 넘는다. 설령 증가율이 반토막 나더라도 오늘 태어난 아이가 100세를 넘길 확률은 30% 이상이다. 결과적으로 100세 이상 인구는 오늘날 전 세계에서 가장 **빠르게** 증가하는 인구집단이 되었다.

20대인 마도카는 모범 기대여명을 정의하는 집단인 일본 여성이다. 최근 영국과 미국의 기대여명은 줄고 있지만,[18] 일본은 계속해서 늘고 있다. 2010~2016년에 65세 일본 여성의 기대여명은 1년에 8주씩 증가했다. 10년이면 대략 1.5년인 셈이다.

마도카는 손꼽히는 선진국에 살고 있는 경우다. 인도에 사는 라디카의 경우는 어떨까? 라디카가 100세에 도달할 확률은 마도카보다 적다. 하지만 인도 등 개도국이 선진국과 격차를 좁히면서 그들의 기대여명은 더욱 비약적으로 **증가**하고 있다. 따라서 라디카는 자신이 부모님보다 훨씬 오래 살 것으로 예상할 수 있다. 지난 50년간 인도(와 중국)의 기대수명은 26년(과 24년) 증가했다. 이는 10년마다 기대수명이 5년 증가한 것으로, 선진국들보다 훨씬 **빠른** 증가율이다.

1부 인간에 관한 질문

라디카가 앞으로 얼마나 오래 살지 생각하면, 그녀의 부모가 내렸던 삶의 결정은 그녀에게 별로 도움이 되지 못한다. 마도카와 라디카는 그들의 부모나 조부모가 전혀 하지 않아도 되었던 일들을 해야만 한다. 즉, 100세 인생을 대비해 새로운 것을 시도하고, 설계하고, 재원을 마련해야 한다.

어떻게 해야 체력과 건강을 유지하며 활동적이고 바쁘게 살 수 있을까

라디카와 마도카는 기대여명의 증가를 반기는 한편, 그렇게 늘어난 삶을 건강하게 살고 싶다. 71세의 클라이브는 부모가 그의 나이였을 때보다 훨씬 체력이 좋고 건강하며, 아직 한참을 더 살리라 기대하고 있다. 그의 손위 친구 몇몇은 건강하지만, 골골한 이들도 있다. 클라이브는 퇴직기를 어떻게 보내야 최대한 건강을 유지할 수 있을지 궁금하다.

클라이브에게 좋은 소식이 있다. 대다수 국가에서 사람들은 이 더해진 삶 대부분을 건강하게 보낸다. 전반적으로, 기대여명이 늘어나도 건강하게 사는 기간의 비율은 최소한 그대로 유지되었으며,[19] 오히려 그 비율이 증가한 나라도 많다. 영국의 경우 2000~2014년에 기대여명이 3.5년 증가했는데, 그중 (응답자들의 자가 보고에 따르면) 2.8년이 건강했던 것으로 나타났다. 미래로 눈을 돌려보자. 영국의 한 연구에 따르면 2035년에는 65~74세 인구 중 80%가 만성질환을 겪지 않을 것이다(현재는 69%).[20] 75~84세 인구도 절반 이상(58%)이 만성질환에서 해방될 것으로 기대된다(현재는 50%). 이렇게 건강하게 나이 들 수 있다면 우리가 추가로 누리는 삶은 단순히 생애 막바지에 덧붙여진 노쇠기의 연장이라 볼 수 없다. 오히려 중년의 후반기와 노년의 초반기가 연장되었다고 봐야 할 것이다.

　문제는 수명의 연장과 함께 알츠하이머, 암, 호흡기 질환, 당뇨 등 비전염성 질환에 걸리는 일이 잦아졌다는 것이다. 게다가 이러한 질환들은 함께 찾아올 확률이 높아 '동반질환co-morbidities'으로 이어진다. 하지만 다음의 두 현상은 분명히 구분할 필요가 있다. 50세 인구와 80세 인구를 비교하면 당연히 후자가 비전염성 질환과 동반질환을 앓을 확률이 높다. 그러나 사람들이 더 건강하게 나이 들면서 오늘날 80세 인구는 20년 전 80세 인구보다 질병으로 고통받을 확률이 적다.

　마도카, 라디카는 그들의 부모나 클라이브보다도 더 긴 생애를 계획해야 할까? 기술 혁신과 무어의 법칙의 지속가능성을 둘러싼 논쟁에서는 과거의 추세가 앞으로도 지속되리라 기대할 수 없다는 주장도 제기된다. 이는 장수를 연구하는 학자들 사이에서도 마찬가지다. 일부 전문가는 기대여명이 한계에 도달했을 뿐 아니라 당뇨, 비만, 항생제 내성 강화로 인해 오히려 감소할 수도 있다고 믿는다. 다른 쪽에서는, 인간은 진화를 통해 여러 유전적 기형을 제거할 수 있었지만, 노령은 번식이 끝난 후 찾아오기 때문에, 기실 진화가 노령의 상태를 개선하는 데 영향을 미치지 못했다는 점을 지적한다. 이는 중요하다. 모범 기대여명이 과거의 속도를 유지하며 계속 증가하려면 고령층의 생존 확률이 더욱 빠르게 개선돼야 하기 때문이다.

　이렇게 비관적인 조건에도 불구하고 오늘 출생한 아이들 상당수는 자신이 90대까지 살게 될 것이라는 충분히 합리적인 기대를 할 수 있다.[21] 거기에 소득과 교육 수준이 높고 생활 방식이 건강하다면 기대수명은 더욱 늘어날 것이다.

기대여명이 정체기에 들어섰다고 믿는 사람도 있지만, 여전히 늘어날 여지가 크다는 주장도 있다. 재미있는 것은, 미래학자는 기술의 발전 속도를 과대 예측하는 경향이 있는 반면, 정부의 통계 전문가는 전통적으로 기대여명의 증가분을 과소 예측해왔다는 점이다. 이는 표 1-1 을 보면 알 수 있다. 이 표는 1975년부터 영국 통계청ONS이 작성했던 남성 기대여명의 예상 수치와 현실로 나타난 기대여명을 비교한 것이다. 이를 보면 기대여명의 미래 증가분을 지속적으로 과소 예측하는 경향이 확연히 드러난다.

더 많은 과학자가 기대여명이 증가할 것이라는 예측을 점점 낙관적으로 바라보고 있다.[22] 이러한 낙관론은 각종 질병이 발생하는 이유가 노화 그 자체와 관련이 있다는 인식의 전환에서 비롯된다. 따라서 연구 전략도 인간이 왜 늙는지를 이해하려는 방향으로 선회하고 있다.[23] 이는 우리가 종국에는 노화의 진행을 늦출 수 있을 것이며, 심지어 나이를 되돌릴 수도 있다는 희망을 품게 한다. 이러한 연구가 성공한다면 다가오는 미래에는 기대여명이 더 빠르게 증가할 것이다. 심지어 가장 낙관적인 연구자들 가운데 일부는 우리가 **장수 탈출 속도**longevity escape velocity에 도달할 수 있다고 믿는다. 그렇게 되면 매년 기대여명이 1년 이상 늘어난다. 그러면 인간은 영생의 영역으로 발을 들이게 될 것이다. 수명이 500년, 1천 년으로 늘어나는 것도 놀라운 일이지만, 이 연구의 단기적 성과는 만성질환과 비감염성 질환의 발병 속도를 늦추어 **건강 수명**을 연장하는 것이다. 즉, 생의 마지막 순간에 이를 때까지 건강을 유지할 확률을 비약적으로 높일 수 있다.

여기서 기본 원칙은 노화의 과정이 정해져 있는 것이 아니라 가변

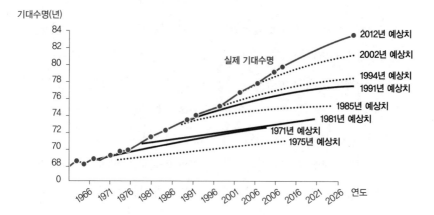

기대수명(년)

84
82
80 ············ 실제 기대수명
78
76
74
72
70
68
0

● 2012년 예상치
····· 2002년 예상치

····· 1994년 예상치
1991년 예상치

····· 1985년 예상치
1981년 예상치
1971년 예상치
····· 1975년 예상치

1966 1971 1976 1981 1986 1991 1996 2001 2006 2016 2021 2026 연도

표 1-1 예상 기대수명과 실제 기대수명

적이라는 것이다. 과거에는 골다공증과 알츠하이머를 노화의 당연한
일부로 여겼다. 그러나 오늘날 세계보건기구는 이들을 질병으로 분류
하고 있다. 언젠가 노화 그 자체가 질병으로 분류될 날이 올까? 만약
그날이 온다면 인간 창의성의 가장 위대한 본보기 중 하나가 될 것이
다. 이미 놀라운 성과들이 있다. 벌레의 수명을 열 배 연장시킨 연구
도 있고,[24] 생쥐와 개의 수명 연장도 성공했다. 관건은 그 성과가 사
람에게도 이어질지의 여부다.

　이와 관련하여 진전이 없지는 않으나, 탈출 속도●에 도달할 징후
는 아직 요원하다. 인간에게 이 치료법들을 실험하려면 명백한 난관
이 있다. 특히, 실험의 성공 여부를 생의 가장 마지막 순간에 이르러
서야 알 수 있다. 즉, 실험 기간이 아주 길다는 뜻이다. 그럼에도 이
분야에 대한 관심과 연구가 활발해지는 것을 보면 건강 수명, 나아가

●　로켓이 지구 대기권을 탈출하기 위한 최소 속도. 한계를 넘어서기 위해 필요한 최소한의 조건이
라는 뜻으로 사용되었다.

전체 수명의 증진에 기여할 치료법의 개발도 충분히 가능해 보인다. 모범 기대여명이 지난 50년과 같은 속도로 증가하려면 이러한 과학적 돌파구가 필요하다.

장수는 가족과 지역 공동체에 어떤 영향을 미칠까

일본인 마도카와 인도인 라디카는 그들의 부모보다 오래, 그들의 조부모보다는 훨씬 오래 살 것이다. 이런 일이 다른 수백만의 사람에게 **집단적으로** 일어나게 되면, 이는 인구 구성, 그들이 내리는 결정, 그들이 속한 사회 구조에 커다란 영향을 미치게 된다.

라디카가 태어난 마을에는 보통 한 가구에 여섯 명의 자녀가 있다. 라디카네는 라디카를 포함해 아들 넷, 딸 둘이다. 이런 시골 공동체에서는 자녀를 노동력인 동시에 나이 든 부모를 봉양할 수 있는 일종의 자산으로 본다. 하지만 20대 후반인 라디카의 자녀에 대한 관점은 정반대다. 다른 젊은 인도 여성들처럼 라디카도 어머니 세대보다 교육 수준이 높으며, 자신의 커리어를 쌓고 있다. 가정을 꾸리는 비용을 생각하면 라디카에게 자녀를 갖는 것은 경제적 부담으로 다가온다.

다른 이들도 라디카와 같은 선택을 하면서 전 세계적으로 출산율이 하락하고 있다. 이렇게 자녀를 갖지 않기로 하는 것은 여성의 교육수준과 깊은 연관이 있다. 인구학자들의 경험칙에 의하면 대개 정규교육을 전혀 받지 않은 여성은 6명 이상의 자녀를 두고, 초등학교를 마치면 4명, 중학교를 마치면 자녀가 2명을 넘지 않는 경우가 대부분이다. 전 세계적으로 더 많은 여성이 교육을 받게 되면서 UN은 21세기 말 세계 가정의 평균 자녀수가 2명이 될 것으로 예측했다. 현재는

2.5명이다.

따라서 라디카와 마도카는 부모 세대와는 판이한 삶의 과정을 앞두고 있다. 그들은 부모보다 오래 살고, 자녀는 더 적게 둘 것이다. 이것이 바로 그들이 가족의 역할과 책임에 의문을 제기하는 근본적인 이유이자 자신의 커리어와 직업 정체성을 구축하려는 열망의 밑바탕이다.

이러한 인구학적 추세는 세계 모든 나라에 지금도, 앞으로도 중대한 영향을 미칠 것이다. 옥스퍼드대학교의 세라 하퍼Sarah Harper 등의 인구학자는 한 국가의 경제가 성장하면 해당 국가는 출산율과 사망률이 모두 감소하는 '인구변천demographic transition' 시기를 경험한다고 언급했다.[25] 따라서 그 사회는 매년 많은 아이가 태어나고 많은 사람이 죽는 시대에서 가구당 더 적은 아이가 태어나고 더 많은 사람이 노년까지 생존하는 시대로 이동한다.

인구변천이 발생하면 젊은 인구집단의 크기보다 노인 인구집단의 크기가 커져 사회의 평균연령이 상승한다. 이러한 현상은 전 세계에서 확인할 수 있다. 1950년에 24세였던 세계 평균연령은 2017년에 30세로 증가했고, 2050년에는 36세에 이를 것으로 예상된다.

한 국가의 인구변천 속도는 그 나라의 경제가 성장하는 속도와 규모를 반영한다. 소득이 높을수록 영양, 교육, 보건 수준이 향상되고 소득도 함께 증가한다. 이 모든 요소가 낮은 출산율과 수명 연장에 기여한다. 마도카의 부모는 2차대전 이후 경제 호황을 경험했다. 1955~1972년, 일본의 경제성장률은 연 평균 9%에 달했다. 그러자 출생률이 하락하고 수명이 늘어나면서 급격한 인구변천이 일어났다. 중국을 비롯해 최근 경제가 빠르게 성장한 나라들도 일본과 유사하게

1부 인간에 관한 질문

가파른 인구변천을 경험하고 있다. 1950년 중국의 평균연령은 세계 평균연령과 동일한 24세였다. 그러나 GDP가 급격히 늘어난 후 2017년 중국의 평균연령은 37세로 증가했으며(2017년 세계 평균연령은 30세), 2050년에는 48세에 이를 것으로 예상된다(이는 2050년 세계 평균연령 예상치인 36세보다 10년 넘게 높다).[26]

인구변천은 65세 이상 인구 비율의 증가를 가져온다. 1948년생 클라이브를 예로 들어보자. 영국에서는 클라이브의 연령 코호트●의 80%가 일흔번째 생일을 축하했다. 역사상 이렇게 많은 사람이 이렇게 오래 생존한 적은 없었다. 클라이브의 부모 세대와 비교해보자. 클라이브 부모의 연령 코호트는 70세까지 생존한 비율이 절반도 되지 않았다. 영국 정부는 클라이브의 손자 세대의 경우 거의 모두(90%)가 70세에 도달할 것으로 보고 있다.

이러한 인구변천의 파장은 전 세계에서 감지되고 있다. 표 1-2 에서 보는 바와 같이 우리는 인류 역사상 처음으로 5세 미만 인구보다 65세 이상 인구가 더 많은 세상에 살고 있다.

지금부터 2050년까지는 세계 모든 나라에서 65세 이상 인구 비율이 증가할 것이다. 현재 12명 중 1명꼴인 65세 인구는 2050년에는 6명 중 1명이 될 것이다. 이는 비단 선진국만의 이슈가 아니다. 오늘날 개도국의 60세 이상 인구는 선진국의 2배이다. 이 수치는 2030년에 3배, 2050년에는 4배로 늘어날 것이다. '들어가는 말'에서 언급했듯 중국은 2050년에 자국의 65세 이상 인구가 4억3800만을 웃돌 것으로 예상하고 있다. 이는 현재 미국 전체 인구보다 많은 수치다.

● 특정 기간을 함께 보내거나 같은 경험을 공유하는 집단을 말한다. 보통 연령을 기준으로 5년 또는 10년 단위로 나눈다.

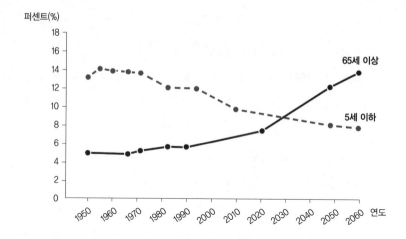

퍼센트(%)

표 1-2   전 세계 인구 중 어린이와 노인의 비율(1950~2050)

　　65세 이상만이 아니다. 80세 이상 인구도 급격히 증가할 것으로
예측된다. 현재 전 세계 80세 이상 인구는 1억2600만 명이다. 2050
년에 이는 4억4700만에 이를 것으로 전망된다. 가장 급격한 증가를
보이는 나라는 일본이다. 일본의 80세 이상 인구 비율은 현재 8%에
서 2050년에 18%로 늘어날 것으로 예상된다.

　　이러한 인구변천은 인구의 구조뿐 아니라 규모에도 영향을 미친
다. 한 국가 인구의 증가, 정체, 혹은 감소 여부는 해당 국가의 인구변
천의 단계에 달려 있다. 아프리카의 많은 나라는 이 변천의 초기 단계
에 있다. 초기 단계에서는 출생률보다 사망률이 빠르게 감소하고, 따
라서 총인구는 증가한다. 이를테면, 1950년에 3800만 명이었던 나이
지리아의 인구는 2017년에 1억8600만 명으로 늘었는데, 그 가운데
절반은 15세 미만이었고, 3%만이 65세 이상이었다.

　　　　　　　　　　　　　　　　1부 인간에 관한 질문

인구변천이 다음 단계로 넘어가면 사망률과 함께 출생률도 비슷한 수준으로 감소하고, 따라서 인구 증가도 둔화한다. 사망률보다 출생률이 더 낮아지는 경우도 있다. 즉, 사망하는 사람이 태어나는 사람보다 많아져 총인구는 감소하기 시작한다. 1950년에는 이 단계까지 온 나라가 단 하나도 없었다. 그러나 지금부터 2050년까지는 50개국 이상이 인구 감소를 경험할 것이다.

출생률 감소가 두드러진 일본과 중국에서는 인구가 급감했고, 앞으로도 그럴 것이다. 일본의 인구가 줄고 있다는 보도를 연일 접하는 마도카도 이러한 현상을 익히 알고 있다. 2004년에 최대 1억2800만 명에 달했던 일본의 인구는 2050년에는 1억900만 명, 2100년에는 8450만 명이 될 것으로 예상된다.

잉이 중국에 있는 가족과 대화를 해보면, 그들도 이러한 현상을 인지하고 있다. 현재 중국의 인구는 13억6천만 명이지만, 2050년에는 10억 명으로 줄어들 것으로 예상된다.

어떻게 하면 모두가 더 오래 일하고 돈도 벌 수 있을까

마도카는 인구 감소가 경제에 미칠 영향을 우려하고 있다. 모든 조건이 동일할 때, 인구가 1% 감소하면 GDP 성장률도 1% 감소한다. 따라서 일본의 인구가 2065년에 8800만 명으로 줄어들면 GDP 성장률은 현재 수준에서 30% 감소한다. 곧, 향후 50년 동안 일본의 GDP 성장률이 연 0.6%씩 감소한다는 의미다. 이 문제는 세계적 의제가 되고 있으며, 주요국들은 고령화와 인구 감소에 맞서 경제성장을 유지할 방안을 고심 중이다.

정부와 개인이 이러한 수명 연장의 후폭풍과 맞서 싸우는 동안 사회적 창의성이 절실히 요구되는 세 가지 영역이 있다. 연금 재원 확보, 건강보험 제공, 오늘날 함께 살아가는 다양한 세대 간 격차 해소가 그것이다.

언뜻 보기에 고령화 시대의 재정 상황은 암울해 보인다. 사람들 대부분이 65세 혹은 그전에 퇴직하는데 65세 이상 인구 비율은 증가한다면 경제성장은 둔화될 것이다. 향후 40년간 유럽연합 내 생산 가능 인구(혹은 보다 정확히는 65세 미만 인구)는 20% 감소할 것으로 보인다. 노동자 수가 그만큼 적어지면 (1인당) 연간 GDP 성장률이 0.5% 감소한다(40년간 20%). 지난 10년 동안 1인당 GDP 성장률이 0.7% 수준에 머물렀던 것을 고려하면 이는 유럽 각국에 우려스러운 추세다.

경제성장 둔화 우려에 65세 이상 인구의 증가세까지 명확해지면서, 공적 연금과 사적 연금 모두에 커다란 부담이 되고 있다. 이러한 때야말로 사회적 창의성이 절실하다. 사람들이 얼마나 오래 일해야 할지, 나이 듦에 대한 인식이 어떻게 바뀌어야 할지, 기업이 60대 이상 직원의 성과와 열의에 대한 고질적이고 부정적인 고정관념을 타파할 의지가 있는지 고민해야 하기 때문이다.

지난날 사회적 창의성의 위대한 산물인 공적 연금의 탄생을 떠올려보라. 공적 연금은 1889년 독일에서 비스마르크 재임 당시 처음 도입되었으며, 이후 많은 나라에 확대되었다. 영국은 1908년, 미국은 1935년에 이를 도입했다. 공적 연금이 도입되면서 사람들은 더는 생의 마지막 시기까지 일하지 않고, 극단적인 가난에 시달리지 않으며, 자녀의 (대개 불만 가득한) 부양에 의존하지 않을 수 있게 되었다. 변화는 놀라웠다. 현재 영국에서는 전체 노동인구의 빈곤율보다 연금

수급자의 빈곤율이 더 낮다.[27]

영국에 공적 연금이 처음 도입됐던 1908년, 연금 수급 연령은 70세로 정해졌다. 1908년에 70세가 된 1838년생의 기대여명 중위값은 45세였다. 따라서 수급 비율이 낮았다. 상당수는 연금을 받을 만큼 오래 살지 못했으며, 받는다 한들 그리 길게 생존하지 못했다. 정부로서도 재원 조달이 비교적 쉬웠다.

하지만 그 후 여건이 크게 바뀌었다. 클라이브를 예로 들어보자. 클라이브의 코호트 대부분은 (시간이 흘러 70세에서 65세로 완화된) 수급 연령에 진입했으며, 과거 세대보다 훨씬 오래 살 것으로 예상된다. 이것이 정부 재정에 미치는 영향은 분명하다. 1970년에 경제협력개발기구OECD 국가들이 연금에 지출한 비용은 GDP의 약 4%였다. 이는 2017년에 8%로 상승했고 2050년에는 거의 10%에 육박할 것으로 보인다. 당연히 각국은 수급 연령은 높이고 수령액은 줄이는 방식으로 대처하고 있다.

현재 40대인 톰은 저축액과 노후 대책이 걱정되기 시작했다. 톰은 팀스터스 노조Teamsters Union에 가입돼 있는데, 이 노조의 연기금은 퇴직자 수의 증가, 금융위기 기간 동안의 주가 하락, 많은 트럭 회사의 도산으로 인해 재정 압박을 받고 있다. 결국 노조는 연금 수령액을 약 29% 삭감했다. 톰은 은퇴 후에도 자신이 원하는 생활 방식을 유지할 재정을 확보하려면 당초 계획보다 더 오래 일해야 한다는 사실을 깨닫기 시작했다. 전작 『100세 인생』에서 우리는 톰의 동년배들이 연금 재원을 마련하기 위해 70대 초반까지 일해야 할 것으로 계산했다. 어쩌면 지금 20대인 마도카는 80대까지 일해야 할 수도 있다.

이는 40대인 톰은 앞으로 30년, 50대 중반인 잉은 앞으로 20년을 더 일하게 될 전망이라는 뜻이다. 따라서 톰과 잉은 스스로 사회적 개척자가 될 방법을 진지하게 고민하지 않을 수 없고, 정부, 교육, 기업의 태도와 관행도 더욱 혁신적으로 변해야 한다는 압박을 받게 된다. 이러한 압박은 꼭 필요하다. 왜냐하면 오늘날 많은 국가와 기업의 정책과 관행은 사람들이 커리어를 더 오래 유지하도록 지원하기는커녕, 경제활동을 더 오래 할 수 있는 길에 오히려 장애물을 설치하고 있기 때문이다.

클라이브가 옛 생각을 하며 할머니를 떠올려본다. 당시 70세였던 할머니를 클라이브는 '늙었다'고 생각했다. 그러나 막상 70세가 된 자신을 생각하면 느낌이 다르다. 80대, 90대까지 건강하게 사는 사람이 늘면서 65세 이상을 '늙었다'고 규정하는 기존의 정의는 지나치게 광범위한 것이 되어버렸다. 클라이브는 그 나이에 할 수 있는 것, 해야 할 것을 규정하려는 연령차별적 전제들과 맞서 싸우고 있다. 정부와 기업이 65세 이상 인구를 '늙고' '의존적이고' '비생산적'이라 치부하면 이는 반드시 경제적·사회적 문제를 낳는다.

그렇기 때문에 우리의 사회적 독창성을 중년에 새로운 커리어 개척하기, 그리고 70대, 80대까지 일할 기회와 지원을 얻을 수 있도록 기업 정책을 개선하기에 집중하는 것이 대단히 중요하다.

어떻게 하면 건강한 나이 듦에 집중하는 보건 체계를 구축할 수 있을까

연금뿐 아니라 보건비에 대한 우려도 깊어지고 있다. 표 1-3 을 보면 그러한 우려를 한눈에 이해할 수 있으며 사회적 창의성이 절실히 요구되는 이유를 알 수 있다. OECD 국가들의 데이터를 보면 연령에 따른 보건비 증가 규모를 알 수 있는데, 특히 60대 후반 이후의 연

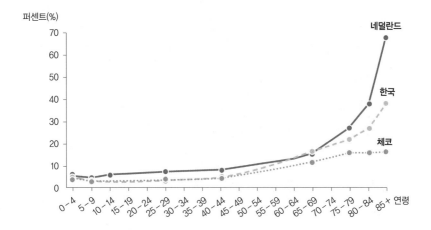

퍼센트(%)

네덜란드

한국

체코

0-4 5-9 10-14 15-19 20-24 25-29 30-34 35-39 40-44 45-49 50-54 55-59 60-64 65-69 70-74 75-79 80-84 85+ 연령

표 1-3 연령대별 1인당 GDP 대비 1인당 보건비(2011)

령대에서 증가세가 가파르다. 실제로 네덜란드를 비롯한 일부 국가에
서는 80대 이상 인구의 보건비가 국민 평균 소득의 2/3에 달한다. 국
민의 건강 상태와 보건 정책에 변화가 없다면, 인구가 고령화될수록
노인 보건 서비스에 더 많은 사회적 자원이 필요할 것이다.

인구가 고령화되면서 질병 부담●도 전염성 질병에서 '노화'라는
질병으로 이동한다. 이는 비용에 중대한 영향을 미친다. 전염병에 의
한 사망은 대개 빠른 속도로 일어나지만, 비전염성 질병은 사망에 이
르는 과정이 훨씬 길고 치료비도 많이 들기 때문이다. 알츠하이머를
예로 들어보자. 알츠하이머는 현재 치료약이나 효과적인 치료법이 없
지만 의료비가 많이 든다. 미국 알츠하이머협회는 알츠하이머에 소요
되는 의료비를 2010년 기준 1인당 약 28만7천 달러로 추정했다. 같

● 질병이 발생시키는 사회경제적 비용.

1장 인간의 진보

은 해 심장병은 17만5천 달러, 암은 17만3천 달러였다.

이러한 전염병에서 비전염병으로의 이동은 질병 부담뿐 아니라 보건 전략에도 중요한 영향을 끼친다. 생활 방식이 비전염성 질병에 큰 영향을 준다는 증거가 늘고 있기 때문이다. 따라서 이 대목에서 사회적 창의성이 풀어야 할 과제는 사람들의 몸과 마음을 활동적으로 유지시킬 방안을 모색하는 것이다. 이는 정부에게는 예방적 보건으로의 중차대한 전환을 의미하는 한편, 개인에게는 최대한 건강하고 행복하게 사는 방식에 관한 심오한 질문을 던진다.

어떻게 하면 세대 간에 건설적인 관계를 형성할 수 있을까

히로키는 20대 초반이고 부모와 네 명의 조부모가 모두 생존해 있다. 가족 모임이 있을 때면 히로키와 사촌들은 자신들이 어른들에 비해 젊기도 하지만, 수도 적다는 것을 느낀다. 과거 세대에 비해 히로키는 형제자매와 사촌이 적다. 그래서 가족 모임이 있어도 젊은이들로 북적이지 않는다. 히로키와 마도카는 자신이 부모보다 자녀는 덜 낳겠지만, 연로한 가족에 대한 돌봄의 책임은 꽤 무거우리라는 점을 잘 알고 있다.

마도카와 히로키가 느끼는 책임감은 사회 수준에서는 세대 간 갈등으로 표출될 수 있다. 각국 정부는 수명 연장에 부응하기 위해 퇴직 시기를 미루고, 연금은 줄이고, 세금은 인상하는 등 정책 기조를 바꾸고 있다. 하지만 세대 간 관계의 측면에서 또 다른 우려가 존재한다. 청년층이 고령층의 연금 재원을 위해 더 많은 세금을 내지만, 정작 자신들은 연금을 넉넉히 받지 못할 것이라는 점이다. 영국의 한 연구에서는 미래 세대가 복지 혜택 축소나 세금 인상으로 인해 평생 입게 될 손해가 10만 파운드에 달할 것으로 추산되었다.[28] 경제성장이 그들의 부모 때보다 둔화되는 모양새로 접어들면서 이 모든 일이 동시에 일어난다.

세대 간 형평에 관한 문제는 이러한 공적 재정에만 국한되지 않는다. 젊은이들은 필연적으로 더 많은 과도기를 경험하고 더 오래 일할 것이다. 또, 대학 졸업장이 전문적인 직업을 갖기에 충분치 않다는 것도 경험할 것이다. 일부 전공 분야에서는 석사 임금 프리미엄이 사라지고 있다.

기술과 장수가 일과 삶의 방식을 근본적으로 바꾸고 있는 가운데 과거 세대에게 한 약속을 지키는 동시에 젊은이에게도 발전과 기회를 제공할 방법을 찾으려면 사회적 창의성의 역할이 매우 중요하다. 젊은이와 노인은 장수의 기회와 짐을 공평하게 나누어 져야 한다.

▌인간에 관한 질문의 인간적 해결책

인간의 창의성은 경이로운 신기술을 탄생시키고 건강 기대여명 healthy life expectancy을 크게 향상시켰다. 그러나 우리가 던진 인간에 관한 질문들은 '사회적 창의성'을 통해 해결될 것임이 틀림없다.

신기술은 인간의 삶을 개선할 잠재력을 가지고 있다. 하지만 그 잠재력을 일깨우려면 우리의 삶이 구성되는 방식, 또 교육기관, 기업, 정부가 우리의 삶의 맥락을 재정의하는 방식에 근본적인 변화가 필요하다.

우리가 던진 질문들은 과학소설 속 세상에 관한 것이 아니다. 지금 우리가 살고 있는 세상, 또 앞으로 우리와 우리 아이들이 수십 년을 살아갈 세상에 관한 것이다. 이 질문들은 인류의 미래에 대한 추상적인 걱정도 아니다. 오히려 우리 각자가 어떻게 삶을 이끌어가야 할지에 대한 매우 현실적이고 실용적인 문제들이다.

이는 심대한 의제이다. 사람이 행복한 번영을 이룩하려면 새로운 삶의 경로를 개척하고 사회규범, 관행, 제도를 다시 상상하는 데 인간의 놀라운 창의성을 집중해야 한다.

2장

———— 사람이 행복한 번영 ————

어떻게 해야 인간의 놀라운 창의성을 활용하여 새로운 100세 인생을 개척할 수 있을까?

인간의 가장 특별한 능력은 미래에 일어날 수 있는 결과를 예측하고, 거기에서 파생되는 복잡하고 어려운 질문의 해결책을 찾는 것이다. 우리는 더 똑똑해진 기계와 더 건강하고 길어진 삶을 무기 삼아, 그 특별한 능력을 발휘하여 우리의 잠재력을 더욱 온전히 상상하고 펼칠 수 있는 절호의 기회를 얻었다.

앞장에서 제시된 질문에 답할 때 한 가지 분명한 것은, 삶의 선택과 행동의 기준이 되던 과거의 전제 조건들이 오늘날에는 점점 부적절하거나 심지어 잘못된 것이 되어가고 있다는 점이다. 잉은 직장에서 정년을 채우고 재정적 안정을 누릴 수 있을 거라 전제했다. 톰은 (그가 생각하기에) 재정이 건전한 팀스터 연금의 수급 자격을 얻게 될 때까지 트럭 운전기사라는 직업을 오래 유지할 수 있을 거라 전제했다. 히로키와 마도카의 부모는 자신들이 살아왔던 삶을 자녀도 원할 것이라 전제했다. 클라이브는 자신이 한가로운 은퇴에 만족할 거라 전제했다.

그럼에도 불구하고 이런 전제들이 없으면 우리는 일종의 '표류' 상태에 놓이게 된다. 우리는 과거의 확실성과 미래의 불확실성 사이에 끼어 있다. 독자 중에는 이민이나 커리어의 중요한 변화, 이혼과 같은 가족 관계의 변화 때문에 이미 표류하는 느낌을 경험해본 사람도 있을 것이다. 이러한 전환기에 당신의 정체성은 더는 **예전의 나**가 아니며, **앞으로의 나**는 아직 불확실한 상태다. 새로운 국가, 새로운 직업, 또는 새로운 혼인 여부에 아직 적응이 되지 않은 것이다.

인류학에서는 이 어중간한 시기를 **경계성**liminality이라 부른다. 아르놀드 방주네프Arnold van Gennep ●는 통과의례에 관한 연구에서 과거의 확실성이 사라지기 시작할 때 사람들은 기반을 잃는 느낌을 받는다는 것을 관찰했다.[1] 당신도 기반이 약해지는 느낌이 드는가? 당신만 그런 것이 아니다. 기술과 장수가 촉발한 변화로 인해 가족, 지역 공동체, 직장 할 것 없이 모든 사람이 같은 경험을 하고 있다.

전환과 실험은 늘 불안을 동반하기 마련이다. 하지만 바로 이 지점에서 사회적 창의성이 중요한 역할을 해야 한다. 이는 우리 개개인이 미래를 지향하고, 안목을 넓히고, 진실과 마주하고, 현재 벌어지는 일과 앞으로 벌어질 수 있는 일을 위축되지 않고 바라보는 사람, 다시 말해 **사회적 개척자**가 되어야 한다는 의미다.

실제로 사회적 개척자가 되기는 쉽지 않다. 미래를 지향하고 안목을 넓힌다 해도 미래에 무슨 일이 일어날지는 확신할 수 없기 때문이다. 이렇게 불확실한 환경에서는 **호기심**이 어느 때보다 중요해진다.

● 독일 태생의 프랑스 민속학자.

하버드경영대학원의 프란체스카 지노Francesca Gino의 심리학 연구에서 이는 분명히 드러난다. 이 연구에서 지노는 불확실성과 외부 압력에 직면한 사람들이 더 빨리 상황에 적응하는 데 호기심이 결정적 역할을 한다는 사실을 확인했다. 호기심을 가진 사람은 창의적 해결책에 더 쉽게 도달하며, 무엇보다 고정관념과 잘못된 가정에 휘말릴 가능성이 적었다.

톰은 사회적 개척자로서의 호기심을 어느 정도 가지고 있다. 그는 노조에서 발송한 뉴스를 읽고 연구하며 자율주행차의 발전상을 예의주시하고 있다. 또한 동료 운전기사들과 서로의 경험을 공유하는 네트워크도 유지하고 있다. 잉은 과거에 그런 호기심을 조금이라도 발휘하지 못한 것을 후회하고 있다. 현재 잉은 실직에 대처할 수 있는 준비가 거의 전무하다.

호기심, 미래지향적 사고, 상상력도 중요하지만, 사회적 개척자가 되려면 무엇보다 행동에 나서는 결단과 용기가 필요하다. 신기술과 수명 연장으로 인해 기존의 업무 방식, 진로, 교육, 인간관계 구조를 지속하기가 점점 어려워지고 있다. 이는 우리의 행동이 달라져야 함을 의미한다. 행동에 나선다는 것은 누군가에게는 사회적 혁신가social innovator의 발자취를 따르는 것을 의미할 것이다. 다른 누군가에게는 대범한 선각자가 되어 과거의 사회규범이나 현존하는 제도의 지침이나 지원에 더는 의존하지 않는 태도를 의미할 것이다.

연령을 막론하고 사회적 개척자들은 이미 행동에 나서고 있다. 이들은 친구, 지인과 새로운 네트워크를 구축하여 안목을 넓히기도 하고, 가정에서의 자신의 역할과 책임을 실험하기도 하고, 프로젝트를 기획하여 일과 삶의 새로운 방식을 창조하기도 한다. 이는 쉬운 일이 아니다. 때로는 현상 유지가 더 간단할 때도 있을 것이다. 하지만 잉은 비로소 자신이 커리어의 현상 유지를 위해 너무 열심히 일한 나머지 커다란 전환을 예상하거나 준비하지 못했다는 것을 깨달았다.

▌ 인생을 다시 설계하기

우리가 당면한 과제가 그야말로 삶의 방식을 다시 설계하는 것이라면, 그러한 재설계의 근간이 되는 원칙은 무엇이어야 할까?

우선, 어떠한 형태의 재설계이든 경제적 고려가 그 중심에 놓여야 함은 명백하며, 그 기본 원칙은 '양질의 삶'을 확보하는 것이 되어야 한다. 로봇이 인간이 직업을 모두 빼앗을 것이라는 우려, 고령 인구 비율이 증가하는 가운데 길어진 퇴직 기간을 사회가 감당하지 못할 것이라는 우려는 모두 경제적 두려움에 뿌리를 두고 있다. 따라서 장수와 기술에 대처하기 위해 가장 먼저 할 일은 양질의 생활수준을 확보하는 것이다.

역사를 돌이켜보면 이는 분명 낙관적이다. 물론 과거의 기술적 전환기에도 승자와 패자는 존재했을 것이다. 그러나 장기적으로 기술은 인간의 생활수준을 비약적으로 향상시켰다. 대부분의 인류 역사에서 평균적인 인간은 1990년 물가를 기준으로 연소득 90~150달러 정도의 생활을 영위했다. 그러나 18세기부터 생활수준이 향상되기 시작하여 1800년에는 200달러, 1900년에는 700달러, 2000년에는 6500달러가 넘었다.[2] 이러한 발전이 앞으로도 계속될 거라 믿을 근거는 차고 넘친다.

우리는 또 과거보다 적게 일한다. 1870년 프랑스의 평균 주당 노동시간은 66시간이었다.[3] 현재는 36시간이다. 더욱이 퇴직 제도가 도입되면서 사람들은 생의 막바지에 추가적인 여가를 누리게 되었다. 미래에는 새로운 스마트 기술로 인해 노동시간이 더욱 줄어들고 주 4일 근무제가 실시될 가능성도 있다.

하지만 앞에서 나열한 혁신들은 평균적으로 그렇다는 이야기일 뿐, 인류의 공영을 위해서는 **누구나** 기술 발전과 수명 연장의 혜택을 누려야 한다. 불평등을 우려하는 사람들은 그것이 개인에게 미칠 영향만을 우려하는 것이 아니다. 프린스턴대학교의 역사학자 발터 샤이델Walter Scheidel의 주장처럼 불평등은 사회적 위험을 수반한다. 샤이델은 인류 역사 전반에서 불평등의 심화는 전쟁이나 혁명, 대재앙을 통해서만 완화되었다고 본다.[4]

이는 걱정스러운 일이다. 최근 수십 년간 여러 국가에서 소득과 기대여명 모두 불평등이 심화됐을뿐더러 이러한 추세가 앞으로도 계속될 가능성이 크기 때문이다. 미국 인구의 소득 상위 1%와 하위 1%의 수명 격차는 남성이 15년, 여성이 10년이다.[5] 이는 당연히 정치적 의제로 부상하고 있다.

따라서 개개인이 인생의 경로를 재구성해야 할 뿐 아니라, 자원이 부족하거나 경제적 불운을 겪는 이들에게 사회보험을 제공하고 지원하는 기관 및 정책에 변화가 요구된다. 잉은 당면한 전환에 대처할 수 있는 경제적 자원을 가지고 있지만, 그렇지 못한 에스텔은 고전할 것이다. 전환은 지금도 진행 중이고 앞으로도 계속될 것이다. 이러한 전환의 혜택이 모두에게 돌아가도록 광범위한 정책이 필요하다.

사람이 행복한 번영

인간이 적은 자원보다 많은 자원을, 일을 많이 하기보다 적게 하기를, 경제적 불안보다 안정을 선호한다는 원리에는 재론의 여지가 없다. 기술과 장수에 대한 대처의 중심에는 경제적 번영의 달성이 반드시 자리해야 한다. 그러나 인간을 위한 의제가 품고 있는 두근거리는 심장은 그보다 야심차야 한다.

이렇게 생각해보자. 만약 인간이 엄청난 지능을 가진 로봇의 애완동물이 된다면, 인간은 충분한 자원과 여가, 안정을 얻을 것이다. 그러나 이는 인간이 염원하는 삶이 아니다. 우리 인간은 미래를 바라보며 희망, 야망, 꿈을 품는다. 우리는 꼭 발휘되어야 할 고유의 능력을 가지고 있다. 우리는 경제적 번영뿐 아니라 소속감, 존경, 유의미한 정체성을 얻고 싶어한다.

그러므로 양질의 생활수준과 자아 실현의 행복이 **둘 다** 사회적 창의성의 원칙에 포함되어야 한다. 우리는 양질의 생활수준의 기준에 대해서는 잘 이해하고 있다. 하지만 자아실현에 대해서는 어떤가?

우리는 세 가지 주요 기준에 초점을 맞출 것이다. 각각의 기준은 인간 고유의 특징을 심도 있게 반영하는 동시에 앞서 제시된 질문들에 답하는 유용한 방법을 제공할 것이다.

설계하기 — 나만의 인생 이야기를 구상하고, 삶에 의미를 부여하고 좋은 선택을 해나가는 데 도움이 될 서사를 만들라.
어떤 직업을 가질 것인가? 어떤 직능이 필요할까? 내 커리어는 어떤 모습일까? '나이 듦'의 의미는 무엇일까?

1부 인간에 관한 질문

탐색하기 — 우리 삶의 일부로 자리 잡게 될 전환들을 성공적으로 이룰 수 있도록 학습하고 전환하라.

더 길어진 미래가 제공하는 새로운 커리어 선택지들을 어떻게 탐색할 것인가? 그러한 커리어가 요구하는 새로운 직능을 어떻게 배울 것인가? 삶의 변화를 어떻게 실험하고, 새로운 삶의 단계에서 맞닥뜨릴 더 많은 전환을 어떻게 헤쳐나갈 것인가?

관계 맺기 — 타인과 깊은 유대를 형성하고, 유의미한 관계를 구축하고 유지하라.

변화하는 가족 구조에 어떻게 대응해야 할까? 아이들이 적고 노인이 많은 세상은 어떤 모습일까? 세대 간 조화를 위해 나와 남들이 무엇을 할 수 있을까?

설계하기 – 나만의 인생 이야기를 만들라

어린 시절 우리는 이야기의 힘을 경험했다. 우리는 이야기를 통해 세상을 상상하고 이해할 수 있으며, 소속감을 느낀다. 성인이 되면 그 이야기는 점점 우리의 정체성에 관한 것들이 된다. 이러한 정체성, 즉 내가 누구인지는 시간에 따라 정의된다. 다시 말해, 정체성이란 과거에 내가 누구였고, 지금은 누구이며, 앞으로는 누가 될지에 관한 것이다. 과거를 돌아보면 내가 누구였는지 알 수 있다. 미래를 내다보면 (스탠퍼드대학교의 사회심리학자 헤이즐 마커스Hazel Markus와 폴라 뉴리어스Paula Nurius의 표현처럼) 우리는 여러 개의 '가능자아possible selves'를 보게 된다.[6] 바로 이 '가능자아'를 탐색하는 일이 인생 이야기 구상의 핵심이 될 것이다.

과거에는 삶이 3단계 구조였다. 전업으로 학습하고, 그다음에는 전업으로 일하고, 마지막으로 전업으로 은퇴하는 단순한 형태였다. 또, 모두가 발맞추어 행진하다가 동시에 전환했기 때문에 또래 집단의 사회적 압력이 전환기를 헤쳐나가는 중요한 원동력이었다.

하지만 이러한 3단계 서사를 구성하던 뼈대가, 또 전환기를 헤쳐나가는 추동력의 성질이 오늘날 변화하고 있다. 장수는 수명이 평균적으로 **연장**된다는 것을 의미한다. 한편, 기술이 일으키는 혼란은 더 빈번한 **전환**을 부른다. 이렇게 수명의 연장과 전환 주기의 단축이 결합되면, 이는 필연적으로 새로운 서사, 그러니까 3단계가 아닌 다단계multistage 서사로 귀결될 것이다. 이러한 변화는 앞서 제시된 질문, 즉 직업이란 무엇이고 어떤 방식으로 일할지, 커리어는 어떻게 구성하며 나이 듦의 의미는 무엇인지에 대한 대답을 크게 바꾸어놓을 것이다.

라디카는 미래를 생각하면서 부모와는 판이한 자신만의 독특한 삶의 서사를 만들 필요성을 강하게 인식하고 있다. 그녀는 더 창의적으로 자신의 정체성과 인생 이야기를 상상해보려 한다. 라디카는 긴 인생을 앞두고 있다. 그녀는 자신이 보다 신중한 선택을 해야 하며 현재와 미래의 균형, 또 시간과 돈의 균형에 대해 더 잘 알아야 한다고 생각한다.

탐색하기 ─ 학습하고 전환하라

인간의 역사는 곧 탐험의 역사이다. 인간은 늘 미지를 탐험하고 싶어했다. 이러한 모험심은 지리적 탐사에 그치지 않는다. 더 깊은 영역, 즉 세상을 이해하려는 인간의 근본적 호기심으로까지 이어진다.

야크 판크셰프Jaak Panksepp[7]를 비롯한 신경 과학자들은 '탐색 시스템seeking system'이라 명명된 뇌의 생리적 부분을 발견했다. 이들은 신경 실험을 통해 이 '탐색 시스템'이 새로운 정보를 접하거나 난해한 업무를 수행할 때 활성화(어떤 의미로 '불이 들어온다'고 말할 수 있다)된다는 것을 발견했다. 또 이러한 신경 자극이 강한 동기를 부여한다는 명백한 증거를 확보했다. 런던경영대학원의 대니얼 케이블Daniel Cable이 보여주듯, 우리 인간은 탐험을 즐긴다.[8]

우리에게는 배우고 변화하는 회로가 탑재돼 있는 듯하다. 앞으로 수십 년 동안 우리가 사회적 개척자가 되어 붙잡고 씨름해야 할 아주 흥미로운 문제들이 출현할 것이다. 또, 전환이 더욱 빈번해짐에 따라 우리는 탐색하며 배우고, 새로운 능력을 계발하고, 새로운 행동 방식을 실험할 것을 요구받을 것이다.

잉은 직업을 잃게 돼서야 비로소 자신의 삶을 다시 상상해보기 시작했다. 이번 일이 잉에게는 새로운 직업을 찾고 새로운 능력을 갖추는 전환점이 될 것이다. '가능자아'와 미래의 선택지를 탐색하려면 호기심과 용기가 필요하다. 잉이 구상 중인 길을 가는 사람은 그녀 주변에서도 찾기 어렵다. 중년에 이르러 잉은 사회적 개척자가 된 것이다.

관계 맺기 ─ 깊은 유대를 형성하라

하버드대학교의 조지 베일런트George Vaillant는 사람들이 평생 행복과 만족을 성취하는 과정에 관한 종적 연구[9]●를 이끌면서 한 가지 두드러진 측면을 발견했다. 인생에 종국적으로 가장 긍정적이고 심대

● 대상을 일정 기간 반복적으로 관찰하며 연구하는 방법.

한 영향을 미친 요인이 깊고 농익은 우정이라는 점이다.

우리는 타인과의 관계 속에서 소속되고 인정받는 느낌을 받는다. 남을 사랑하고 남에게서 사랑받을 때 우리는 소중히 여겨지고 행복과 보살핌, 이해를 받는다고 느낀다. 반대로, 타인과 관계 맺지 못하면 우리는 거부당한 기분이 들고 타인을 점점 신뢰하지 않게 된다. 이는 우리를 외로움, 고립, 불안 속으로 몰아넣는다.

히로키와 마도카는 둘 다 커리어도 추구하고 유연하게 일하면서 가정도 함께 꾸릴 수 있는 파트너 관계를 어떻게 형성해야 할지 고민 중이다. 둘은 재정과 가사를 동등하게 분담하고 싶어한다. 한편, 클라이브는 친구를 좀 더 두루 사귀려고 한다. 그는 자신보다 젊은 사람과 기탄없이 어울리는 것의 중요성을 실감하고 있다. 그들에게 배울 점이 많기도 하고, 또 답례로 그들의 멘토가 되어줄 기회도 얻고 싶다.

히로키와 마도카가 원하는 깊은 유대를 바탕으로 타협하고 헌신하는 관계, 또 클라이브가 원하는 넓은 인간관계를 형성하려면 시간이 필요하다. 하지만 20세기에 대두된 교육, 일, 퇴직의 3단계 인생은 그런 관계를 뒷받침할 수 없음이 자명하다. 현재 요구되는 업무 강도로 60년을 일하면서 일생을 함께할 좋은 우정을 쌓거나 자녀, 부모와 가치 있는 시간을 보낼 수 있는 여지는 거의 없다. 장수 시대에도 3단계 서사를 고집한다면 우리의 가장 '인간적인' 욕구는 충족되지 못할 것이 뻔하다.

1997년, 우리의 삶을 통째로 바꿀 인공지능의 힘이 모습을 드러낸 엄청난 사건이 있었다. IBM의 '딥블루Deep Blue'가 세계 체스 챔피언 개리 카스파로프Garry Kasparov를 꺾은 것이다. 카스파로프는 훗날 이렇게 회고했다. "인공지능은 우리 일상의 모든 측면을 바꿀 것이

1부 인간에 관한 질문

다. 그러나 우리의 본성은 바꾸지 못한다. 오히려 드러낼 것이다."[10]

삶의 서사를 다시 생각해보고, 미래를 탐색하는 방법을 식별하고, 인간관계를 깊고 공고히 해나가는 것이야말로 카스파로프가 말한 인간의 본성을 드러낼 열쇠라 하겠다. 이어지는 장들에서 그 방법을 살펴보자.

제2부

인간의 창의성

3장

──────── 설계하기 ────────

나만의 인생 이야기를 만들라

인간에게는 인생에 의미를 부여하는 서사를 만들 능력이 있다. 이 능력이야말로 사람이 행복한 번영을 달성할 수 있는 원동력이다. 장수와 기술로 인해 더 많은 전환이 일어날수록 이 서사의 순서와 흐름도 변할 것이다. 이러한 환경에서 인생을 설계할 때 우리는 몇 가지 중요한 질문과 맞닥뜨린다. 무엇을 직업으로 삼을 것인가? 어떤 직무 능력이 필요할까? 앞으로의 커리어는 어떤 모습일까? '나이 듦'의 의미는 무엇인가?

그림 3-1 을 통해 인생을 설계한다는 것이 무엇인지 생각해보자. 이 도식은 눈앞에 펼쳐진 인생, 즉 과거·현재·미래를 보여준다. 과거는 우리가 이미 알고 있으므로, 현재로 향하는 단일 경로로 표시돼 있다. 하지만 미래를 향해서는 이미 알고 있는 단일 경로란 존재하지 않는다. 따라서 (점선으로 표시된) 여러 가능한 경로가 존재하며, 각각의 경로는 그만의 '가능자아'로 향한다.

미래를 설계한다고 해보자. 우리는 가능자아 중 일부를 성취할 수 있다(전부는 할 수 없다). 이 도식에는 분명한 경로를 갖고 있지 않은

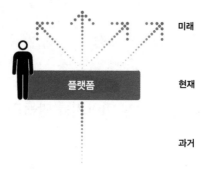

미래

현재

과거

그림 3-1 당신의 '가능자아'

가능자아 'A'도 있다. 이는 당신의 미래 선택지 중 일부가 현재 당신의 삶의 서사가 진행되고 있는 **플랫폼**에 의해 결정되기 때문이다. 이 플랫폼은 현재 당신이 보유한 능력, 건강 상태, 교육 수준, 재정 상황, 사적인 관계의 상태, 인간관계의 폭과 깊이 등으로 이루어져 있다. 이 플랫폼은 과거에 내린 결정과 경험한 사건에 영향을 받는다. 같은 원리로 미래로 향한 경로가 당신의 미래 플랫폼을 형성하고 그것이 향후의 가능한 선택지를 결정할 것이다.

▌ 나이의 재해석

삶의 서사의 물리적 리듬과 구조는 달력의 날짜와 연도로 표시할 수 있다. 그러나 장수 시대를 맞아 나이를 재정의하려면, 우선 나이를 이렇게 물리적 시간과 연결하여 생각하는 관행을 타파해야 한다. 이제 나이를 **가변적**이라고 생각할 수 있어야 한다. 더 오래, 훨씬 건강

2부 인간의 창의성

하게 살 확률이 높아질수록 마흔, 예순, 여든 살의 의미는 크게 변한다. 이 가변성이야말로 삶의 단계를 재설계하는 토대를 제공한다.

일견 '나이'는 비교적 간단한 개념으로 보일 수 있다. 아이들도 나이가 무엇인지는 안다. 그러나 "몇 살이니?"라는 질문을 받았을 때 아이들이 하는 대답은 제한적인 측면이 있다. 아이들은 단지 살아온 햇수로만 나이를 생각하기 때문이다. 나이에는 생물학적 연령(신체 나이), 사회적 연령(타인이 당신을 대하는 태도), 주관적 연령(자신의 느낌)도 있다. 일상의 표현에서도 나이의 다양한 개념을 접할 수 있다. "오늘따라 나이가 느껴지네" "나이에 비해 신수가 훤한데?" "이제 그럴 나이는 지났잖아"처럼.

나이가 가변성을 획득하면 이러한 나이의 개념도 달라지기 시작한다. 앞에서 언급했던 아이가 60세가 되면 생활연령chronological age•과 생물학적 연령••은 커다란 격차를 보일 수 있다. 또, 내가 느끼는 나의 나이와 남들이 느끼는 나의 나이가 많이 다를 수 있다. 이렇게 나이의 개념이 다양해지고 서로 일치하지 않으면서 삶의 서사의 메커니즘을 구성할 때도 더는 특정 생활연령을 이정표로 삼을 수 없게 되었다.

나이가 가변적일 때 삶의 서사를 설계하기는 쉽지 않다. 생활연령은 여전히 나이를 측정하는 주된 방식이자 3단계 삶의 근간이다. 교육, 사회적 관행, 정부 정책은 이러한 생활연령 개념을 더욱 강화한다. 이를테면 18세에 대학에 진학하고, 20대나 30대 초반에 결혼하

• 출생 이후 현재까지의 물리적 시간으로 산출한 나이.
•• 신체의 노화 정도로 산출한 나이. 보통 DNA의 변화와 염색체 끝분절(텔로미어)의 길이를 관찰하여 측정한다.

고, 65세에 퇴직하는 것 등이다. 하지만 우리가 항상 생활연령에만 의존해왔던 것은 아니다. 생일 축하 파티도 사실 20세기 들어 생겨났다. 대부분의 역사에서 인간은 자신이 태어난 날짜는 물론 심지어 연도조차 알지 못했다. 19세기 들어 각국이 자국민의 정확한 출생 기록을 취합하기 시작한 후에야 생활연령이 널리 보급되었다.[1] 그때부터 생활연령은 우리 삶의 시간적 뼈대가 되었다.

이는 일종의 **수치 결정론**numerical determinism으로 귀결됐다. 사회규범, 고정관념, 미래의 삶의 전제 조건들이 모두 하나의 숫자, 출생 후 몇 년이 지났는지를 나타내는 그 숫자 안에 옭아매어졌다. 이러한 수치 결정론은 우리를 처음부터 잘못된 방향으로 이끌고 나이에 대한 고정관념을 빚어 우리가 자신과 타인의 삶을 통찰하는 방식을 제한한다.

'나이 듦'이란 무엇인가?

우리는 각자의 삶의 서사를 거치면서 젊음과 나이 듦에 대한 감각을 익히게 된다. 그러나 생활연령, 생물학적 연령, 사회적 연령, 주관적 연령의 상호 관계에 변화가 일어나면서 '나이 듦'이 의미도 바뀌고 있다. 이는 노인학에서 나이를 표현하기 위해 도입한 새로운 용어에서도 명확히 드러난다. 이를테면, '연소노인young-old'(60~69세), '고령노인old-old'(70~79세), '초고령노인oldest-old'(80세 이상)이 그것이다.

그러나 '나이 듦'의 의미를 보다 정확히 이해하려면 또 다른 척도인 '사망학적 나이thanatological age'를 소개하지 않을 수 없다. 사망학적 나이는 생후 얼마나 살았는지가 아니라 앞으로 얼마나 더 살게 될

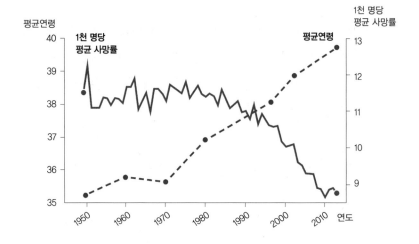

표 3-2 영국의 평균연령과 평균 사망률(1950~2017)

지를 나이로 규정한다. 이는 간단히 계산할 수 없다. (다행히) 언제 죽을지는 아무도 모르기 때문이다. 사망학적 나이를 어림하려면 인구 통계 자료와 (특정 연령에서의 사망 가능성을 나타내는) 사망률을 살펴봐야 한다. 특정 연령에서 사망률이 낮다는 것은 죽을 확률은 낮고 앞으로 더 살 확률이 높다는 뜻이다. 따라서 사망학적 연령은 사망률과 반비례한다. 또, 생활연령보다 사망률은 전반적인 건강 상태를 나타내는 더 좋은 지표다.[2] 따라서 인구 전체의 사망률이 낮다는 것은 그 나라 국민이 더 건강하고 앞으로 살날이 많다는 뜻이다. 어떤 의미에서는 '더 젊은 국가'라고도 볼 수 있다.

영국의 사례로 이러한 인구 통계를 이해해보자. **표 3-2** 는 1950년 이후 평균 **생활연령**(도표상 '평균연령'으로 표시)과 평균 **사망률**(도표상 '1천 명당 평균 사망률'로 표시)을 보여준다. 이 표는 연령 측정 방식의 차이를 극명하게 보여준다. 생활연령으로 측정한 나이만 보면 오늘날 영국은 어느 때보다 고령화되었다. 따라서 다른 조건이 동일하다면 평균 사망률 또한 높으리라 예상하게 된다. 아무래도 노인이 사망할 확률이 높기 때문이다. 그러나 실상은 반대다. 평균 사망률은 **감소**하는 중이다. 더 간단히 말해, 고령화에도 불구하고 영국인은 평균적으로 과거 어느 때보다 앞으로 살날이 많다. 생활연령에만 초점을 맞추면 영국은 분명 고령화 사회이다. 그러나 사망학적 관점에서 보자면 과거 어느 때보다 젊다.

이는 나이의 가변성으로 설명할 수 있다. 사람들이 더 오래 살 뿐 아니라 나이 듦의 **방식**이 변하고 있다. 생물학적으로 더 나은 고령화가 진행될수록 사람들은 더 건강하고 각 연령대의 사망률은 감소한다. 이는 50세 이상의 미국인 2만1500명을 대상으로 한 연구에서 분명히 드러난다. 이 연구에 따르면 1988~2010년에 이들의 (광범위한 신체 지표로 측정한) 생물학적 연령은 생활연령에 비해 감소했다.[3]

생활연령에만 집중하면 문제가 생긴다. 생활연령은 건강, 행동 양식 등 정말 중요한 요소를 고려하지 못하는, 순전히 **명목상**의 단위이기 때문이다. 특정 연령에서 건강과 행동의 상관관계에 변화가 없다면 생활연령을 사용해도 문제가 없다. 그러나 나이가 가변성을 획득하면 명목상의 척도는 오히려 혼란을 일으킨다.

경제학에서 인플레이션을 다룰 때도 비슷한 혼란이 생긴다. 미국에서 맥주 470ml의 가격은 1952년에 0.65달러, 2016년에는 3.99달러였다. 분명 맥주는 시간이 지나면서 비싸진 듯 보인다. 그러나 인플레이션을 반영하여 가격을 조정하면 1952년의 0.65달러는 오늘날 5.93달러와 같다. 즉, 맥주는 1952년보다 2016년에 더 저렴하다. 이와 마찬가지로 **연령 인플레이션**age inflation을 고려한 조정이 필요하다. 경제 인플레이션이 매년 1달러로 살 수 있는 물건이 적어짐을 뜻하듯, 연령 인플레이션은 시간이 갈수록 생활연령 1년 동안 나이가 더 적게 든다는 것을 뜻한다.[4]

이는 '나이 듦'을 정의하는 데 지대한 영향을 미친다. 1925년 영국에서는 65세가 되면 국가에서 연금을 받을 수 있었다. 하지만 1922년 65세의 사망률은 오늘날 78세의 사망률과 같다. 연령 인플레이션을 반영해 조정하면 새로운 '고령'은 78세가 된다.

오늘날 '고령화 사회'에 관한 담론은 오로지 생활연령 지표에 기초하고 있다. 그러다 보니 그저 노인이 많아졌다는 것이 결론이다. '연령 인플레이션'을 허용하지 않는다면 우리는 고령화의 진행 방식에 어떠한 거대한 변화가 생기는지 포착할 수 없을 뿐 아니라 수명 연장이 개인과 사회에 줄 수 있는 기회와 해결책을 외면하게 된다.

내 나이를 달리 보기

미국 문화평론가 프랜 리보위츠Fran Lebowitz는 자신이 젊었을 때는 노인이 마치 다른 민족처럼 보였다고 한다. 이는 젊은이와 미래의 노인 간의 시간적 연결 고리를 제대로 인식하지 못한 탓이다. 이것이 야말로 단순히 65세라는 생활연령을 기준으로 누구든 자동으로 그 선을 통과하면 노인으로 규정될 때 생기는 부작용이다. 나이 듦의 과정은 숙명이 아니다. 행동과 신념에 의해 크게 좌우되는 것이다.

생활연령의 관점으로만 자신의 나이를 바라보게 되면 당신은 결국 모든 사람이 똑같은 고정불변의 속도로 나이를 먹는다고 믿게 될 것이다. 매년 한 살씩 말이다. 하지만 나이를 가변적으로 바라보는 순간 이는 전혀 사실이 아니게 된다. 놀라운 사실이 있다. 노화를 진행시키는 인자 중 오직 1/4만이 유전적으로 결정된다.[5] 즉, 노화는 개개인의 행동에 의해 좌우될 여지가 상당히 큰 것이다(물론 우리가 어찌할 수 없는 일도 생긴다).

다시 말해, 그 나이에 무슨 일을 할 수 있는지는 생일 케이크의 촛불 개수로 결정되지 않는다. 따라서 우리가 수명 연장의 혜택을 활용하려면 나이의 가변성이라는 개념을 수용하는 것이 매우 중요하다. 그뿐 아니라 당신의 행동이 **순환적**으로 영향을 미친다는 것을, 즉 현재의 행동이 미래와 연결돼 있고 미래에 영향을 준다는 점을 반드시 직시해야 한다. 인생을 이렇게 순환적 관점으로 바라보면 우리의 눈은 미래를 향하게 되고 지나온 세월보다 앞으로 남은 시간에 좀 더 집중하게 된다. 그렇게 되면 우리는 미래에 과감하게 투자하고, 새로운 직능을 배우고, 새로운 관계를 구축하고, 건강에 투자하려고 할 것이다.

나이 듦에 대한 개개인의 주관적 느낌도 나이의 가변성을 인식하는 데 영향을 준다. 나이 듦을 긍정적으로 인식하는 집단은 부정적으로 인식하는 집단보다 오래 산다는 연구 결과가 늘고 있다(평균 7.5년).[6] 영국에서 50세 이상 6천 명을 대상으로 한 종적 연구의 결과 역시 나이 듦을 바라보는 태도의 커다란 영향력을 방증한다.[7] (나이가 들면 건강이 악화되거나 외로워질 거라 생각하며) 나이 듦을 비관적으로 바라보는 사람들은 실제로 부정적인 나이 듦의 과정을 경험을 할 가능성이 훨씬 컸다.

우리는 각자의 행동, 환경, 상황, 유전적 요인에 따라 모두 다르게 나이를 먹는다. 또, 나이 듦은 순환적이기에 개인 간 격차는 시간이 갈수록 누적된다. 향후 수십 년 동안 수백 만의 사람이 90세 넘게 살면 이러한 나이 듦의 다양성도 더욱 선명해질 것이다. 운동 경기에서 놀라운 성취를 이루어 신문에 실린 100살 넘은 사람이 무사안일하거나 몸이 자주 아픈 40대와 공존하는 시대가 올 것이다. 이러한 나이 듦의 다양성에 직면하여 우리는 평균연령에 의존하려는 단순한 발상을 버리고 각자의 현재 상황, 미래의 욕구와 열망을 보다 개인적으로 평가하는 방향으로 삶의 서사를 변화시켜야 한다. 다시 말해, 각자의 생물학적·주관적 연령을 스스로 판단해야 한다는 뜻이다.

다른 사람의 나이를 달리 보기

자신뿐 아니라 타인의 나이를 바라보는 관점에도 변화가 필요하다. 타인의 나이를 바라보는 관점, 이것이 '사회적 연령sociological age'의 본질이다. 사회적 연령은 '사회가 개인을 바라보는' 척도로, 개인에 대한 사회의 기대를 투영한다. 나이에 관한 사회규범은 중요하다. 이는 공동의 합의를 창출하고 사회 구성원의 고정관념과 행동에 영향을 주기 때문이다.

나이 듦에 관한 사회규범은 과거에도 변화를 거듭했고 앞으로도 그럴 것이다. 예를 들어보자. 1680년대 영국에서는 50년을 사는 사람이 드물었다. 5명 중 1명만이 50세에 도달했다. 그때는 지식이 널리 퍼지지 못하고 책도 거의 없으며 대부분이 문맹이었다. 그러다 보니 지식은 이야기 형식으로 구전되거나 경험으로 공유되었다. 결국, 나이가 많을수록 축적된 지식도 많으니 50세가 넘으면 현명하다고 여기는 것이 당시의 사회규범이었다. 하지만 인쇄기 등 신기술이 출현하면서 나이에 대한 사회적 인식이 변하기 시작했다. 시간이 갈수록 더 많은 책이 인쇄되고 글을 읽을 줄 아는 사람도 늘어나면서 지식을 구전하는 전통은 사라져갔다. 구전의 전통이 사라지면서 노인의 지혜도 덜 중요해졌다. 결국 50이라는 나이가 더는 지혜를 의미하지 않게 되었다.[8]

우리는 생활연령과 생물학적 연령의 격차가 빠르게 벌어지는 가운데 사회규범은 거기에 잘 적응하지 못하는 시대를 살고 있다. AARP*(구 미국은퇴자협회)에서 제작한 한 영상에서는 젊은이들에게 여러 가지 행동을 '노인과 똑같이' 흉내내보라고 요청한다.[9] 하지만 실제로 노인들이 그 젊은이들과 대면하자, 젊은이들의 고정관념과 노인들의 실제 행동은 충격적일 만큼 달랐다. 롤링스톤스Rolling Stones** 멤버의 평균연령이 미국 대법관 평균연령보다 열다섯 살 많은 시대다. 나이에 관한 사회규범은 하루 빨리 갱신돼야 한다.

나이를 둘러싼 고루한 사회규범은 이미 노동시장에서 문제를 일으키고 있다. 6장 '기업의 의제'에서 다루겠지만, 많은 기업은 50, 60대 직원들이 젊은이들보다 생산성과 학습 능력이 떨어진다고 암묵적으로 전제한다. 수명이 늘어나고 커리어도 길어지는 시대에 타인의 나이를 달리 보는 것이 시급하다. 그러지 않으면 장수의 기회와 혜택을 현실화할 수 없을 것이다.

나이에 근거한 편견은 다른 사람뿐 아니라 미래의 자신에 대한 편견이기도 하다는 점을 명심해야 한다. 이는 장기적으로 찾아올 여러 기회를 걷어차고 '가능자아'의 다양한 선택지를 스스로 제한하는 꼴이나 다름없다. 이제부터 여든 살의 자신과 대화하는 상상을 해보거

● 1999년 이후 AARP는 회원을 은퇴자에 국한하지 않은 이익단체로 활동을 이어가고 있다.
●● 1962년에 결성된 영국의 록 밴드.

2부 인간의 창의성

나 친구와 지인을 사귈 때 '나이 불가지론age agnostic'*을 실천해보면 어떨까. 다른 연령대의 사람과 어울리다 보면 지금의 나와 미래의 나를 연결하는 더 탄탄한 서사를 구성할 수 있다.

▌ 시간의 재해석

건강 기대여명이 증가하면 앞으로 살날도 늘어난다. 이렇게 늘어난 시간을 유리하게 활용할 수 있는지 여부는 시간을 어떻게 이해하고, 또 재해석할지에 달렸다.

미래의 시간

당신이 시간을 바라보는 관점은 그림 3-3 과 같을 것이다. 당신은 언덕 꼭대기에 서 있고, 앞으로는 미래, 뒤로는 과거가 펼쳐져 있다. 이 **언덕 꼭대기 관점**에서 보면 지금 살고 있는 현재가 과거나 미래의 어떤 시점보다 거대하고 두드러져 보인다. 반면, 언덕 아래쪽으로 시선을 옮길수록 시간의 단위들은 더 작고 멀어 보인다. 당신은 지금 서 있는 자리와 앞으로 내딛을 몇 걸음에 신경을 집중한다. 지금 당신은 행동경제학에서 '현재편향present bias'[10]이라 부르는 현상을 경험 중이다. 당신은 인생 전체에 시간을 배분할 때 현재와 가장 밀접한 보상과 사건에 집중한다.

이러한 언덕 꼭대기 관점을 대체할 수 있는 시간의 지평선은 **새의**

● 나이를 '알지 못한다(不可知)'는 뜻으로, 나이를 의식하지 않는 태도를 의미한다.

그림 3-3 언덕 꼭대기 관점으로 본 시간

눈bird's-eye **관점**이다. 이제 새가 되어 공중에서 아래를 내려다보자. 내려다보면 땅은 평평해 보인다. 땅의 모든 부분은 (과거든 현재든) **그림 3-4** 처럼 똑같이 중요해 보인다. 이는 마치 달력을 보는 것과 같다. 달력에 표시된 각각의 사각형은 서로 나란히 놓인 순간들, 날들, 해들을 의미한다.

장수 시대에는 새의 눈 관점을 취하여 미래의 자신을 보다 중히 여기는 편이 유리하다. 이러한 관점은 갭이어gap year•를 갖거나, 자녀와 함께 시간을 보내거나, 새로운 직능을 익히는 등 미래의 선택지에 투자할 의욕을 고취하기 때문이다. 삶이 길어질수록 더 많은 미래가 펼쳐진다. 그러니 지금 맞닥뜨린 선택을 두고 고민할 때 미래를 더 많이 고려하여 결정하는 편이 합리적이지 않겠는가. 다시 말해, 인내심을 갖고 미래의 가치를 덜 **할인**discount할 준비를 해야 한다.[11]

이 관점은 한 주 또는 한 해, 혹은 인생 전반에 걸쳐 시간을 어떻

• 보통 고등학교나 대학교를 졸업하고 여행, 봉사, 학습, 인턴 등을 하면서 견문을 넓히고 진로를 탐색하는 기간. 저자는 장수 시대에는 이러한 갭이어가 생애 전반에 분포할 수 있다고 말한다.

2부 인간의 창의성

그림 3-4 새의 눈 관점으로 본 시간

게 분배할지에 심대한 영향을 미친다.[12] 또한 서로 다른 시점에 이루어진 활동의 연결 고리를 강화하고 나이의 순환성을 보다 유리하게 활용하도록 해준다. 그렇게 되면 당신의 여러 활동이 미래의 성공 가능성을 높이는 데 기여할 수 있다.

복리의 마법

삶이 길어지면 복리로 더 많은 혜택을 얻을 수 있다. 지루하기로 악명 높은 주제일지 모르지만, 알베르트 아인슈타인조차 세상의 여덟 번째 불가사의라 불렀던 복리를 이해하는 데 약간의 지면을 할애하겠다.

우선 복리를 재정의 관점에서 생각해보자. 20세에 100달러를 투자하고 이자를 4% 받는다고 하자. 이 100달러는 당신이 50세가 되면 324달러, 70세에는 711달러가 된다.

이번에는 20세에 이 100달러를 투자하지 않고 40세까지 그냥 둔다고 하자. 그렇게 묵혀둔 대가로, 당신은 50세에 324달러를 만들기 위해 40세에 100달러가 아닌 219달러를 투자해야 한다. 만약 50세까지 100달러를 묵혀두었다면, 70세에 711달러를 만들기 위해 50세에 324달러를 투자해야 한다. 돈을 투자하여 오래 뇌둘수록 당신을 대신해 복리가 일하는 양도 늘어난다.

이러한 복리의 마법은 재정에만 국한되지 않는다. 시간이 갈수록 불어나는 다른 형태의 투자도 있다. 직능, 건강, 인간관계에 대한 투자가 그렇다. 예컨대, 새로운 직능 습득에 투자한다고 하자. 당신이 현재 55세이고 65세까지 일할 계획이라면, 투자 대비 효과 면에서 새 직능은 굳이 필요치 않을 것이다. 하지만 현재 55세인 당신이 75세까지 일할 계획이라면 어떨까. 어느새 새로운 직능 습득은 합리적인 선택이 된다. 투자 대비 효과를 거두게 될 기간이 늘어나기 때문이다. 건강과 체력에 투자하는 것도 마찬가지다. 현재 당신이 60세이고 100세까지 산다고 예상한다면, 70세까지만 산다고 예상할 때보다 더 많은 '복리'가 쌓이고, 따라서 더 많은 '배당'을 받게 된다.

지금 무엇을 할 것인가

시간을 미래에 어떻게 분배할지는 현재에 결정한다. 당신이 하루하루 내리는 결정이 앞으로의 인생 경로를 형성할 것이다. 이렇게 끝없이 이어지는 결정들 간에는 상호 조율이 필요한 경우가 많다.

이런 경험을 해보았을 것이다. 아침에 눈을 떴지만 그 모든 일을 어떻게 처리해야 할지 모르겠다. 우리는 자주 그런다. 우선, 오늘 몇 가지 일에 집중한다. 남은 일 가운데 일부는 내일로 미루고, 나머지는 그 후로 넘긴다. 즉, 다양한 시간의 덩어리들의 순서를 조율함으로써 자신도 모르게 가장 중요한 일을 선별하는 것이다.

2부 인간의 창의성

사람은 압박을 느끼면 미래를 위한 합리적 결정을 내리기 어렵다. 이렇게 일이 한꺼번에 몰리는 '병목 구간pinch point'은 전통적인 3단계 삶 중 특히 2단계 시기를 힘들게 만들 수 있다. 교육 – 일 – 퇴직의 3단계 삶에는 시간 조율에 대한 나름의 방식이 있다. 1단계 시기에는 돈은 거의 없지만 미래의 커리어를 뒷받침할 직능을 계발한다. 2단계가 되면 여가가 거의 없지만 노후 자금 마련을 위해 열심히 일한다. 마지막으로 3단계에 진입하면 재산을 천천히 소모하며 여가를 즐긴다. 이러한 구조에서는 2단계 시기에 강한 시간적 압박이 가해진다. 2단계가 심리적 삶의 질이 낮은 기간이 될 수 있다는 명확한 근거도 있다.[13] 2단계 시기에는 너무 많은 활동이 서로 경쟁한다. 커리어를 다지기 위해 열심히 일하고, 노후를 위해 저축하고, 가정을 꾸리고, 연로한 부모를 돌보고, 인간관계를 유지하고, 삶의 목적까지 고민해야 한다.

하지만 길어진 삶에서는 이 많은 활동을 **재분배**하여 병목 구간을 줄일 기회가 있다. 전 생애에 걸쳐 핵심 활동(교육, 일, 퇴직)을 재분배하면 궁극적으로 삶의 각 단계에서 발생하는 시간 압박, 스트레스, 시간 조율이 일정 부분 줄어든다. 이를테면, 교육에 소요되던 시간이 일련의 평생학습 활동으로 분산될 수 있다. 또, 퇴직 기간의 여가를 인생 전체로 분산하여 자녀가 성장할 때 더 많은 시간을 함께 보내거나, 여행이나 갭이어에 투자할 수도 있다. 이러한 분산은 상당히 합리적인 선택이다. 여러 연구가 보여주듯 사람은 하루에 너무 많은 활동이 몰리면 스트레스를 받고 불행해지지만, 이 활동이 몇 주, 몇 달에 걸쳐 분산되면 훨씬 행복해 한다.[14]

일견 이러한 분산이 크게 어렵지 않아 보일지 모르나 실제로는 그렇지 않다. 뒤에서 다루겠지만, 경력 단절에 불이익을 가하는 기업 관행이 시간의 재분배를 어렵게 만든다. 그뿐만이 아니다. 시간에 대한 우리의 관점도 문제다.

장기적 안목을 취하는 일은 누구에게나 어렵다. 그러나 오롯이 현재에 집중해야 한다는 압박이 밀려오는 상황도 있기 마련이다. 당장 월세를 내야 하는데 급여일이 아직 일주일 더 남은 사람에게 장기적 안목을 가지라고 말하는 것은 실용적이지도 않고 사리에도 안 맞다. 자녀를 경제적으로 뒷바라지해야 하는 에스텔의 심정도 마찬가지다. 에스텔은 대학 교육이 시간이 지나면서 발휘하는 가치를 잘 알고 있으며, 최소한의 자격만 갖추고 열여섯에 학교를 그만둔 탓에 받는 불이익을 실감하고 있다. 그녀는 미용사 자격을 취득해 언젠가 자신의 미용실을 운영하고 싶다. 그러나 이는 어디까지나 미래의 이야기다. 현재의 에스텔은 생활비를 벌고, 자녀를 돌보고, 혹시 요양원에서 시간 외 근무가 생길까 대기하면서 이리저리 치이고 있다. 그녀에게 시간은 매우 희소한 자원이며, 이러한 희소성이 그녀의 결정 과정에 영향을 미칠 가능성이 크다.

하버드대학교의 경제학자 센딜 멀라이너선Sendhil Mullainathan과 프린스턴대학교의 심리학자 엘다 샤피어Eldar Shafir가 보인 것처럼[15] 어떤 자원이 희소하면 그것이 희소하다는 생각이 머릿속을 지배하고 반드시 해결해야 할 문제가 된다. 이러한 '터널링tunnelling' 효과●는 장기적으로 많은 희생을 치를 수 있는 나쁜 결정을 내릴 확률을 높인다. 에스텔의 돈 걱정, 그로 인해 발생하는 인지 능력의 '터널링' 효과

● 심리학에서 특정 문제에 과도하게 집중하는 현상을 일컫는 말.

　　　　　　　　　　　　　　2부 인간의 창의성

는 필연적으로 그녀의 정신적 대역폭mental bandwidth*을 줄이게 된다. 이는 에스텔이 당면한 문제에 급급한 나머지 장기적으로 좋지 않은 영향을 미칠 결정의 희생양이 될 우려가 있다는 뜻이다. 예컨대, 최근 그녀는 단기 소액 대출에 대한 의존도가 커지고 있다. 이자율과 수수료가 엄청나게 높은데도 말이다.

터널링으로 흐트러진 균형을 되찾는 가장 좋은 수단은 '슬랙slack'이다. '슬랙'이란 자원의 희소성 때문에 발생할 수 있는 의사 결정 과정의 왜곡 효과를 제한하는 다른 자원의 집합체를 가리킨다.** '슬랙'은 여러 형태를 띨 수 있다. 꺼내 쓸 수 있는 예금, 주기적으로 갖는 휴가도 될 수 있다. 미래에 유용할 만한 새로운 직능을 배우거나 기초 체력을 다지는 일일 수도 있다. 이들 모두는 미래에 좋지 않은 일이 닥쳤을 때 완충 역할을 해줄 '예방적 잔고'를 쌓는 방법이다. '슬랙'은 자원이 희소해지지 않도록 돕고 미래를 위한 더 나은 결정을 내리도록 한다.

'넛지nudge'도 고려해볼 수 있다. 미리 규칙을 세워 올바른 결정을 내리는 데 시간과 집중이 필요치 않도록 하는 것이다. 이를테면, 월세를 낼 때마다 따로 5달러를 저축하거나 매주 화요일 오후에는 회의 일정을 잡지 않는 것 등이다. 이런 습관을 일찌감치 들여놓으면 길어진 삶의 미래를 대비하는 초석이 될 수 있다.

일의 터널

3단계 삶을 벗어나기 위해 해야 할 가장 어렵고도 신나는 일은 일

---

* 당면한 문제를 판단하고 처리하는 정신적 능력.
** '슬랙'은 본래 '느슨한 부분'을 말하며, 본문에서는 여유 자원을 의미한다.

과 여가의 비중을 조율하는 것이다. 3단계 삶에서는 일이 두번째 단계를 지배했다. 하지만 더 오래 살고 더 긴 미래가 펼쳐지면서, 이렇게 추가로 주어진 세월을 최대한 알차게 보내기 위해 일을 희생할 수 있거나 희생해야 하는 순간이 찾아올 것이다. 문제는 그러기가 쉽지 않다는 것이다. 이는 비단 기업 관행 때문만은 아니다. 우리가 일의 중요성에 터널링되기 쉽다는 사실도 한몫한다.

2016년 케임브리지대학교에서 열린 '일의 미래'에 관한 컨퍼런스에서 저지경영대학원의 브렌던 버첼Brendan Burchell의 이 한 마디는 충격이었다. "약국에서 파라세타몰(해열 진통제)을 사면 겉포장에 몇 알을 복용해야 하는지 쓰여 있습니다. 하지만 유급노동의 경우 얼만큼 일해야 최고의 효과를 거둘 수 있는지 밝힌 연구가 없습니다. 어쩌면 현재 우리에게 익숙한 노동시간보다 훨씬 적을 수도 있어요. 어쩌면 1주일에 8~15시간 정도일지도요."[16]

역사적으로 사회의 가장 부유한 계층, 이른바 '유한계급'은 저임금 노동자보다 훨씬 적게 일했다.[17] 하지만 오늘날에는 소득이 가장 높은 사람이 일도 제일 오래 한다. 즉, 여가를 내주고 돈을 취하는 것이다. 왜 이런 변화가 생겼을까? 시간당 보수가 많은 사람은 쉬면 발생하는 손해가 크기 때문일 수 있다. 혹은 고소득 직종은 경쟁이 심해 사람들의 주목을 받아야 생산성이 오르는, 이른바 '프레젠티즘presentism'에 빠지기 쉬워서일 수도 있다. 어쩌면 보수가 많아 일이 더 즐겁고 의미 있게 느껴져서 별로 즐겁지 않은 다른 것을 하느니 즐겁게 일을 하며 시간을 보내는 것일지도 모른다. 높았던 세율이 낮아지는 것도 고소득자의 노동 채산성을 높인다.

하지만 이러한 선택에는 커다란 대가가 따른다. 과로의 위험이 있고 노후의 여가를 중년에 재분배하지도 못한다. 이는 생각해볼 문제다. 특히 과로의 부정적 영향과 재충전 기간의 긍정적 효과에 대한 연구 결과를 고려하면 더욱 그렇다.

수명이 늘어나면 커리어도 길어진다. 그렇게 되면 일하는 시간과 가족과 함께 보내는 시간의 비중을 조율할 수 있는 기회가 생긴다. 일과 여가 중 하나를 선택해야 하는 딜레마가 좀 더 선명하게 보이도록 UCLA의 헬 허시필드Hal Hershfield와 공동저자들이 4천 명에게 물었던 시간 조율에 대한 질문을 소개한다. "당신이 대학 교수이고, 멀리서 열리는 한 주말 세미나에서 강의 요청을 받았다고 합시다. 한편, 집에는 태어난 지 12주밖에 안 된 갓 난 딸아이가 있습니다. 세미나에서 받는 강연료로 보모 비용을 충당할 수는 있지만, 그러면 갓 난 딸아이와 주말을 함께 보낼 수 없습니다. 당신이라면 어떻게 하시겠습니까?"[18]

이는 일하는 시간과 가족과 함께 보내는 시간의 직접적인 조율이다. 당신이라면 최종 결정을 내리기 위해 어떤 판단의 과정을 거치겠는가? 확실히 돈의 가치는 정량화가 쉽다. 반면, 가족과 보내는 시간의 가치는 아마 계산이 더 어려울 것이다. 그 가치를 계산할 때 길어진 삶이 시간 조율에 대한 흥미로운 관점을 제시할 수 있다. 그리고 이 관점으로 보면 딸아이와 시간을 보내는 쪽으로 기울 수밖에 없다. 허시필드는 이렇게 말했다. "아기가 유치원에 들어가기까지 주말이 222개밖에 남지 않았다. 그때가 되면 가족만의 오붓한 시간을 친구들 집으로 향하는 카풀에 양보해야 할 것이다."[19] ● 더 오래 살고 더

● 공동육아 문화에서 한 부모가 여러 집 아이를 차에 태워 당번인 부모의 집에 데려다주는 것에 빗댐.

오래 일할수록 이러한 조율의 방식도 변한다. 아이와 함께 보낼 수 있는 주말의 수는 늘어나지 않지만, 주말에 열리는 컨퍼런스와 회의는 늘어날 수 있다. 따라서 모든 것을 고려하면 아이와 시간을 보내는 것이 더 가치 있다. 일과 관련된 모임에 참석할 기회는 앞으로도 얼마든지 있기 때문이다. 이렇게 일과 가정의 조율의 측면에서 일어나는 변화를 잘 활용하는 것이 다단계 인생에서 시간을 재분배하는 핵심이다.

▮ 직업의 재해석

삶의 서사의 리듬에서 가장 결정적인 음표 중 하나는 현재와 미래의 직업이다. 일은 인생 이야기의 가장 기본적인 필요를 충족시킨다. 다르게 말하면, 양질의 생활수준 유지에 필요한 자원을 공급한다. 그러나 우리 대부분에게 일은 또 다른 역할을 한다. 바로 우리의 정체성을 형성하고 일상의 맥락 중 상당 부분을 구성하는 역할이다. 오늘날 우리의 정체성은 기술적 창의성에 의해 새로운 모습으로 변하고 있다. 기술적 창의성이 직업과 일의 개념을 뿌리부터 뒤흔들고 있기 때문이다.

톰은 자신의 직업에 대해 심경이 복잡하다. 좋은 점도 있다. 꾸준하게 적당한 수입을 얻을 수 있고, 도로를 누비는 것도 즐겁고, 일의 익숙함과 규칙적인 일상도 좋다. 하지만 장거리 운송이 있을 때는 가족이 그립고 연로한 부모님도 걱정이다. 톰도 많은 동료 트럭 운전기사처럼 비만이다. 도로변에 음식점이 워낙 많기 때문이다. 주치의는

2부 인간의 창의성

당뇨병에 걸릴 수 있다고 계속 주의를 준다. 나이가 들면서 톰은 장거리 운송 여행 중에 잠을 이루기가 점점 어렵다. 계속 앉아서 생활하다 보니 몸도 망가지기 시작했다. 원래 톰은 안전하게 정년퇴직할 생각이었지만, 최근 노조가 연금 제도의 수지 개선을 위해 퇴직연금을 30% 삭감했다는 소식을 들었다.

한편, 톰의 지구 반대편 시드니에 사는 잉도 비슷한 걱정을 하고 있다. 잉은 인생의 많은 부분을 함께한 회계 법인이 자신에게 해고 통보를 한 것에 분노하고 있다. 그녀는 직장 생활과 동료들이 그리울 것이다. 이제 새로운 수입원도 필요하다. 잉이 해고 통보를 받은 이유에는 회사가 회계 소프트웨어에 투자했기 때문인 측면도 있다. 이 소프트웨어는 수천 건의 세금 신고서를 몇 밀리세컨드(1/1000초) 만에 처리할 수 있다. 원래 이 일은 높은 보수를 받는 잉이 수주 동안 하던 일이었다.

인간이 기술로 인한 직업의 변화 때문에 노심초사하는 것은 이번이 처음은 아니다. 하지만 아무 경제학 교과서나 들추어보라. 역사 속에서 신기술은 인류를 결국 더 높은 생활수준으로 이끌었으며 집단적 실업을 발생시킨 적이 없다. 다만, 이번에도 그럴 거라 단정하면 위험하다. 기술이 직업에 미치는 영향은 복잡하며 단순히 역사에만 의존해 향후 수십 년을 이해할 수는 없다.

엥겔스의 정체

톰과 잉은 일의 속성과 형태가 대규모로 전환되는 과정에 직접 참여하고 있다. 얼마나 대규모인지 느껴보자. 2030년까지 7500만~3억 7500만 명이 직업을 바꾸거나 새로운 직능을 배워야 할 것으로 예상

된다. 이는 세계 노동인구의 14%에 해당한다.[20]

이만한 규모의 전환이 얼마나 큰 충격을 가져오는지는 영국 산업혁명의 사례를 보면 이해할 수 있다. 경제학자이며 노벨상 수상자인 폴 크루그먼Paul Krugman은 이 전환을 이렇게 설명했다. "기계화는 결국 —두 세대 후— 영국인의 생활수준을 광범위하게 향상시켰다. 그러나 산업혁명 초기 단계에서 일반 노동자가 혜택을 입었는지는 매우 불분명하다. 많은 노동자는 확실히 피해를 입었다."[21] 여기서 크루그먼이 언급한 기간인 '두 세대 후'에 주목하자. 경제사학자 로버트 C. 앨런Robert C. Allen은 이를 '엥겔스의 정체Engels' pause'라 부른다. '엥겔스의 정체'란 산업혁명 전반기에 생산성이 향상됐지만, 임금은 정체되고 불평등이 심화됐다는 관찰이다. 산업혁명 시기에 타격을 입은 것은 비단 실직자만이 아니었다.[22]

지금 일어나고 있는 전환에서도 그와 유사한 일이 반복될 수 있다는 징후가 이미 나타나고 있다. 국가 경제에서 노동자에게 돌아가는 소득의 비율(노동분배율)을 예로 들어보자. 미국의 노동분배율은 1990년대 초 약 65%에서 꾸준히 줄어 2018년에는 약 60%로 하락했다. 대단치 않다고 생각할지 모르지만 역사적으로 보면 이는 큰 변화다. 기존에 노동자에게 지급되던 소득이 이제는 기계를 사용하거나 제작하는 회사의 사주에게, 노동력을 대체한 소프트웨어에, 혹은 기술을 활용하여 자신의 직능을 개선하거나 증강한 일부 노동자에게 돌아가고 있다. 그러니 앞으로 톰이 계속 트럭 운전기사라는 직업을 유지하더라도 임금은 줄어들 가능성이 높다. 대신, 자율주행 트럭 제조사와 이 회사가 고용한 소프트웨어 엔지니어가 더 많은 소득을 올릴 것이다.

다시 말해, 인공지능과 로봇공학으로 일터가 변모하면서 타격을 입게 될 계층은 비단 14%의 잠재적 실직자만이 아니라는 것이다. 나머지 86%도 영향을 받게 된다. '나도 실직할 수 있다'는 불안 속에서 일부 직업은 재편되고 임금은 하락할 것이다. 따라서 당신의 직업 서사와 관련된 문제는 단순히 일을 계속할 수 있을지 여부보다 훨씬 심오하다. 그 복잡성을 이해하기 위해 앞으로 톰에게 무슨 일이 일어날 수 있는지 자세히 살펴보자.

톰의 딜레마

미국에서는 400만 명이 운전기사로 일하고 있으며 톰은 그중 하나다. 데이터의 대규모 디지털화, 컴퓨터 성능의 기하급수적 향상, 알고리듬 개선 등의 결과로 자율주행차는 이제 현실이 되었고, 톰은 그 때문에 실직하게 될까 두려워하고 있다. 그러나 톰의 상황을 보다 면밀히 살펴보면 우리는 기술, 일자리, 노동시장, 인구 변동이 서로 복잡하게 상호작용한다는 것을 알 수 있다. 따라서 자동화를 일자리 손실과 단순히 연결하기는 어렵다.

대부분의 노동시장(예컨대 트럭 운전기사 노동시장 등)에서는 매년 많은 이직이 발생하는데, 이것이 반드시 실업률 상승으로 이어지지는 않는다. 언론은 **실업률 수준**을 집중적으로 다루는 반면, 매년 창출되는 **새 일자리** 수와 (자발적 퇴사나 정리해고로 인해) **사라지는 일자리** 수에는 훨씬 덜 주목한다. 2018년 미국 전체 노동력 데이터를 보면 노동시장에서 얼마나 많은 이직이 발생하는지 알 수 있다. 그해 미국에서는 1억4900만 명이 고용됐고, 6890만 개의 새 일자리가 창출됐으며, 6610만 개의 일자리가 사라졌다.[23] 즉, 일자리 손실이 무조건 높은 실업률로 이어지지는 않는다.

이는 톰이 종사하는 산업 부문에서도 분명히 드러난다. 운송 부문의 연간 총 이직 건수(자발적 퇴사자 혹은 정리해고자의 수)는 전체 취업자의 40%에 달한다. 그러다 보니 트럭 운송회사들은 충분한 수의 기사를 고용하고 유지하는 데 어려움을 겪는다. 현재도 운전기사 5만 명이 부족한 상태이며,[24] 2024년에는 17만5천 명이 부족할 것으로 예상된다. 이러한 부족의 원인에는 여러 가지가 있는데, 고령화 사회의 인구 구조도 한몫한다. 40세인 톰은 업계에서 젊은 편이다. 35세 미만 운전기사는 20%가 채 되지 않는다. 대규모 코호트인 50, 60대 기사의 퇴직이 가까워지면서 트럭 운송업계는 기존의 수요를 감당하는 데만 100만 명에 가까운 신입 운전기사를 필요로 한다.

이렇게 볼 때, 신문 헤드라인에 등장하는, 자동화로 인한 일자리 손실은 과장돼 있다. 중국과 일본은 상황이 훨씬 심각하다. 향후 30년간 중국과 일본의 생산 가능 인구는 각각 3억 명, 3200만 명 감소할 것으로 예상된다. 이렇게 노동력이 감소하는 상황에서 로봇의 도입은 빠를수록 좋다.

하지만 당신의 현재 직업 혹은 미래의 직업에 기계가 미칠 영향을 제대로 이해하려면 **직업**과 그 직업을 구성하는 **업무**를 구분할 수 있어야 한다. 기계는 업무를 수행한다. 업무 여러 개가 모여 직업이 된다. 따라서 당신이 실직할 가능성은 현재 어떤 종류의 업무를 수행하고 있으며, 그중 자동화되기 쉬운 업무가 얼마나 많은지에 달려 있다. 자동화로 인한 일자리 손실 문제를 연구하던 전문가들은 처음에는 직업이 소수의 정해진 업무로 이루어져 있다고 생각했다. 그래서 엄청나게 많은 직업이 기계의 도입으로 타격을 입을 거라 예상했다. 하지

2부 인간의 창의성

만 실제로는 대부분의 직업이 다양한 유형의 활동이나 업무로 구성돼 있다.[25] 당신의 직업도 그렇지 않은가. 이를테면, 우리 두 사람의 직업은 책과 학술 논문을 쓰고, 동료의 저작을 검토하고, 컨퍼런스와 세미나에서 연설하고, 강의 준비와 수업을 하고, 학생들 답안을 채점하고, 회의가 있을 때마다 참석하는 업무로 구성된다.

직업과 업무를 구분하는 것은 중요하다. 기계가 톰의 직업을 구성하는 업무의 **상당수**를 대체하리라는 점은 의심의 여지가 없지만, **전부**를 대체할 가능성은 크지 않다. 예컨대, 우리의 경우 인공지능이 효과적으로 학생들 답안을 채점하고 강의를 준비(심지어 수업 진행까지도)할 것으로 기대하고 있다. 이렇게 개별 업무들이 자동화되면 그 직업의 주요 업무가 달라질 것이다. 예컨대, 채점 시간이 줄어들면 런던경영대학원 졸업반 학생들은 교수에게 더 많은 연구 성과를 요구할 수 있다(아마 회의도 더 많아질 것이다).

다시 톰의 사례로 돌아가보자. 아직까지 자율주행차는 도심 주행이 원활하지 못하다. 특히 궂은 날씨나 예상치 못한 지형을 만나면 더 그렇다. 따라서 자동화로 인해 톰의 직업에서 고속도로 주행 업무는 제외될지 몰라도, 도심 주행 업무는 여전히 남아 있을 거라 볼 수 있다. 운송의 처음과 마지막에는 트럭이 자동으로 하지 못하는 작업을 수동으로 해주어야 한다. 이는 톰에게는 기회라고 할 수 있다. 설령 톰의 모든 업무를 자동화하는 것이 가능하더라도 실질적인 완전 자동화는 각종 법률 및 규제 이슈, 인공지능의 문화적 수용과 관련된 문제, 정치적 목적을 반영한 직업 보호 정책 등으로 늦추어질 것이다. 텍사스 주와 캘리포니아 주를 오가는 자율주행 트럭의 시운전이 시작됐지만 여전히 인간 운전자가 동승해야 하며 고속도로에서만 자율주행이 가능하다.

자율주행차의 정확한 도입 시기와 방식을 예측하기는 어려우며, 이는 부분 자율주행인지, 완전 자율주행인지에 따라 달라질 수 있다. 중단기적으로는 부분 자율주행의 도입이 유력해 보인다. 이는 결국 톰이 중앙 통제 센터에 상주하며 '보조 기사'나 '가상 기사'로 일하게 될 것이라는 의미다. 톰 또래의 트럭 운전기사는 인공지능에 의해 완전히 대체되지 않고 인공지능과 협업할 가능성이 크다.

그래서 가까운 미래에는 톰이 직업을 유지할 것으로 보인다. 하지만 트럭 운전기사라는 직업의 성질은 바뀔 것이며, 그에 따라 톰도 변화하는 역할에 효과적으로 적응하고 커리어의 전환을 거치게 될 것이다. 이는 그의 삶의 서사와 그에게 다가올 선택지에 영향을 미친다. 이렇게 직업의 성질에 변화가 생기면 톰이 받는 보수도 달라질 확률이 높다. 그가 수행하는 역할과 업무의 가치가 줄어들면 예전만큼 벌지 못할 수도 있다. 미래의 직업이 현재의 직업과 유사할수록, 동시에 기술의 도움을 더 많이 받을수록, 톰의 소득은 줄어들 것이다. 반대로, 톰이 고차원의 직능을 요구하는 직업을 갖게 되어 대단히 정교한 전기 장치를 제어하게 된다면 그의 소득은 증가할 것이다.

그렇다면 톰은 지금 무엇을 해야 할까? 한 가지 방법은 트럭 운전기사라는 현재의 진로를 고수하는 것이다. 그렇게 되면 앞의 그림 3-1 의 도식처럼 톰의 미래의 서사는 현재 위치에서 단순히 직선으로 진행한다. 다른 진로를 택할 수도 있다. 새로운 직능을 익히고, 점점 확대되는 자율주행 트럭 산업에서 전문적인 훈련을 받고 트럭을 유지·보수할 정비사가 필요하리라는 점을 활용하는 것이다. 다른 진로도 있다. 그의 친구들 다수가 일하는 물류 창고 일자리에 지원하여 새로운 기술과 경험을 쌓는 것이다. 결국, 지금 톰이 선택하는 진로가 또다른 미래의 플랫폼으로 톰을 이끌 것이며 미래의 가능한 진로와 가능자아를 결정할 것이다.

톰은 무엇을 기준으로 결정을 내려야 할까? 지금으로서는 톰은 창고 일자리보다 트럭 운송을 선호할 것이다. 이미 들어선 진로에 계속 머물기를 원하는 것이다. 엔진 기술자가 되는 상상도 해보지만, 정말 그런 기술을 배울 수 있을지, 또 자격 취득을 위한 비용을 감당할 수 있을지 걱정된다. 더 혁신적이지만 그에 따른 위험도 큰 진로다. 만약 톰이 미래를 통찰하며 자동화의 규모와 범위를 어느 정도라도 이해했다면, 계속 트럭 운전기사로 남을 경우 미래의 진로를 스스로 닫는 것이나 다름없음을 우려하게 될 것이다. 자동화가 크게 진전되고 5년 후 톰이 해고되어 허겁지겁 다른 진로를 찾아나서게 된다면 그때는 정비소에서 일할 수 있는 자격이나 경험이 전무한 상태일 것이다.

이러한 갑작스러운 결말은 좋지 않다. 미래를 계획하고, 준비하고, 가능한 선택지를 선별하는 기회가 사라지기 때문이다. 커리어를 전환하려면 늦지 않게 빨리 시작하는 편이 합리적일 것이다. 전환을 빨리 시작한 사람일수록 더 큰 이익을 얻는 경향이 있다는 점을 고려하면 더욱 그렇다. 톰은 지금 취해야 할 행동뿐 아니라 그 행동이 향후 몇 개의 단계에 미칠 영향도 생각해야 한다. 즉, 오늘 내린 결정이 어떤 미래로 이어질지 예상할 수 있는 안목을 길러야 한다는 뜻이다.

직업의 미래
톰의 직업인 트럭 운전기사는 기술이 노동시장에 미칠 수 있는 여러 미묘한 영향을 보여준다. 그렇다면 당신의 직업에는 무슨 일이 일어날까?

사안의 복잡성을 감안할 때 기술이 일자리에 미치는 **순전한** 타격이 얼만큼일지에 대해 일치된 의견이 없는 것도 당연하다. 퓨 리서치 센터Pew Research Center의 연구에 따르면 기계가 대체하게 될 일자리 수와 기계가 새로 창출할 일자리 수 중 전자가 많을 것으로 예상한 전문가는 52%, 후자가 많을 것으로 예상한 전문가는 48%였다.[26] 기술자들의 일자리 전망은 대개 부정적이다. 이들은 인공지능의 **빠른** 발전 속도와 그것이 일자리 손실에 미치는 영향에 주로 집중하기 때문이다. 반면, 경제학자들은 그보다 낙관적이다. 이들은 역사상 기술의 발전이 한 번도 대량 실업을 야기한 적이 없으며, (비용 대비 효율의 측면에서) 자동화가 실현되는 속도를 기술자들이 과장한다고 생각한다. 나아가, 경제학자들은 **파괴**될 일자리는 비교적 금방 눈에 띄지만 신기술, 신시장, 신제품이 창출하는 **새 일자리**는 예측이 훨씬 어렵다고 주장한다.

이를 좀 더 깊이 이해하기 위해서는 MIT의 대런 애서모글루Daron Acemoglu와 보스턴대학교의 파스쿠알 레스트레포Pascual Restrepo의 이론 체계가 유용하다.[27] 애서모글루와 레스트레포는 개별 직업과 전체 노동시장이 **전치효과**displacement effect의 영향을 받는다고 믿는다. 전치효과란 자동화가 인간의 업무를 대체할수록 기업에 필요한 노동력이 적어지는 것을 말한다. 이를 당신의 직업과 연관시켜 이해하려면 해당 직업에서 전치효과가 일어나게 될 규모를 생각해보면 된다. 당신의 직업에서 반복 업무의 비중이 높으면 자동화될 위험도 높다. 예를 들면, 우리의 직업에도 반복적 업무(학생 답안 채점, 프레젠테

　　　　　　　　　　　　　　　　2부 인간의 창의성

이션 슬라이드 제작 등)와 복잡한 업무(연구 가설 세우기, 박사 과정 학생 지도)가 공존한다. 반복적 업무와 복잡한 업무의 비중은 직업마다 제각각이지만, 여러 연구 결과에 따르면 노동시장을 통틀어 업무의 절반 정도는 반복적 업무이고, 따라서 자동화도 비교적 쉽다.[28] 그러나 90~100% 자동화가 가능한 업무로 이루어진 직업은 전체의 약 5%뿐이다. 과거에도 자동화가 있었지만 그로 인해 전치된 직업이 그리 많지 않은 것도 그 때문이다. 1950년대 이후로 미국 인구조사국에 등재된 270개의 직업 가운데 단 하나의 직업만이 자동화로 인해 완전히 사라졌다. 바로 엘리베이터 운전원이다.[29]

대부분의 직업은 완전 자동화가 불가능하다. 그러나 직업들 상당수(대략 60%)는 필수 업무의 약 1/3을 쉽게 자동화할 수 있다. 숙박업과 요식업은 자동화가 가능한 업무 비중이 높다(약 75%로 예상된다). 제조업, 운송업, 창고업, 농업은 60% 정도 자동화가 가능하고, 소매업과 광업은 절반 정도다. 업무가 자동화될 수 있는 비중이 훨씬 낮은 직업도 있다. 교육 부문도 그중 하나다(약 25%). 가르치고 멘토링하고 코칭하는 것은 자동화 가능성이 작다. 경영(역시 코칭, 멘토링, 업무 지시), 전문직(변호사, 컨설턴트 등), 보건(간호사, 일반의, 외과의) 분야도 마찬가지다.

당신의 현재 직업, 혹은 미래에 희망하는 직업에 대한 정확한 자동화 시간표를 만들 수는 없다. 알 수 없는 것이 너무 많기 때문이다. 하지만 변화에 주의를 기울이고 변화가 전개되는 속도를 알아차려 합리적 추측을 할 수는 있다. 무엇보다 당신의 직업이 완전 자동화에 이를 수 없도록 하는 네 가지 장애물을 알아두자. 첫번째는 **비반복적** non-routine 업무의 비중이다. 비반복적 업무의 비중이 클수록 자동화가 어렵다. 두번째는 당신이 더 높은 부가가치를 지닌 업무로 전향할 기회가 있는지 여부다. 즉, 공감 능력, 사교성, 판단력, 창의성 등 모라베크의 '인간 능력의 지형'에서 높은 고도를 점하는 능력과 관련된 업무를 말한다. 또한 당신의 현재 직능에 비추어 당신이 이 새로운 기회를 잡을 만한 유리한 위치에 있는지도 생각해봐야 한다. 세번째는 직업 환경이다. 이를테면, 안전에 대한 우려나 인간 개입의 필요성 때문에 존재하는 규제가 자동화의 장벽이 될 것인가? 마지막은 이것이다. 비용 대비 효율의 관점에서 당신의 직업이 자동화에 적합한가? 예컨대, 앞서 소개한 알파고 기술은 경이롭지만, 거기에는 많은 비용이 드는 대규모 연산 능력이 필요하다. 당신이 하는 일을 기계도 할 수 있는지는 중요치 않다. 기계가 더 싸게 할 수 있는지가 중요하다.

특정 직업에 속한 업무들이 얼마나 빨리 자동화될지는 이러한 장애물이 얼마나 견고한지에 달렸다. 이 장애물이 제 역할을 하지 못하면 자동화는 향후 2~3년 내에 당신의 역할을 빠르게 잠식할 것이다. 설령 이 장애물이 견고하더라도 앞으로 10년 동안은 일하는 방식에 커다란 변화를 경험할 수 있다는 점을 기억해야 한다.

애서모글루와 레스트레포 이론 체계의 두번째 효과는 **생산성** 증대 효과다. 자동화는 일부 업무를 대체하기도 하지만 노동자의 생산성과 수익성을 향상시킨다. 이는 기업이 더 많은 노동자를 고용하도록 유도한다. 다시 말해, 기술은 인간을 대체한다기보다 증강한다. 예컨대, 비지캘크의 도입으로 미국에서 40만 개의 부기 일자리가 사라진 대신 60만 개의 회계 일자리가 생겼다. 비지캘크로 계산 속도가 빨라지고 비용이 감소하자 기업은 더 많은 데이터를 생성했고, 이를 통해 더욱 질 좋은 재무적 식견을 얻게 되었다. 이러한 식견은 데이터 분석을 주업무로 하는 직업의 생산성을 향상시켰다. 결국 회계사가 더 많이 고용됐다. 마찬가지로, 현금 자동 입출금기ATM 도입 후 은행 출납원의 수는 오히려 증가했다. 이 기계 덕분에 출납원과 보조원은 고객에게 현금을 내어주는 등 가치가 낮은 업무에서 해방되어 고객의 복잡한 문제의 해결을 돕거나 다양한 금융 상품과 서비스를 교차 판매하는 등 가치가 높은 활동을 할 수 있는 시간을 벌게 되었다. 이렇게 업무의 가치가 높아지자 은행 지점들의 생산성이 향상됐고, 이는 출납원의 고용 증가로 이어졌다.[30]

중요한 것은, 이러한 생산성 증대 효과가 노동시장 전반의 고용 증대에도 기여하지만, 동시에 직업의 속성과 거기에 요구되는 직능의 중대한 변화를 수반할 수밖에 없다는 점이다. 모든 은행 출납원이 기업금융 담당자●가 될 수는 없었다. 모든 경리 직원이 회계사가 되지는 못했다.

노동자의 생산성이 자동화로 인해 증강되면 일부는 더 높은 임금을 받을 것이다. 이제 톰의 상사는 데이터 분석학 석사를 취득해 그의 전임자들보다 훨씬 높은 임금을 받는다. 그의 직무가 단순한 일정 조율에서 최적화로 바뀌었기 때문이다. 한편, 잉의 관리자는 부서 합병으로 권한이 커지고 그에 따라 임금도 늘었다. 더 수익성 높은 업무를 맡기 위해 새로운 직능을 익히기로 마음먹은 사람들, 또 자동화되는 업무에서 멀어지기로 결정한 사람들은 높은 임금의 수혜자가 될 가능성이 크다.

애서모글루와 레스트레포 모델의 마지막 세번째 효과는 **새로운**

● 기업을 대상으로 대출을 해주거나 금융 상품을 판매하는 직원. 줄여서 'RM'이라고 부른다.

유형의 직업 창출이다. 그중에는 매우 복잡한 직업도 있을 것이다. 성인이 된 톰의 아들은 기술에 커다란 관심을 가지고 있으며 최첨단 인공지능 분야에서 일하는 것이 꿈이다. 인공지능 분야에는 온갖 새로운 일자리가 즐비하다. 톰의 아들은 인공지능 훈련가trainer(인공지능 프로그램 훈련에 필요한 알고리듬을 개발하는 데이터 과학자), 인공지능 해설가explainer(소통 직무. 인공지능의 의사 결정에 내재된 알고리듬을 대외적으로 알리고 해설하며 그 의사 결정의 결과에 대해서도 설명한다), 인공지능 유지·보수 전문가sustainer(인공지능 시스템의 보수, 유지, 개발을 담당) 등의 직종에 지원할 수 있다.[31] 새로운 직업의 물결이 밀려온다는 사실을 믿기 어렵다면 2017년 맥킨지글로벌연구소의 연구 결과를 보자. 이 연구는 2030년까지 전 세계적으로 2천만~5천만 개의 디지털 일자리가 생길 것으로 예측했다.[32]

그러나 새 일자리가 전부 디지털과 기술 부문에만 있다고 생각하면 오산이다. 사람들이 건강한 나이 듦에 더 많은 시간을 투입하면서 헬스 트레이너와 요가 강사 수요도 늘어날 것이다. 그뿐 아니라 평생학습이 삶의 중심에 자리 잡으면서 직업 상담사와 라이프 코치life coach● 등의 일자리도 늘어날 것이다. 또한 우리는 인간의 창의성과 유희를 경험하는 데 더 많은 돈을 낼 용의가 있다. 맥킨지는 창의성을 발휘하는 직종인 예술가, 디자이너, 연예인, 미디어 종사자의 수요가 증가할 것으로 보고 있다. 이는 세계적 현상이다. 2030년까지 이러한 직능의 수요는 중국에서 85%, 인도에서 58% 증가할 것으로 예상된다. 그와 더불어 증가하는 고령 인구의 니즈를 충족하기 위한 일자리,

---

● 올바른 목표를 설정하고 이를 실현하기 위한 방안을 제시하는 자문역.

2부 인간의 창의성

재생에너지와 기후변화 대처를 위한 대규모 투자에서 비롯되는 일자리도 있을 것이다.

▮ 유동적 커리어

살면서 일하는 동안 우리의 직업과 일은 일상 활동의 주가 되며, 이들을 시간의 수평선 위에 전부 펼쳐놓으면 커리어의 토대가 된다. 하지만 삶의 골격이 3단계에서 다단계로 바뀌면서 커리어도 보다 유동적으로 변한다.

길어진 삶

이처럼 커리어가 유동적이 된 것은 일하는 기간이 늘어난 탓도 있다. 『100세 인생』에서 기대수명이 100년이고 급여의 10%를 저축한다고 할 때 마지막 급여의 절반에 해당하는 연금을 받으려면 70대 말이나 80대 초까지 일해야 한다는 계산 결과를 제시한 바 있다.[33] MIT의 경제학자 짐 포터바Jim Poterba는 노후 자금 마련을 위해서는 기대여명이 10년 늘어나면 (현재 이자율과 연금 수준을 기준으로) 7년을 더 일해야 한다는 계산을 내놓았다. 따라서 1981년 이후 영국의 기대여명 상승분을 고려하면 현재 50세인 영국인은 적어도 68~72세까지 일할 계획을 세워야 한다.

정부는 수명 연장에 대처하기 위해 국가 연금의 수급 연령을 꾸준히 높일 것이다. 영국의 예를 보자. 1920년대만 해도 영국의 연금 수급 연령은 남자가 65세, 여자가 60세였다. 하지만 1995년, 영국 정부는 연금 수급 연령의 성별 격차 폐지를 선언하고 여자의 수급 연령 또한 천천히 65세로 올렸으며, 2019년에는 2044~2046년 사이에 남녀 모두 68세로 상향하겠다고 발표했다. 영국은 수명 연장에 따른 퇴직 연령 조정 지침까지 마련했다. 영국 정부는 법정 퇴직 연령의 상승폭은 10년당 1년을 넘지 않을 것이며, 영국인은 성인이 된 이후 생애의 1/3 동안 수급 자격을 얻게 된다고 발표했다.

중국도 급격한 기대여명 증가에 따른 큰 폭의 연금 수급 연령 조정을 피할 수 없을 것이다. 현재 중국의 수급 개시 연령은 남자가 60세, 여성의 경우 육체노동자는 50세, 사무직 노동자는 55세이다. 이 연령을 여자는 3년당 1년씩, 남자는 6년당 1년씩 높이는 방안이 제시되었다. 지금 예상하기로는 중국의 퇴직 연령은 2045년에 남녀 모두 65세가 될 것으로 전망된다. 퇴직 연령을 이만큼 상향하려면 반드시 정치적 대가가 뒤따른다. 2018년 FIFA 월드컵 개막 당일, 주최국인 러시아는 국가 연금 수급 연령을 남자는 60세에서 65세로, 여자는 55세에서 63세로 상향한다고 발표했다. 이어진 정치적 반발로 푸틴 대통령의 지지율은 최악의 슬럼프를 기록했다. 이 개혁에 러시아 국민 90%가 반대했다.

수급 연령 상향은 전체 그림의 일부일 뿐이다. 많은 사람이 더 오래 일하고 싶어한다. 일본에서는 60~70세 사이에 언제든 수급을 시작할 수 있으며 받지 않고 놔둘수록 연금액이 커진다. 그럼에도 70~74세의 일본인 중 30% 이상은 여전히 일하고 있다. 같은 연령대의 미국인은 20%, 영국인은 10% 조금 넘게 일하고 있으며, 두 나라 모두 이 비중은 증가하고 있다. 일하는 기간이 늘어나고 커리어가 유동적이 되면서 종국에는 70대, 심지어 80대까지 일하는 것이 표준으로 자리 잡는 모양새다.

이런 전망이 무섭게 들릴지 모르지만, 꼭 나쁜 것만은 아니다. 오히려 일을 하면 건강하게 사는 기간이 늘어난다는 연구 결과도 있다. 특히 육체노동을 수반하지 않는 직업의 경우 늦게 퇴직할수록 장수하는 것으로 보인다. 한 연구에서는 1992~2010년에 퇴직한 3천 명에 달하는 사람을 대상으로 65세, 67세, 70세, 72세에 각각 퇴직한 집단의 사망 위험률을 비교했다. 그 결과, 2년 더 일한 집단이 먼저 퇴직한 집단보다 오래 사는 것으로 나타났다. 구체적으로 살펴보면, 65세까지 일한 집단보다 67세까지 일한 집단의 사망 위험률은 20% 넘게 낮았다. 70세까지 일한 집단은 65세 집단보다 44% 낮았고, 72세까지 일한 집단은 65세 집단보다 56% 낮았다.[34] 최근의 '퇴직 후 재취업unretiring' 추세도 이렇게 더 오래 일하는 것의 긍정적 효과 때문일지 모른다. 영국에서는 65세에 퇴직한 4명 중 1명이 5년 안에 재취업한다.[35] 이들이야말로 다단계 삶의 개척자가 아니겠는가.

늘어난 여가

길어진 삶을 일만 하면서 보내지는 않을 것이다. 삶이 길어지면 여가도 늘어난다. 3단계 삶에서 여가는 기본적으로 생의 막바지, 즉 은퇴기에 배치되었다. 다단계 삶에서는 이 여분의 시간을 생애 곳곳에 재분배할 기회가 생긴다. 이를테면, 커리어 중도 변경을 위한 노력의 일환으로, 또는 65세 언저리에서 '퇴직 후 재취업'을 하기 전에, 갭이어를 가질 수 있다.

이렇게 늘어난 여가를 꼭 몇 달, 몇 년 등의 긴 시간 단위로 재분배할 필요는 없다. 일일 노동시간을 줄이거나 사흘 동안 주말을 즐기는 등 더 짧은 시간 단위로도 재분배가 가능하다. 이러한 낙관론을 지탱하는 것은 간단한 경제 논리인데, 기술이 인간의 생산성을 끌어올리면 노동시간당 생산성이 높아져 소득 증가에 기여한다는 것이다. 또, 인간은 윤택해질수록 온갖 것을 더 많이 원하며, 거기에는 여가도 포함된다.[36] 따라서 생산성 향상이라는 기적 덕분에 인간은 더 소비하는 **동시에** 덜 일하게 되어 생활수준이 높아진다. 이러한 흐름은 현대사에서도 관찰된다. 1870년에 독일인은 주당 68시간, 미국인은 주당 62시간을 일했다. 2000년에 이는 각각 41시간, 43시간으로 줄었다.[37] 시간이 흐르며 향상된 생산성이 주당 노동시간의 하락으로 이어진 것이다.

인공지능과 로봇공학이 과거의 기술과 같은 영향력을 발휘한다면, 우리는 결국 주4일 근무하고 3일짜리 주말을 보내는 시대를 맞게 될 것이다. 주4일 근무제를 도입한 기업들은 그것이 생산성 증대 및 직원의 삶의 질 향상과 관련이 있다는 근거를 벌써부터 제시하고 있다.[38] 지금으로서는 업무 관행이 가장 탄력적인 회사에서만 주4일 근무제가 성공할 확률이 높지만, 이에 동참하는 회사가 늘고 있으므로 주4일 근무제가 수십 년 안에 새로운 기준으로 자리 잡을 가능성은 충분하다.

기술의 진보가 가져올 가장 유토피아적인 미래상은 기계의 생산성이 엄청나게 높아 인간이 더는 돈을 벌기 위해 일하지 않고 광범위한 여가 선용의 기회를 누리는 것이다. MIT의 에릭 브리뇰프슨Erik Brynjolfsson은 이를 아테네가 지식을 꽃피웠던 것에 비유하여 '디지털 아테네Digital Athens'라고 명명했다. 소크라테스, 아리스토텔레스, 플라톤 등 위대한 사상가는 노예 덕분에 노동에서 해방되어 심오한 철학적 사유에 전념할 수 있었다. 스마트 기계의 세상에서 인간을 해방시키는 것은 디지털 노예다. 그렇게 되면 인간은 노동이라는 고역에서 벗어나 공예나 봉사 활동 등 더 의미 있고 스스로 동기 부여가 되는 일을 하며 자신의 관심사와 열정에 따라 살 수 있다. 물론 이는 극단적인 예다. 이것이 가능하려면 인간은 전혀 새로운 의미의 서사를 구상해야 할 것이다. 하지만 사회가 이러한 유토피아 상태에 도달하지 못하더라도 여전히 우리는 더 많은 여가를 위한 공간을 조금씩 확보해나가야 한다.

다양한 대안적 일자리

'일자리'라고 하면 흔히 안정되고 고용이 보장된 전일제 일자리를 떠올린다. 사람들은 확정적이고 비교적 지속적인 방식으로 노동을 제공하고 그 대가로 급여와 여타 복리후생을 얻는다. 물론 앞으로도 전일제는 가장 보편적인 고용 형태일 것이다. 그러나 커리어가 유동적인 시대에는 많은 이들이 언젠가는 비정규직이나 대안적 형태의 일자리를 경험한다고 전제하는 것이 현명하다. 일하는 목적이 부수입을 위해서든, 커리어를 전환하거나 회사의 연령차별을 극복하기 위해서든, 황혼기를 일하며 보내기 위해서든, 언젠가는 그러한 형태로 일할 것을 예상해야 한다.

그 형태는 (라디카 같은) 프리랜서일 수도 있고, (에스텔이 가끔 이용하는) 직업 중개업체를 통한 임시직, 온디맨드on demand 시간제 일자리,* 최근의 긱 일자리gig work** 까지 다양하다. 이러한 일자리

---

* 기업이 필요에 따라 임시로 고용하는 형태. 우버 운전기사도 여기에 속한다.
** 프리랜서, 중개업체 임시직, 온라인 플랫폼 기반 비정규직, 온디맨드 일자리를 포괄하는 개념.

가 전통적 고용 형태와 다른 점은 기업과 피고용자가 단기 계약을 맺고, 수행한 업무에 대해서만 보수를 받으며, 노동 기간이 짧을 것으로 예상한다는 점이다. 1990년대 이후 OECD 국가들에서 새로 생긴 직업의 절반 이상은 비정규직이다. 중요한 것은, 이렇게 새로운 직업의 상당수가 비정규직임에도 불구하고 2017년 미국 노동시장의 비정규직 비율은 약 10%에 불과하다는 점이다.[39]

라디카는 비정규직이다. 한 고용주를 위해 전업으로 일하는 것이 아니라 온갖 종류의 고용주와 프로젝트 단위로 일한다. 이것이 가능해진 이유는 날로 정교해지는 직업 플랫폼 덕분이다. 이들 플랫폼은 완수해야 할 과업이 있는 기업과 그것을 완수할 수 있는 직능을 보유한 사람을 최대한 원활하게 연결해준다. 프리랜서Freelancer, 업워크Upwork 등이 이러한 서비스를 제공하는 온라인 플랫폼이다. 비슷한 플랫폼이 수없이 개발되고 있으리라는 것도 어렵지 않게 상상할 수 있다. 라디카가 이용하는 이러한 플랫폼뿐 아니라 태스크래빗TaskRabbit, 우버 등의 온라인 플랫폼도 빠르게 성장 중이다. 하지만 이들을 통해 일하는 사람은 미국 전체 노동자의 1%도 되지 않는다. 미래 성장 가능성이 매우 큰 것이다.

기술 혁신은 이러한 플랫폼을 탄생시켰을 뿐 아니라 일을 개별화, 표준화된 업무로 쪼갤 수 있도록 했다. 따라서 일을 한 사람이 도맡아 하지 않고 다양한 종류의 노동자가 분담할 수 있게 됐다. 또, 기술의 발전으로 다양한 노동자의 업무 성과를 모니터링하고 서로 비교 평가하는 것도 가능해졌다. 라디카와 같은 프리랜서는 매우 구체적인 업무를 수행한다. 예를 들면 기사 작성이나 웹페이지 제작 등이다. 라디카는 '직원'이 아니다. 때문에 다양한 고객의 업무를 수행하면서

'직업'에 대한 자신만의 감각을 형성해야 한다. 그런 의미에서 라디카와 톰은 일하는 형태가 매우 다르다. 광범위한 책임을 떠맡고 있는 톰은 익숙한 업무를 매일 반복해서 수행한다. 반면, 라디카는 오픈 마켓 open market에서 명확하게 정의된 업무나 프로젝트에 입찰하는 방식으로 일한다. 이는 언제, 무슨 일을 할지에 대해 톰보다 라디카의 자율성과 유연성이 크다는 뜻이다. 물론, 단점도 없지 않다. 항상 다음 일을 수주할 걱정을 해야 한다. 라디카는 전통적인 직업의 동료의식도 궁금하다.

자신의 직업에 대한 비정규직 노동자의 만족도는 그 일을 하는 동기 및 이유와 연관이 깊다.[40] 비정규직 노동자의 약 30%는 라디카와 같은 '자유직업인free agent'●으로, 이들은 비정규 노동의 자유와 유연성에 매료된다. 약 40%는 '부업인'으로, 이들은 가계 수입의 주 소득원 외 추가 소득원을 위해 일한다. 이 두 부류는 대개 비정규직 일자리의 속성과 역할에 만족하는 반면, 나머지 약 30%는 정규직을 선호하지만 '마지못해' 비정규직에 머무는 사람들이다.

잉은 이 마지막 부류에 속한다. 잉은 정규직으로 일하고 싶다. 그녀는 프리랜서가 되면 급여가 줄고 직업의 위신도 떨어질까 걱정한다. 소득을 늘리기 위해 요양원에서 일하는 에스텔은 '부업인'이다. 살림이 빠듯한 그녀는 우버 기사로 취직하는 것도 고려 중이다. 에스텔은 부수입을 올리고 더 자유롭게 일할 수 있다는 우버 광고에 솔깃했지만, 차량 구입비도 걱정이고 지금 하는 일들과 육아, 거기에 우버까지 병행할 수 있을지 고민이다. 아직 그녀는 이 모든 것을 조율할

● 자영업자, 프리랜서, 임시직 노동자를 포함하는 개념이다.

방법을 찾지 못했다.

우버나 딜리버루Deliveroo● 같은 플랫폼 기반의 '긱' 일자리가 '질이 낮은 일자리'라는 인식도 있다. 이런 일은 대부분 직능이 비교적 덜 필요하고, 임금이 낮아 더 오래 일해야 하므로, 비정규직의 주된 장점인 자유와 자율이 상당 부분 훼손된다. 이는 프리랜서도 마찬가지다. 언뜻 보기에도 프리랜스닷컴Freelance.com이나 업워크에 올라오는 일은 시간 단위 일거리에 보수도 많지 않다. 게다가 보통 몇 시간에서 며칠 동안 진행되는 단발성 프로젝트이며, 그보다 긴 경우는 드물다. 즉, 매주, 심지어 매일 새로운 일거리를 찾아야 한다는 뜻이다. 이런 식으로는 장래를 설계하기 어렵다. 게다가 비정규직 노동자 대부분은 종업원으로 분류되지 않기 때문에 주휴수당, 연금 제도, 건강보험 혜택을 거의 혹은 아예 받지 못한다. 브랜다이스대학교의 데이비드 와일David Weil은 이러한 노동 형태가 초래하는 결과를 '균열 일터fissured workplace'라고 부른다. 이는 기업이 비정규직 노동자를 고용하여 수익성을 효율화하고 증대하는 반면, 그들의 급여, 안전, 복리후생에 대한 의무는 외면하는 행태를 말한다. 결과적으로, "노사 관계 유지가 충성 고객층 확보와 주주 가치 제고의 중요성보다 훨씬 후순위로 밀려났다."[41]

비정규직이 더욱 보편화되면서 기업은 이를 최대한 활용하는 방안을 고심할 것이다. 일부 기업은 같은 계약자에게 자주 일을 맡길수록 이들에게 기업 고유의 가치와 기준을 교육하는 효과가 어느 정도 있다는 사실을 알게 됐다. 이러한 기업은 계약자를 '비정규직 노동자'

● 영국의 음식 배달 플랫폼.

라기보다 특정 프로젝트나 성수기에 기용할 수 있는 '벤치 역량bench strength'●으로 본다. 따라서 살면서 일하는 동안 고용주와의 관계에 커다란 변화를 경험할 수 있음을 염두에 두어야 한다. 계약자, 프로젝트 기반 노동자, 혹은 '벤치' 프리랜서 등으로 말이다.

일의 개념의 확장

여러 고용주와 관계를 맺고 접게 되면 앞에서 다룬 진로와 가능자아에 대한 도식은 더 유동적인 구조를 갖게 될 것이 분명하다. 전통적 개념의 직업에 종사하며 뚜렷하게 정해진 역할을 수행하는 시기도 있고, 비정규직으로 매우 세부적인 업무를 수행할 때도 있을 것이다. 비정규직으로 일할 때는 유연성과 자율성은 높겠지만 경제적 위험 부담이 크고 직업 정체성도 약해질 것이다. 사무실이나 공장에서 일할 때도 있고, 재택근무를 할 때도 있을 것이다.

이렇게 유동적인 커리어의 기저에는 당신이 더 많은 책임을 지고 더 주체적으로 일해야 한다는 함의가 깔려 있다. 이러한 커리어에서는 당신과 고용주의 '공동사업joint enterprise'의 성격이 옅어진다. 과거의 고용주는 당신의 직능 향상에 책임을 지고, 당신의 다음 커리어 단계를 계획하고, 당신의 미래 재정을 예비하고, 당신의 가능한 선택지를 고심했다. 하지만 이러한 활동은 점점 당신 자신의 책임이 될 것이다. 이는 당신이 '일하는' 시간이 보수를 받는 노동시간뿐 아니라 현재나 미래를 위한 자원 확보에 투자하는 시간까지 확대된다는 의미다. 여기서 자원 확보란 커리어의 다음 단계를 위한 새로운 직능 계

● 야구 등 구기 종목에서 벤치에서 대기하다가 필요한 순간에 잠깐 활약하는 선수층.

발, 대안적 진로 조사, '디지털 아테네'의 일원으로서 공동체 기반 활동에 참여하는 것 등을 말한다. 시간을 재분배하는 능력과 용기가 꼭 필요한 이유가 여기에 있다. 3단계 삶에는 단순한 이분법이 존재했다. 돈을 받고 일하거나 돈을 받지 않고 여가를 즐기거나. 하지만 유연한 다단계 삶에서는 개인의 책임과 주체성이 강화되고 '일'의 개념도 확장된다.

▍좋은 삶의 조건

지금까지 우리는 기술과 장수가 삶의 서사 구조를 어떻게 변화시킬 것인지 중점적으로 살펴보았다. 삶은 길어지고, 더 많은 단계로 나뉘며, 일과 여가, 삶과 재정의 다양한 조합이 가능해질 것이다. 그러나 어떤 서사든 구조만 갖추어서는 부족하다. 일관된 주제와 목적이 있어야 한다. 당신의 서사에 내재된 동기는 바로 이것이어야 한다. 무엇이 좋은 삶을 만드는가?

분명 돈은 중요하다. 100세 인생을 맞아 충분한 재원을 마련해야 한다는 조급함이 있는 것도 사실이다. 그래야 행복한 노후를 보내고 건강한 생활 방식을 유지하며 평생학습과 원기회복을 위한 휴지기를 가질 수 있기 때문이다.

달라이 라마의 말을 곱씹어보자. 그는 인류를 보며 놀란 점이 무엇이냐는 질문에 다음과 같이 답했다. "사람들은 돈을 벌기 위해 건강을 희생합니다. 그다음에는 건강을 회복하기 위해 돈을 희생합니다. 그런 다음 미래가 너무 걱정되는 나머지 현재를 즐기지 않습니다. 결과적으로 현재를 사는 것도 아니요, 미래를 사는 것도 아니게 됩니다. 영원히 죽지 않을 것처럼 살다가 한 번도 진정으로 살아보지 못하고 죽습니다." 달라이 라마에게 돈과 행복은 무관하다.[42]

이제 달라이 라마에서 속세의 실증 연구로 눈을 돌려보자. 일반적으로는 개인의 재산이 많을수록, 또는 한 나라의 소득이 높을수록 그 개인이나 그 나라의 국민이 더 행복한 것처럼 보인다. 하지만 실제는 그리 간단치 않다. 우선 예외가 있다. 이를테면, 코스타리카인은 홍콩인보다 소득이 적지만 더 행복하다. 또한 돈에는 수확 체감의 법칙이 작용한다. 이를테면, 소득이 6만 파운드인 사람이 1천 파운드를 더 가졌을 때 느끼는 행복은 소득이 2만 파운드인 사람이 1천 파운드를 더 가졌을 때보다 크지 않다. 돈이 더는 당신을 행복하게 만들지 못한다는 뜻은 아니다. 하지만 그 위력이 점점 약해지는 것은 사실이다.

많은 이들이 행복의 본질을 논한다. 고대 그리스의 에피쿠로스 학파는 쾌락을 얻고 나쁜 일을 피하는 것이 행복이라 믿었다. 한편, 아리스토텔레스는 그가 주장한 '에우다이모니아eudaimonia(다른 말로 '사람이 행복한 번영human flourishing')'라는 개념을 통해 행복의 핵심은 목적의식과 심신의 건강이라고 설명했다. 다시 실증 연구로 돌아와보자. 경제학자 앵거스 디턴Angus Deaton과 심리학자 대니얼 카너먼Daniel Kahneman, 이 두 노벨상 수상자는 미국에서 광범위한 조사를 벌여 행복과 돈의 관계를 연구했다.[43] 그 결과, 소득이 7만5천 달러가 넘을 경우 일상적 행복의 관점에서는 돈이 많아져도 삶의 만족도는 증가하지 않았다.[44] 그러나 목적의식의 관점에서는 일반적으로 부유한 사람일수록 삶에 더 큰 만족감을 표시했다. 디턴과 카너먼은 연구 결과를 이렇게 요약했다. "높은 소득은 삶을 만족스럽게 하지만 행복은 주지 못한다. 낮은 소득은 낮은 삶의 만족도와 낮은 정서적 행복 둘 다와 연관이 있다." 이는 돈이 행복에 이르는 길은 아닐지라도 좋은 삶을 지탱하는 중요한 기둥이라는 의미가 될 수 있다.

하지만 전 생애에 걸친 행복감과 만족감을 조사한 더 광범위한 연구에서 또 하나의 중요한 변수가 발견됐다. 이 변수의 정체는 하버드대학교 의과대학에서 진행한 인생관찰보고서Grant Study에서 조명됐다. 인생관찰보고서는 1939~1944년에 하버드대학교를 졸업한 268명의 동일한 코호트(그중에는 존 F. 케네디도 있었다)를 졸업 후부터 75년간 추적한 연구다. 추후에 보스턴 도심 빈민가의 사회적 약자 계층에 속하는 청년 456명이 이 코호트에 추가됐다.

인생관찰보고서는 삶의 만족도의 인과관계를 규명하는 데 중점을 두었다. 실제로 부유한 사람이 더 행복한 경향을 나타냈다. 그러나 돈이 중요하긴 해도, 삶의 만족도와 행복에 가장 중요한 조건은 아니었다. 삶의 만족도에 가장 큰 영향을 미치는 것은 '관계의 따스함'이었다. 이 연구의 책임자 조지 베일런트는 이렇게 표현했다. "행복은 사랑입니다. 끝." 타인과의 유대는 좋은 삶의 밑바탕이자 인생의 많은 시련을 극복하는 수단이라 할 수 있다.

핼 허시필드의 연구에서도 비슷한 메시지가 도출됐다. 허시필드는 사람들이 집에서 갓 난 딸아이와 시간을 보내는 것과 주말 컨퍼런스에 참석해 돈을 버는 것 중 무엇을 선택하는지 조사했다. 65%는 돈을 택했다. 그러나 가족과 시간을 보내기를 선택한 나머지가 평균적으로 더 행복하고 삶의 만족도가 높았다. 왜 이런 현상이 일어나는 걸까? 허시필드는 이렇게 설명한다. 시간을 포기하고 돈을 선택한 쪽은 돈이 '부족하다'는 생각에 사로잡혀 있을 확률이 크다. 반면, 돈을 포기하고 시간을 선택한 쪽은 시간을 어떻게 '사용'할 것인지에 초점을 맞춘다. 이런 사람은 해야 할 것보다 하고 싶은 것에 시간을 '사용'할 계획을 세운다(이를테면, 집안일 끝내기보다 취미생활 즐기기). 특히, 이들은 혼자보다는 다른 사람과 함께 시간을 보낼 계획을 세우는 일이 많았다.

행복에 관한 이러한 갖가지 통찰을 곱씹으면서, 다단계 삶에서는 다양한 자원을 서로 다른 단계에서 확보할 수 있다는 점을 상기해보자. 이것이 중요한 이유는 그 다양한 자원을 삶의 뒷부분으로 이동시킬 기회가 생기기 때문이다. 그 자원들 중 하나는 분명 돈이겠지만, 모든 단계에서 돈이 가장 중요한 자원은 아니다. 삶의 어느 시점에서는 미래의 연금을 늘리는 최선의 방법이 저축이 아니라 돈과 시간을 학습과 교육에 투자하는 것일 수 있다. 혹은 미래의 시간을 현재로 재분배하여 우정을 나누고 관계를 형성하는 것일 수도 있다.

경제적 안정의 달성은 길어진 삶에서 중요한 목표 중 하나가 되겠지만, 다른 활동을 통해 얻는 보상(이를테면 목적의식, 공동체 참여, 건강, 인간관계)도 간과하지 말아야 한다. 미래의 재정이 위태로워지지 않도록 주의해야 하는 것만큼이나 이러한 다른 활동에 충분한 시간을 쏟지 않아 미래의 자아가 위태로워지는 일이 없도록 주의해야 한다. 다시 말해, 재무 계획이 당신의 서사를 주도하도록 놔두지 말고 당신의 서사가 재무 계획을 주도하도록 해야 한다.

▌당신의 서사

가능자아 스케치하기

우리는 '가능자아'에 대한 전반적인 스케치로 이야기를 시작했다. 또, 그에 입각해 톰의 인생 여정, 즉 톰 앞에 놓인 가능한 진로와 그가 마주한 선택지를 살펴보았다. 이와 동일한 연습을 당신 스스로에게 적용해봐도 좋다. 당신의 미래를 향해 어떤 길이 펼쳐져 있는지 상상해보고, 그 진로를 다양한 전제와 의문에 비추어 시험해보는 것이다.

기본 전제 검토하기

장수, 기술, 사회 변화는 과거의 전제들에 근거한 서사가 아닌 새로운 서사의 설계를 요구한다는 점을 기억하라. 새로운 서사는 더 길고 더 많은 단계로 구성될 뿐 아니라 그 단계들의 순서를 수많은 방법으로 재배열할 수 있다. 커리어도 훨씬 길어질 것이다. 동시에 그 커리어가 갑자기 중단될 위험도 커진다.

내 커리어가 갑자기 중단될 수 있을까? 앞서 다룬 기술 혁신에 관한 이야기에서 우리는 자동화가 톰과 잉의 진로에 어떤 영향을 미치고 그것이 실제로 어떻게 갑자기 중단될 수 있는지 보았다. 그렇다면 당신이 계획했던 진로가 갑자기 중단될 가능성은 얼마나 되는가? 만약 그런 일이 발생한다면, 당신이 지금까지 계발한 플랫폼은 다른 진로에 적응할 수 있을 만큼 충분히 광범위한가?

내 생각이 지나치게 억압돼 있고 좁은 건 아닐까? 아직 고려해보지 않은 선택지, 혹은 당신에게 가능한 선택지 중 더 폭넓은 선택지는 없

2부 인간의 창의성

는가? 지금보다 더 실험적이고 과감하게 행동할 수 있겠는가? 인간 관계가 너무 좁고 제한적이지는 않은가? 실험적인 진로를 더 많이 고려할수록 새로운 발견의 과정을 거치면서 미래에 더 가까이 다가갈 수 있다.

나이에 대해 잘못된 전제를 갖고 있지는 않은가? 현재 당신이 고려 중인 진로들과 그 각각의 단계를 살펴보라. 당신의 미래의 나이, 나이 듦의 과정에 대해 무심코 잘못된 전제를 하고 있지는 않은가? 혹시 그 전제들이 지나치게 생활연령에 근거하고 있지는 않은가? 너무 일찍 다른 선택지들을 포기하고 전통적인 의미의 노인이 되어버린 것은 아닌가?

나는 제도의 변화를 고려하고 있는가? 미래의 내러티브는 현재와 과거의 경험에 뿌리를 둘 수밖에 없다. 하지만 이러한 미래의 서사의 토대가 되는 각종 제도, 즉 기업의 관행, 교육받을 기회, 정부 정책에는 많은 변화가 일어날 수 있다. 당신에게 가능한 미래의 진로들이 (제3부에서 살펴볼) 제도의 변화를 고려하고 있는지 확인하라.

시간 분배를 염두에 두라

시간은 당신이 가진 가장 귀중한 자원 중 하나이며 반드시 현명하게 사용해야 한다.

나는 시간을 재분배할 수 있는가? 가능한 진로들과 그 진로의 각 단계를 떠올려보자. 이 단계들이 포함하는 활동들을 재배치하여 더 많은 시간을 확보할 수 있겠는가? 이를테면, 필요한 모든 활동을 하나의 단계에 집중시키는 대신 짧게 쪼개어 평생의 진로에 보다 균등하게 재분배할 수 있는가?

이러한 시간 분배의 기준은 무엇인가? 각각의 진로에서 시간을 분배해야 하는 가장 근본적인 이유가 무엇인지 생각해보자. 무엇을 위해 시간을 분배하려 하는가? 돈을 벌기 위해서? 직능을 확장하기 위해서? 혹은 가족, 친구와 시간을 보내기 위해서? 그것은 올바른 분배인가? 이 진로들 가운데 미래의 자아를 위태롭게 만들 경로가 있는지도 생각해봐야 한다.

마지막으로, 오늘의 행동이 미래의 당신의 플랫폼과 선택지를 결정한다는 점에서 당신의 서사는 **순환적**임을 기억하라. 이러한 순환성은 결정론을 부정하는 강력한 논거다. 당신은 삶의 어느 시점에서든 미래에 영향을 미치는 긍정적인 행동을 할 수 있다.

2부 인간의 창의성

4장

──────── 탐색하기 ────────

학습하고 전환하라

자율주행차가 텍사스 도로를 누비는 광경이 처음 목격된 일은 뉴스에 날 만한 사건이었다. 동시에, 이는 톰이 트럭 운전기사라는 직업을 다시 생각해봐야 한다는 분명한 경고이기도 했다. 많은 기술 혁신은 눈에 띄지 않는다. 다만, 매년 이러한 혁신이 누적되어 '실현 가능한 것'의 한계를 확장시킨다. 잉의 경우가 그렇다. 잉은 톰이 자율주행차를 처음 보았던 것처럼 미래를 '본' 적은 없었다. 대신, 시간이 지나면서 그녀의 직업을 구성하는 업무들이 점점 자동화되었다.

이제 정리해고를 앞둔 잉은 새로운 것을 **탐색**하고 배우지 않으면 안 된다. 그녀 앞에는 여러 진로가 놓여 있으며 각각의 진로는 서로 다른 '가능자아'로 이어진다. 잉은 자신이 무엇을 선호하는지, 또 자신이 선택한 미래의 자아에 도달할 수 있는 진로가 무엇인지 탐색하고 발견해야 한다. 그녀는 이러한 전환이 쉽지 않다는 것을 알고 있다. 머지않아 정리해고를 당한다는 충격이 가시지도 않았는데 생소하고 불확실한 방향으로 새로이 출발하려니 마음이 무겁다.

히로키도 탐색 중이다. 히로키의 아버지는 대학을 마치고 입사한 대기업에서 지금까지도 일하고 있다. 그의 인생은 교육, 일, 퇴직으로 이어지는 전형적인 3단계 삶이다. 그러나 60년짜리 커리어를 앞둔 히로키는 자신이 하나의 커리어에 그렇게 헌신하고 싶은지 의구심이 든다. 잉과 마찬가지로 히로키는 자신이 어떤 선택을 할 수 있는지 탐색하고 조사하며, 잘할 수 있는 것을 배우고, 좋아하는 것을 찾는 데 시간을 투자하고 싶다.

히로키 아버지의 3단계 삶에는 탐색하고 전환할 기회가 거의 없었다. 그에게는 1단계 기간의 활동인 교육이 장차 그가 원하는 안정적인 커리어의 밑바탕이었다. 때문에 탐색은 그저 필요치 않은 정도가 아니라 커다란 불이익을 가져올 수 있었다. 만약 아버지가 또래와의 인생 대열에서 감히 이탈했다고 해보자. 그러면 회사는 그를 의심의 눈초리로 쳐다보았을 것이다. 하지만 히로키는 이러한 아버지 세대의 전제들이 빠르게 변하고 있으며, 그 변화 속에서 더 많은 전환을 내포한 다단계 삶이 떠오르고 있음을 직감하고 있다. 이러한 전환은 (히로키가 원하는 대로) 본인이 선택하기도 하지만, (잉의 다음 행보처럼) 타의에 떠밀려 이루어지기도 한다.

▎ 탐색과 발견

앞서 제시한 가능한 진로에 관한 그림 3-1 (70쪽 참조)을 사용하여 히로키의 결정과 선택지가 무엇일지 상상해볼 수 있다. 이 그림에는 (선으로 표시된) '가능자아'가 있고, 역량, 직능, 인간관계의 조합을 나타내는 (수평 막대로 표시된) 플랫폼이 있고, 방향의 전환을

2부 인간의 창의성

이룰 수 있는 단계들이 있다. 히로키에게 펼쳐진 여러 가능한 진로를 **그림 4-1** 로 그려보았다. 히로키는 현재 1단계에 위치해 있다. 그는 아버지가 택했던 진로(P2)를 택할 수도, 혹은 그보다 색다른 진로(P1)를 탐색해볼 수도 있다고 생각한다.

각 선택지의 가치

히로키의 아버지는 아들이 자신의 발자취를 따라 회사의 경영자 교육 과정에 합류할 수 있기를 바란다. 그러나 히로키는 P1이 어떤 모습일지에 더 가슴이 뛴다. 그는 여행을 좋아하며, 아마 지금은 경제적 독립을 위해 프리랜서로 일하고 있을지 모른다. 또, 음식과 건강에 대한 관심을 바탕으로 소규모 창업 아이디어도 가지고 있다. 이러한 생각들이 어떤 길로 이어질지 확신할 수는 없지만, 히로키는 진로를 확실히 정해 매진하기 전에는 스스로에 대해 더 많이 알고 싶다. 그가 걱정하는 것은 지금 홀로서기를 할 용기를 내지 못한다면 향후 5~10년 후에는 그 기회를 영영 잃을 수 있다는 점이다.

앞 장에서 설명한 '새의 눈'(**그림 3-4**) 관점으로 히로키가 시간을 바라볼 수 있다고 해보자. 이는 그가 현재에 매몰되지 않고 전 생애를 살핀다는 뜻이다. 새의 눈 관점을 가진 히로키는 앞을 내다보기 때문에 아버지 회사에 취직하면 미래의 다양한 가능자아의 문이 닫힐 것을 우려한다. 아직 살날이 많은 히로키는 시간을 두고 실험을 하며 자신에게 무엇이 어울리는지 알고 싶다. 문제는 또래들처럼 히로키도 자신이 무엇을 원하는지 정확히 모른다는 것이다. 어쨌든 히로키는 우선 아버지의 길을 따를지 말지부터 제대로 따져봐야 한다는 것만은 알고 있다. 그는 자신에게 어떤 선택지가 있는지 알아내고 거기에 투

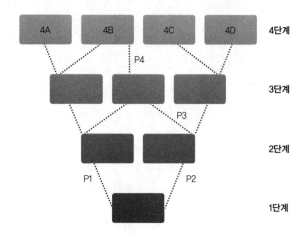

그림 4-1 히로키의 삶의 서사

자하길 원하지, 그런 선택지를 제쳐두고 싶지만은 않다.

히로키는 매사추세츠 클라크대학교의 제프리 아넷Jeffrey Arnett이 '성인모색기emerging adulthood'라고 부르는 시기를 경험한다고 할 수 있다.[1] 이제 그는 아이가 아니다. 그러나 히로키의 아버지가 히로키 나이 때 그랬던 것처럼 무엇에 전념할지 결정하지는 못했다. 예전에는 20대가 가정을 이루고 커리어를 확립하는 '형성의 10년a formative decade'이었다. 오늘날의 20대는 다단계 삶의 밑바탕이 될 직능을 익히고 플랫폼을 구축하는 시기이다.

히로키의 미래의 진로, 또 그 속에 포함된 선택지에서 확연히 눈에 띄는 특징이 있다. 바로 넓은 폭과 다양성이다. 앞으로 커리어는 길어지고 이직의 주기는 더욱 빨라질 수밖에 없다. 이는 히로키가 고려해야 할 미래의 자아들이 그의 아버지는 한 번도 생각해보지 못했

2부 인간의 창의성

을 만큼 많다는 뜻이다. 이는 가슴 뛰는 전망이다. 선택지가 워낙 다양해서 히로키에게는 지금 진로를 정해 전념해야 한다는 다급함이 없다. 히로키의 아버지가 경험한 전환은 교육에서 일로, 일에서 퇴직으로, 딱 두 번이었으며, 두 번 모두 또래와 같은 시기에 일어났다. 히로키가 이러한 일률성을 타파하려면 훨씬 더 많은 실험을 해야 한다. 이것이야말로 히로키와 그의 아버지 사이에 긴장이 흐르는 원인이다.

예를 들어, 'P1' 탐색의 일환으로 히로키가 외국어를 배우는 데 시간을 들이기로 결정했다고 하자. 히로키는 1년을 파리에 머물며 친구가 소유한 작은 일식당에서 일하고 프랑스어 학습에 몰두한다. 온라인 어학 수업에 등록하고 일본에서 온 동료 학생들과 매일 아침 어학 수업도 듣는다. 히로키는 적극적으로 이 새로운 직능을 익혀 2단계를 위한 더 강력한 플랫폼을 구축한다. 강화된 플랫폼은 선택의 폭을 넓히고 다양한 잠재적 진로를 만들어낸다. 예컨대, 히로키가 4단계에 도달하면 언어 능력을 발휘해 파리에서 해외로 사업을 확장하고 싶어하는 다국적 스포츠 의류 브랜드와 일할 수 있다. 그 후 히로키는 연쇄 창업가serial entrepreneur●로 변신한다(4B단계). 다른 길도 있다. 우선 동일하게 P1으로 진입한다. 프랑스어 능력을 활용해 직능과 인적 네트워크가 조합된 플랫폼을 구축한 히로키는 이를 발판으로 프랑스 치즈와 와인을 도쿄로 수입하는 소규모 회사를 설립한다(4A단계). 물론, 지금의 히로키는 자신이 무엇이 되고 싶은지 정확히 알지 못한다. 아직은 '그렇게 될 수도 있다'이다. 이것이야말로 히로키에게

● 지속적으로 새로운 아이디어를 만들어 창업하는 사람.

탐색이 필요한 이유다. 잠깐이라도 어떤 일을 직접 해보는 것은 중요하다. 그렇게 하면 미래의 가능성을 열어둘 수 있고 각각의 진로가 주는 즐거움도 평가해볼 수 있다.

설령 히로키가 아버지를 따라 P2로 진입하더라도 아버지와 다른 선택을 할 수 있다. 아버지 회사에 들어간다고 해서 남은 커리어 내내 아버지의 선례를 따를 필요는 없다. 시간이 지나면 다른 진로로 가지를 뻗을 수 있다. 히로키는 회사의 교육 과정을 통해 유용한 직능을 익히고 경험을 넓힐 것이다. 이후 소규모 스타트업(P3)으로 자리를 옮길 수 있고, 시간이 지나면 그곳에서 쌓은 지식과 재무 감각으로 플랫폼이 구축되어 자신의 회사(P4)를 설립할 수 있을 것이다. 이는 4단계에서 히로키가 연쇄 창업가로 변신할 수 있는 또 다른 경로이다(4B단계).

더 긴 삶을 앞둔 히로키는 여러 경로를 통해 동일한 단계에 도달할 수 있겠지만, 이는 그가 출발점을 신중히 골라야 한다는 것을 의미한다. P1을 고르면 인생의 4단계에서 다양한 가능성(4A와 4B)이 열리지만, 4C(처음 커리어를 시작한 일본 기업에서 사장이 되는 길)로는 갈 수 없다. P2를 따라가면 4B와 4C단계로 가는 길이 열리지만 4A로는 갈 수 없다. 그러므로 각 진로에서 잃을 수 있는 것, 뒤따르는 위험, 향후 진로 변경의 용이성을 판단하는 것이 히로키에게는 관건이다. 히로키는 현재의 자신의 관점뿐 아니라 미래의 자신이 어떻게 행동할지도 고려해야 하므로 판단은 더욱 복잡해진다.

히로키의 아버지는 선택의 폭을 갖는 것이 중요하다는 아들의 주장을 받아들이기 어렵다. 기업가가 되려는 아들의 열망은 충분히 이해하지만 워낙 성공 확률이 적은 위험한 선택이기에 걱정이 앞선다.

가족이나 지인을 죄다 떠올려봐도 기업가가 된 사례는 없기에 히로키의 아버지는 기업가를 꿈꾸는 아들이 무엇을 해야 하는지, 혹은 무엇이 될 수 있는지 상상하기 어렵다. 특히, 나중에 다른 것을 '하고 싶을지도' 모르니 지금은 아버지가 다니는 회사에 입사하고 싶지 않다거나, 당분간만 그곳에서 일하다가 진로를 바꾸어 다른 일을 할 수도 있다는 아들의 논리를 이해할 수 없다. 이런 아들의 태도는 히로키의 아버지가 자신의 커리어를 성공으로 이끈 비결인 헌신과 끈기와는 거리가 멀다. 히로키의 아버지에게 P2는 투명하고 확실하기에 매력적이다. 하지만 그것이야말로 히로키가 우려하는 것이다.

▌평생학습

톰, 잉, 에스텔, 히로키는 중간에 진로를 몇 번이나 바꾸며 긴 커리어를 유지하려면 끊임없이 배워야 한다는 것을 이해하기 시작했다. 이는 다음에 하고 싶은 직업을 파악하고, 그 직업을 가질 수 있는 방법을 배우고, 그 직업에 필요한 직능을 익히는 일을 의미할 것이다. 3단계 삶의 틀에서 학습은 1단계의 **디폴트**default●였다. 다단계 삶에서 학습은 **선택**이다. 만약 스스로 배움의 기회를 잡지 않으면 제도가 나서서 교육시켜주는 일은 거의 없을 것이다.

이렇게 알아서 공부하는 것이 평생학습을 더 보람 있게 만들기도 하지만, 동시에 훨씬 더 어렵게 만들 수도 있다. 기업, 정부, 교육제도

● IT 분야에서 처음에 정해진 값, 정해진 설정을 뜻하는 말.

는 갖가지 참신한 방법으로 성인들의 학습을 지원할 수 있다. 3부에서는 그 방법 중 일부를 살펴볼 것이다. 그러나 기본적인 책임은 당신에게 있다.

잠시 어린 시절로 돌아가보자. 어렸을 때는 배우는 것이 쉬웠다. 삶이 곧 배움이었다. 유치원, 학교에 다니며 매일 매일이 배움으로 가득했다. 집에서는 부모님이 자신들만의 방식으로 우리를 계속 가르쳤다. 이 시기에는 어떤 것보다 학습이 우선이었고, 또 자연스러웠다. 물론 어린 시절의 학습이 녹록지 않았다는 것을 지금은 잊었을 수도 있다. 사회학자 어빙 고프먼Erving Goffman은 이렇게 말했다. "개인이 지금 쉽게 수행하는 거의 모든 활동은 과거 언젠가 진지한 노력을 동원해야 했던 것들이다. 걷고, 길을 건너고, 완결된 문장을 말하고, 긴 바지를 입고, 신발끈을 매고, 세로로 나열된 수를 더하는 등 개인이 무심코 능숙하게 해내는 이 모든 일상은 초기 단계에서 진땀을 흘리며 습득하는 과정을 통해 얻어진 것들이다."[2]

하지만 성년기 학습은 이러한 어린 시절의 경험과는 딴판이다. 잉이나 히로키가 배움을 시작하며 어린 시절의 두근거림을 다시 느끼고 싶을지 몰라도, 그들의 상황은 매우 다르다. 어렸을 때는 배우면서 중요한 전환을 경험하거나 진로에 관한 큰 결정을 내릴 필요가 없었다. 유년기에는 학습이 본업이자 집중력과 활력의 원천이었다. 물론 그때도 약간의 재량은 있었겠지만, 대부분의 기간에는 이미 시험과 검증을 거친 방법으로 교육을 받아왔다.

하지만 성인이 이런 조건에서 배우는 경우는 드물다. 성인은 혼자 배울 수도, 다양한 사람이나 그룹과 함께 배울 수도 있다. 성인의 학습은 선택인 경우가 대부분이다. 즉, '옵트아웃opt-out'이 아니라 '옵트인opt-in' 방식인 것이다.[*] 어린 시절에는 학습의 목적이 낯선 것을 친숙하게 만드는 일이었다면, 성인의 학습은 친숙한 것을 낯설게 만든다. 새로운 직능과 습관을 배워 옛 습관과 사고방식을 '고쳐 배우는' 것에 가깝다. 환경도 녹록지 않다. 잉처럼 직업을 잃거나 진로 전환이 불가피한 상황에 맞닥뜨려 엄청난 압박을 느끼는 가운데 학습을 강행해야 할 수도 있다. 혹은, 에스텔처럼 가뜩이나 책임질 것이 많은 삶에 학습까지 욱여넣어야 할 수도 있다. 때문에 성년기의 학습은 으레 어렵고 용기가 필요하며 지적·정서적 노력을 쏟아야 한다.

배움에는 나이가 없다

50대인 잉은 이제 둘 중 하나를 해야 한다는 것을 안다. 다른 회계 일자리가 요구하는 더 복잡한 업무를 배우기 위해 직능을 향상시키거나, 전혀 다른 직업의 기초 업무를 배우기 위해 직능을 새로 익히거나. 어느 쪽이든 삶의 후반부에도 계속 배워야 한다는 것을 그녀는 너무나 잘 알고 있다. 그 과정에서 잉은 나이와 학습에 대한 뿌리 깊은 고정관념과 싸워야 할 것이다. 잉은 자기 자신의 고정관념과 전제와도 싸우고 있다. 그녀는 커리어 전환을 위해 새로운 직능을 배울 수 있는 인지적, 정서적 역량이 자신에게 아직 남아 있는지 의문이다.

아리스토텔레스는 두뇌의 퇴화를 비교를 통해 생생하게 묘사했다. 그는 태어날 때는 뇌가 뜨겁고 유연하여 각종 인상을 흡수할 수 있고, 이러한 유연성 덕분에 쉽게 배울 수 있다고 했다. 하지만 나이

---

[*] '옵트인'은 기본적으로 하지 않아도 되는 일에 선택적으로 참여하는 것, '옵트아웃'은 기본적으로 하기로 되어 있는 일에 선택적으로 불참하는 것을 말한다. 이를테면, 우리나라에서 헌혈은 '옵트인' 제도이지만, 투표는 '옵트아웃' 제도이다.

가 들면 뇌의 밀랍이 굳어지면서 그러한 인상에 점점 더 저항한다고 했다. 잉도 이와 비슷한 생각을 갖고 있다. 그럴듯한 생각이지만, 이는 잘못된 것으로 판명됐다. 뇌의 유연성에 관한 최근의 연구는 아리스토텔레스가 상상했던 것보다 뇌가 훨씬 더 큰 '가소성plasticity'*을 유지할 수 있음을 보여준다. 다시 말해, 잉은 배움에는 나이가 없다는 자신감을 가져도 괜찮다.

신경과학에서는 이러한 뇌의 가소성을 '신경가소성neuroplasticity'이라는 개념으로 정의한다. 이 개념에 따르면 뇌는 유동적인 근육으로, 적절히 훈련하고 사용하면 이전에 잃어버린 능력을 되찾을 수 있다. 잉은 스스로 학습 목표를 세우고, 생소하고 도전적인 활동에 최대한 자주 부딪혀보는 것이 현명할 것이다. 댈러스에 있는 텍사스대학교의 심리학자 데니스 파크Dennis Park는 이렇게 말한다. "안전지대comfort zone 안에서 머무는 동안은 발전지대enhancement zone 바깥에 있는 것이다." 다시 말해, 늙은 개에게 새로운 재주를 가르칠 수 없는 진짜 이유는 나이가 많아서가 아니라 새로운 재주를 꾸준히 배우지 않았기 때문인 것이다.

잉은 뇌가 가소성을 유지할 뿐 아니라 나이가 들면서 오히려 왕성해지는 지능의 형태가 있다는 것도 알면 좋을 것이다. 특히, 나이가 들면서 **결정화된 지능**crystallised intelligence이 발달할 수 있다. **결정화된 지능**은 시간이 지나면서 축적되는 정보, 지식, 지혜, 전략을 말하는 것으로, **유동적인 지능**fluid intelligence(정보, 기억의 활용, 연역적 추론 등을 처리하는 능력)의 상대 개념이다. 일생 동안 여러 두

● '경험을 통해 뇌의 능력이 변화하고 적응하는 성질.

2부 인간의 창의성

뇌 능력의 상대적 크기가 계속해서 변하는 것으로 보인다는 증거가 있다.[3] 10대 후반에는 수를 빨리 계산하고 패턴을 금방 파악할 수 있다. 30대는 단기 기억력이 최고조에 이른다. 40, 50대는 사회적 이해도가 가장 높다. 하버드 의과대학의 로라 저민Laura Germine과 보스턴 칼리지의 조슈아 하트숀Joshua Hartshorne의 연구는 이런 결론에 도달했다. "어떤 연령이든 어떤 일은 더 잘하게 되고, 다른 일은 잘 못하게 되며, 또 다른 일을 하는 능력은 정체한다. 전부는 고사하고 대부분의 일을 가장 잘할 수 있는 나이란 존재하지 않을 것이다."[4]

성인의 학습 방법

2017년에 전 세계 구찌Gucci 광고에 사용된 삽화는 27세의 스페인 화가이자 삽화가인 이그나시 몬레알Ignasi Monreal이 그렸다. 이그나시는 컴퓨터와 디지털 태블릿을 사용해 하루 열네 시간 일하면서 8개월간 구찌에 150개가 넘는 삽화를 납품했다. 이그나시는 교육에 투자하여 학위를 두 개 취득했지만, 디지털 기술은 그 과정에서 배운 것이 아니다. 이그나시는 이렇게 말한다. "그냥 유튜브에서 배웠어요. 강의 천지잖아요. 그래픽 디자인도 유튜브로 배운 겁니다." "제가 꼭 사진작가라고는 할 수 없지만, 카메라 사용법을 배우고 싶어서 사용할 수 있을 때까지 영상들을 봤어요… 꽤 인내심이 필요하지만, 인내심만 있으면 교육은 무료죠. 대단히 잘 선별된 영상들은 아니지만 정말로 무언가를 배우고 싶다면 당신도 할 수 있습니다."[5] 이그나시는 학위를 기반으로 한 교육 과정을 탈피해, 실용성과 일자리에 초점을 맞추어, 기술을 이용한 자기학습self-learning으로 전환한 것이다.

7장 '교육의 의제'에서 살펴보겠지만, 성인학습 콘텐츠 분야는 빠르게 성장 중인 산업으로 더 많은 콘텐츠를 제작하고 더 넓은 파트너십을 구축하고 있다. 새로운 직능 습득의 플랫폼 역할을 하는 온라인 자료 및 교육 과정의 폭발적 증가도 이러한 발전상의 일부다. 잉은 이 새로운 기회를 최대한 활용해야 하며 이그나시 몬레알처럼 용기를 가지고 초점을 분명히 하여 학습에 임해야 한다. 라디카는 매주 인터넷을 사용해 현재 보유한 직능을 업데이트할 뿐 아니라 배우고 싶은 새로운 직능이 있는지 찾고 있다. 히로키는 치즈 마니아들이 모여 있는 온라인 커뮤니티에 가입해 프랑스 치즈에 대해 배울 수 있다. 이들은 마치 놀이터에 모여 함께 배우는 어린 시절로 돌아간 듯하다.

그러나 성인이 학습하기에는 단순히 온라인 교육 과정에 로그인하거나 앱을 다운로드하는 것만으로는 부족하다. 직장과 가정에서 당신의 탐색과 학습, 변화를 뒷받침해주어야 한다.

신경과학자들은 새로운 것을 흡수하고 배우려면 우선 두뇌가 건강해야 한다고 말한다. 인간의 고차원적 활동(학습, 직관, 창의 등)을 수행하는 두뇌의 능력은 감정과 정서의 영향을 크게 받는 것으로 나타났다.[6] 불안과 스트레스가 심하면 두뇌의 변화 능력, 학습 능력이 크게 저하된다.[7] 이것이 정말로 해결하기 어려운 부분이다. 상당수의 직업이 불안과 스트레스를 동반하기 때문이다. 이를테면, 영국 노동자의 총 결근일은 연간 7천만 일에 달하는데, 이 가운데 불안, 우울, 스트레스 관련 질환 등의 정신 건강 문제가 질병 관련 결근 사유 1위로 꼽힌다.[8] 세계보건기구도 2030년에는 우울증이 전 세계적으로 질병 관련 부담의 가장 많은 부분을 차지할 것으로 전망했다.[9] 일터가 불안하면 —예를 들어 불공평한 대우를 받는다고 생각되거나 실직할 수 있다는 불안을 안고 있으면— 무언가를 배울 확률은 크게 줄어든다. 이는 직업의 전환기에 역설적인 상황을 연출할 수 있다. 특히, 잉과 같이 전환이 불가피한 상황일 때 그렇다. 이러한 전환의 시기에는 어느 때보다 학습이 절실하지만, 역설적으로 가장 심한 불안과 압력을 경험할 수 있다.

이 역설은 꼭 해결하려고 노력해야 한다. 한 가지 방법은, 배우는 대상에 대한 흥미와 열정을 되새기며 불안감을 목적의식으로 상쇄하는 것이다. 심리학자들의 말처럼, 우리는 "내부에서 동기가 부여될 때", 즉 배우는 대상 자체에 매료되고 호기심을 느낄 때 가장 잘 배운다. 잉이 다음에 배울 대상을 물색할 때도 마찬가지다. 그것이 정말로 그녀를 매료시키는 것이라면 노력을 기울일 가능성도 크다.

우리 대부분은 일하면서 배운다. 일의 범위를 확장하면 배움의 가능성을 크게 높일 수 있다. 이를테면 다른 직무나 다른 장소에서 일해보기, 다른 부서에서 임시 대체 인력으로 일해보기, 일상 업무를 벗어난 특별한 프로젝트 참여하기 등이다. 더 많은 자율성을 확보하고, 일하는 때와 장소, 방법을 선택할 수 있도록 직업을 재설계할 수도 있다. 로체스터대학교의 에드워드 디시Edward Deci와 리처드 라이언Richard Ryan은 직장에서의 자율성이 직원에게는 매우 가치 있는 자원으로, 실제로 많은 이들이 자율성을 임금 등의 다른 근무 조건보다 중요하게 여긴다는 사실을 알아냈다.[10] 자율성은 두뇌에도 영향을 준다. 자율적으로 일하는 사람들은 대체로 스트레스가 덜하고 번아웃 burnout의 위험이 적다.

삶이 길어지면서 여가를 어떻게 활용할지도 고민해볼 문제다. 여가 선용을 놀이recreation에서 재창조re-creation로 바꾸어야 한다. 최근한 연구 결과가 보여주듯, 절반에 가까운 사람들이 자신의 전문성을 대개 일하지 않는 시간에, 그러니까 저녁이나 주말에 계발한다.[11] 테드TED● 강연을 보든, 유튜브로 배우든, 팟캐스트를 다운로드하든, 온라인 강의를 듣든, 결국 핵심은 자기계발을 향한 동기와 몰입이다.

무엇을 어떻게 배울지는 주변 환경, 물리적 공간, 소속된 공동체의 영향도 받는다. 이는 특히 라디카가 아쉬워하는 점이다. 그녀에게는 방향 제시, 지원, 멘토링, 후원, 안내, 공동체 등 갖가지 학습 환경을 제공해줄 '회사'가 없다. 라디카의 직업은 불안하고 직능의 기복에 아주 민감하게 반응한다. 그녀의 직능은 잠깐 가치 있다가 금세 쓸모없어지기를 반복한다. 학습의 책임은 오롯이 라디카의 몫이다. 조직의 일원이 아닌 그녀는 전문가로서의 명성을 쌓고 멘토나 롤모델과 인간관계를 구축하기 위해 더 열심히 뛰어야 한다.

한 가지 방법은 작은 아파트에 고립돼 있지 말고 공유 사무실로 일터를 옮기는 것이다. 그럼으로써 라디카는 혼자 일하는 시간을 함께 일하는 시간으로 바꿀 수 있다. 그녀는 선택의 폭이 넓다. 대부분의 도시에서 공유 사무실 수가 빠르게 증가하고 있기 때문이다. 2007년만 해도 미국에는 공유 사무실이 열네 개밖에 없었고, 인도에는 사무실을 공유한다는 개념조차 없었다. 그러나 오늘날 인도에 850개를 포함해 전 세계적으로 3만5천 개가 넘는 공유 사무실이 220만에 가까운 사람들에게 업무 공간을 제공하고 있다.

라디카는 집을 학습 공간으로 활용할 수도 있다. 인시아드INSEAD의 잔피에로 페트릴리에리Gianpiero Petriglieri와 공동 연구자들은 프리

● '퍼뜨릴 가치가 있는 아이디어ideas worth spreading'이라는 기치 아래 1984년에 미국에서 설립된 컨퍼런스. 설립 초기에는 디자인과 기술에 주제가 국한되었으나 점차 인문, 사회, 과학, 예술 등 광범위한 분야를 다루면서 오늘날 세계적인 강의 콘텐츠로 자리잡았다.

2부 인간의 창의성

랜서의 삶을 연구했다. 이 연구에 따르면 프리랜서들은 대개 외부의
방해와 압박을 받지 않으면서도 의지할 데 없는 느낌을 피할 수 있는
작업 공간을 만들고 싶어한다.[12] 페트릴리에리는 프리랜서들의 작업
공간에서 많은 공통점을 발견했다. 그들의 공간은 폐쇄된 것에 가까
웠고, 손 닿는 곳에 작업 도구들이 있는 작업 전용 공간이었으며, 보
통은 하루의 업무가 끝나면 사용되지 않았다. 이러한 공통점이 있는
가 하면, 각각의 작업 공간은 사무실 위치, 가구, 용품, 장식에 이르기
까지 사용자의 업무 고유의 특징을 반영하고 있었다.

　　라디카는 자신의 집을 일부러 일과 학습을 동시에 할 수 있는 곳
으로 꾸몄다. 어떤 이들은 학습을 위해 **집**home보다는 특정 **장소**place
를 택하기도 한다. 토론토대학교의 리처드 플로리다Richard Florida는
장소에 따라 학습, 탐색, 창의가 장려되고 촉진되는 정도에 커다란 차
이가 있음을 증명했다.[13] 플로리다는 창의력이 특허에 긍정적인 영
향을 미친다는 가설을 기반으로, 특허가 많이 신청된 장소를 조사하
는 방식으로 연구를 시작했다. 그는 특정 장소에서 창의와 혁신이 활
발해지고 풍부한 지식의 교류가 일어난다는 것을 발견하고 이를 '클
러스터cluster'라 명명했다. 클러스터에는 공통점이 많았다. 이러한 공
간은 기술을 기반으로 하고 있었는데, 전문 기술 연구소이거나 쉽고
효율적인 소통이 가능한 강력한 기술 인프라를 보유한 곳들이었다.
또, 다양한 사람을 포용하는 장소인 경우가 많았다. 그 덕분에 (라이
프스타일, 성적 지향, 국적 등에 관계없이) 여러 종류의 사람이 마음
편히 모일 수 있었다. 클러스터는 함께 공유하는 공간이었다. 카페,
화랑, 휴게실에서 즐겁게 머물며 자신과 비슷한 사람을 쉽게 만날 수
있는 분위기가 조성되어 있었다. 라디카와 같은 프리랜서에게는 이렇

게 개방적이고 포용적인 공간이 학습과 정체성에 중요한 역할을 할
수 있다.

▎직업의 전환을 위한 학습

히로키의 인생 계획 도식(그림 4-1)은 더 길고, 더 많은 단계와
전환으로 이루어진 삶을 보여준다. 자신의 길을 개척하며 히로키는
'배우는 삶'에 무게를 둘 것이다. 그래야 기술이 일의 속성과 직업의
특징을 재정의하는 경향에 발맞추어 히로키도 현재의 직능을 향상시
키고 새로운 직능을 배울 수 있다. 이렇게 직업의 전환을 잘 해내는
방법을 아는 것이 곧 매우 중요해질 것이다.

런던경영대학원의 허미니아 이바라Herminia Ibarra에 따르면, 모든
전환은 각양각색이지만 그럼에도 몇 가지 공통 요소를 갖고 있다.[14]
전환은 쉬운 경우가 드물다. 또, 대부분의 사람은 전환을 불안과 함께
시작한다. 이바라의 관찰에 의하면 그 전환이 얼마나 평범하든 간에
변화의 과정에서 일어나는 혼돈은 누구도 피할 길이 없다.

그 이유 중 하나는 일이나 사생활의 전환이 필연적으로 정체성의
변화를 수반하기 때문이다. 당신이 하는 일, 남들이 당신을 바라보는
시각, 당신이 스스로를 인식하는 방식 등 모두가 바뀐다. 잉은 이러한
전환이 무엇을 의미하는지 이해하기 시작했다. 회사는 잉에게 새 일
자리를 찾을 6개월의 시간을 주었다. 처음에 잉은 다른 회계 법인에
서 비슷한 일자리를 얻거나 프리랜서 회계사가 되는 것을 고려했다.
하지만 이러한 진로는 기존 정체성의 변종일 뿐임을 그녀는 인정할

수밖에 없었다. 그러자 잉은 자신의 가슴을 뛰게 하고 완전히 새로운 정체성을 확실히 드러낼 수 있는 다른 진로가 없는지 궁금해지기 시작했다.

그녀는 지난 몇 년간 회계 법인에서 자신이 맡았던 역할에 대해 더 깊이 생각해본다. 그러면서 자신이 관리자로서 맞닥뜨린 문제의 일부를 해결하는 데 업무 코치•에게 개인적으로 도움을 받았던 일이 떠올랐다. '나도 코치를 해보면 어떨까?' 이는 큰 진전이다. 이 전환이 성공하려면 잉은 몇 가지 단계를 거쳐야 한다. 새로운 직능과 정체성으로의 전환에는 필연적으로 탐색과 조사의 기간이 필요하고, 이후 하나의 진로에 전념하기로 결심하는 단계를 거쳐야 한다.[15] 이 두 가지 단계 모두 잉에게 불안을 안길 수 있다. 탐색 단계에서는 생소한 상황과 부딪히고 생소한 사람과 만나야 한다. 하나의 진로에 전념하기로 결심하는 것 또한 과거의 역량, 자신감과의 결별을 의미한다.

진로 조사

잉의 첫번째 노력은 별 성과가 없었다. 그녀는 개인 코칭에 관한 잡지를 훑어보다가 주말에 코칭 교육을 한다는 광고를 보고 그곳에 등록했다. 여러 선택지를 철저히 탐색해보지도, 코칭 교육이 어떤지 사람들의 이야기를 들어보지도 않은 잉은 결국 실망했다. 이 과정을 되돌아보며 잉은 자신이 그 교육에 등록한 이유가 실은 그것이 본격적인 업무 코치의 길로 뛰어드는 것이 아니었기 때문임을 명확히 깨달았다. 단지, 업무 코치가 되려는 척했을 뿐이었다. 제대로 탐색하려

• 직장이나 관청의 전문 커리어 자문역을 말한다. 기업의 직원이나 구직자가 적합한 커리어를 찾고 쌓을 수 있도록 자문, 동기 부여, 정보 제공 등 다양한 방식으로 조력한다.

면 더 적극적으로 나서야 한다.

잉은 과거 자신의 코치와 이야기를 나누면서 취약 계층 젊은이를 위한 자원봉사 코칭을 생각해보게 된다. 여전히 회사에서 전일제로 일하면서 그녀는 두 번의 코칭 과정을 저녁 시간에 끼워넣을 수 있었다. 몇 주 지나지 않아 잉은 아직 배울 게 많다는 것을 깨닫는다. 동료 코치들과 경험담을 주고받던 잉은 이 새로운 인적 네트워크에서 유용한 조언을 얻고, 자신이 겪는 어려움을 허심탄회하게 이야기하며, 자신의 경험을 남들의 경험과 비교해볼 수 있다는 걸 알게 된다. 그들 중 일부가 어떤 저녁 수업을 듣고 있다는 것을 알게 된 잉은 자신도 다음 학기부터 그 수업에 등록한다. 게다가 지금 회사는 성수기이다. 그녀는 회사와 약속한 기한 동안 직분에 충실하는 한편 봉사도 계속한다. 여전히 기존의 진로를 지속하는 가운데 곁가지 프로젝트를 수행하며 새 진로를 탐색하고 있는 것이다.

하지만 아직 본격적으로 새로운 커리어 단계에 돌입한 것은 아니다. 그 후 4개월간 경험이 쌓이고 개인 피드백을 통해 더 많은 것을 배우면서 잉은 직업 코치가 되는 것을 진지하게 고민하기 시작한다. 이는 더욱 어려운 과제다. 곁가지 프로젝트로 코칭을 하는 것을 넘어 전문 자격을 갖춘 코치가 되려면 더 많은 것을 쏟아부어야 하기 때문이다. 또한 이는 회계사로서의 정체성과 결별하고 완전히 새로운 기준으로 평가받는 것을 의미한다.

새로운 진로에 전념하기

6개월 안에 잉은 회사와 약속한 기한을 모두 채우고 1년짜리 시간제 교육 과정에 등록했다. 주택담보대출은 저축해놓은 돈으로 갚으면

되지만, 생활비는 프리랜서로 회계 일을 조금씩 하며 마련하기로 했다. 프리랜서가 최종 목적지는 아니지만, 잉은 다음 단계를 위한 플랫폼을 구축하는 동안에는 두 진로를 오갈 준비가 되어 있다. 잉은 같은 회사 퇴사자들로 구성된 느슨한 모임에 가입했다. 그들은 잉을 진행 중인 두 건의 회계 프로젝트에 즉시 합류시켰다.

잉은 새로운 삶을 향해 당차게 출발했지만, 자신의 코칭 기술에 대한 어느 동료의 부정적인 피드백에 이내 좌절한다. 예상했던 것보다 상황이 어렵다. 옛 업무의 익숙한 느낌, 직장 동료들과의 우애가 그립다. 프리랜서 일은 압박감이 있고 그녀의 능력을 최대한 발휘하는 업무도 아니다. 잉이 이 어려운 시기를 버텨낼 수 있는 힘은 함께 훈련하는 그룹이다. 그룹에는 잉처럼 힘들어 하는 사람이 많다. 이들은 교육을 받는 내내 서로를 지탱해준다. 성인기 학습에 대한 각종 연구에는 그러한 동료 관계를 기반으로 한 '실행 공동체communities of practice'[16]가 얼마나 중요한지 나타나 있다.

인적 네트워크의 변화

시간이 갈수록 잉이 코칭 공동체와 보내는 시간은 늘어나고 이전 직장 동료들과 보내는 시간은 줄어든다. 잉의 인적 네트워크가 변하고 있는 것이다. 허미니아 이바라는 이 인적 네트워크의 변화를 성공적인 전환의 신호탄으로 본다. 이제 잉은 이듬해에 사람들이 "무슨 일 하세요?"라고 물을 때 "회계사예요"라는 대답보다 "업무 코치예요" 혹은 "업무 코치가 되려고 준비 중이에요"라는 대답을 내놓을 가능성이 높다. 진로의 전환을 경험하는 많은 사람처럼 잉도 자신에게 무엇이 중요한지 재차 고민하고 자신의 가치, 우선순위, 열정이 무엇인지 성찰해야 한다. 가치에 관한 질문은 잉에게 정말로 중요하다. 회계 일을 할 때보다 수입은 훨씬 줄었지만, 잉에게는 코칭에서 얻는 만족이 줄어든 수입보다 더 가치 있다.

처음에 그녀는 실직이라는 상황에 떠밀려 무거운 마음으로 진로 전환에 착수했고, 코치가 자신에게 어울리는 직업일지 모른다고 느끼기 시작했다. 이후 그녀는 본격적인 전환기에 돌입하여 실험에 착수했다. 곁가지 프로젝트를 수행하고, 휴가를 늘려 주말 교육에 참여하고, 더 긴 교육 과정에 등록하여 코칭이 자신에게 맞는 직업인지 알아보았다. 이러한 작은 진전들이 모인 후에야 잉은 본격적으로 코칭에 전념할 준비가 됐다. 여기에는 그녀가 추구하는 가치와 전제에 의문을 제기하는 일도 포함된다.

▌새로운 전환의 출현

진로의 전환은 어떤 식으로든 탐색의 과정을 수반한다. 기술과 장수의 영향력이 커지면서 이러한 전환도 더 자주 일어날 수밖에 없다. 더 자주 일어날 뿐 아니라 삶의 단계별로 새로운 형태의 전환이 기다리고 있을 것이다.

학교에서 첫 직장으로, 혹은 마지막 직장에서 은퇴로 전환했던 과거에는 이러한 전환이 원활하게 일어나도록 개발된 사회규범이 충실한 이정표 역할을 했다. 하지만 3단계 삶이 다단계 삶으로 변모하면서 일어나는 새로운 전환에는 사회규범도 이정표도 없다. 3단계 삶에 뿌리를 둔 사회가 다단계 삶의 사회로 변화하기 위해 좌충우돌하는

　　　　　　　　　　　　2부 인간의 창의성

과정에서 많은 문제가 발생한다. 따라서 이러한 문제에 맞설 수 있는 사회적 창의성이 절실하고 긴박하게 요구된다.

히로키의 아버지는 히로키 나이 때 일찍이 진로를 정하고 거기에 전념했다. 하지만 히로키는 여러 가능성에 투자하면서 '성인모색기'가 요구하는 새로운 전환을 모색 중이다. 히로키의 새로운 전환은 여기서 끝나지 않을 것이다. 그는 일하는 삶을 지속하기 위해 재창조하고 재투자하면서 중년의 전환도 경험할 것이다. 또한 우리는 양질의 나이 듦을 중시하는 히로키가 70, 80대가 된 노년에도 여전히 새로운 전환을 경험할 거라 예상해야 한다.

중년의 전환 ― 일하는 삶 지속하기

3단계 삶에서 30, 40대는 헌신으로 점철된 시기였다. 일은 힘들고 어려우며, 가정을 꾸리고 연로한 부모도 봉양해야 했다. 물론 이런 삶에도 즐거움이 많았지만, '행복 곡선happiness curve'에서 행복감이 감소하는 것도 대부분 이 시기라는 연구 결과가 거듭되었다.[17] 3단계 삶의 30, 40대는 자녀의 요구, 일터에서의 책임, 연로한 부모에 둘러싸인 '샌드위치 세대'였다.

이러한 압박을 (특히 3단계 삶의 맥락에서는) 피할 수 없다고 생각할지 모르나, 사실 '중년의 위기'라는 말을 심리학자 엘리엇 잭스Elliott Jaques가 처음 사용한 것은 1965년이었다. '틴에이저'라는 말이 처음 생겼던 때와 마찬가지로, '샌드위치 세대'도 기대여명의 증가에 따라 점점 뚜렷해진 일종의 사회 구조였다.

하지만 수명이 더욱 늘어나면서, 우리는 시간을 재분배하고 그러한 압박을 줄일 수 있는 다단계 삶의 이점을 활용할 수 있게 되었다.

어쩌면 '중년의 위기'는 사라지고 '중년의 재창조'가 그 자리를 대신할 것이다. 이 재창조는, 예컨대 재정 확보일 수 있다. 10~15년 동안 충분한 돈을 모은 다음 새로운 직능을 배우기 위해 6개월, 1년씩 휴직하기도 하고, 가족과 시간을 보내거나 공동체 활동에 참여할 수 있을 것이다. 또는 탐색일 수 있다. 새로운 취미를 발견하거나, 다음 단계 커리어의 기초가 될 관심 분야를 물색하는 것이다. 또는 활력 되찾기일 수도 있다. 파트너와의 심도 있는 논의를 거쳐 일찍부터 무엇에 집중할지 탐색하고 미래를 설계하는 것이다.

중년은 당신이 새로운 미래를 만들어나갈 전환을 이루지 못할 때만 위기가 된다. 사회적기업인 앙코르Encore.org의 최고경영자 마크 프리드먼Marc Freedman은 '중년의 위기'는 사실 존재하지 않고, 대신 중년의 전환을 뒷받침해줄 사회규범과 지원책의 부재로 인한 '중년의 공백'이 있을 뿐이라고 믿는다. 삶이 길어지면서 이러한 상황은 바뀔 것이다. 이미 앞장서서 길을 제시하는 사회적 개척자들이 있다. 이렇게 스스로를 재창조할 준비가 된 사람이 많아질수록 교육제도와 노동시장도 이를 뒷받침하는 방향으로 진화할 것이다. 그러면 중년은 위기가 아닌 재창조와 방향 전환의 기회로 여겨질 것이다.

이러한 전환에서는 더 오래 일할 수 있는 능력이 중요해진다. 이미 더 많은 고령자가 더 오래 일하고 있다. 2017년 기준으로 75세 이상 미국인 약 12명 중 1명이 돈을 받고 일한다. 1998년 이후 미국의 노동인구는 2200만 명 증가했는데, 그중 거의 2천만 명이 55세 이상이다.

하지만 고령 노동자 문제는 그리 간단치 않다. 노동시장 전반에서 더 오래 일하는 사람들이 실제로 일부 있지만, 고령 노동자의 고충은

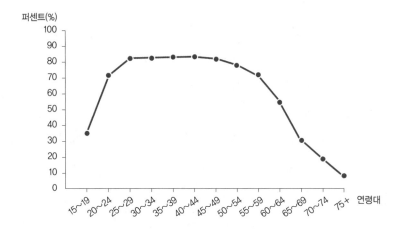

퍼센트(%)

표 4-2 2017년 미국의 경제활동 참가율

여전하다. 표 4-2 를 보자. 미국의 유급노동자 비율은 45세를 기점으로 감소하기 시작하고, 54세부터는 가파르게 줄어든다. 일부는 자발적으로 노동을 중단한 사람들이다. 이들은 재정적 안정을 이루었다고 생각하고, 어쩌면 더는 일이 즐겁지 않아 법정 연금 수급 연령 전에 퇴직했을 것이다. 하지만 상당수는 비자발적이다. 일부는 건강 문제로 퇴직한다. 건강하게 사는 사람이 많아지고는 있지만 건강 악화의 위험은 늘 있다.

일하기를 스스로 중단하는 사람은 많지 않다. 보통은 회사가 그러도록 만든다. 비용 절감이나 구조조정을 하려는 기업은 흔히 고령(인동시에 대부분 고임금) 노동자 수를 줄이려고 한다. 잉도 이를 깨달았다. 설상가상으로 한번 실직한 고령 노동자는 재취업이 여간 어렵지 않다.

나이가 취업 가능성에 미치는 영향을 다룬 한 연구는 고령 노동자에 대한 기업의 취업 장벽을 설득력 있게 증명했다.[18] 연구팀은 행정원, 간병인, 영업직, 보안직 등 다양한 채용 공고를 낸 기업들에 4만 개의 가짜 이력서를 제출했다. 이력서에는 한 가지를 제외한 모든 세부 사항이 동일하게 기재되었다. 그 한 가지는 지원자의 나이였다. 기업의 반응을 보면 명백한 차별이 드러난다. 면접 요청을 받은 지원자는 29~31세가 19%, 49~51세가 15%, 64~66세는 12%였다. 다른 한 연구도 기업의 연령차별을 뒷받침한다. 이 연구에 따르면 62세 이상 대졸자가 퇴사 후 2년 내에 재취업할 수 있는 확률은 50%에 불과했다. 반면, 25~39세는 80%가 넘었다.[19] 그러니 많은 고령 노동자가 결국 구직 활동을 포기하고 영원히 노동시장에서 도태될 수밖에 없다. 2017년 미국의 데이터를 보면 55세 이상 구직자의 1/3 이상은 6개월 넘게 실직 상태였다.[20]

이로 인해 새로운 전환이 일어나고 있다. 예전 같으면 다가오는 은퇴를 설계하던 나이에 오히려 노동시장에서 각광받을 수 있도록 생산성을 향상시키는 것이다. 이러한 생산성의 전환은 크게 두 가지로 나눌 수 있다. 하나는 직능 향상upskilling으로, 현재 보유한 직능과 강점에 많은 투자를 하는 것이다. 또 하나는 새로운 직능 습득reskilling으로, 참여하는 삶, 목적이 있는 활동을 계속할 수 있는 새로운 방법을 찾는 것이다.

이러한 생산성 전환의 핵심은 나이가 들수록 향상되는 결정화된 지능을 최대한 활용하는 것이다. 다시 말해, 결정화된 지능이 필요한 직업을 찾는 것이다. 인공지능이 유동적인 지능의 특징을 곧잘 모방한다는 점을 감안하면 결정화된 지능은 노동시장에서 점점 환영받을 것이다. 잉이 커리어 코치로 전환하는 것도 바로 이 결정화된 지능을 활용하여 역할이나 직업에 변화를 주는 것이다. 자신의 강점과 경험

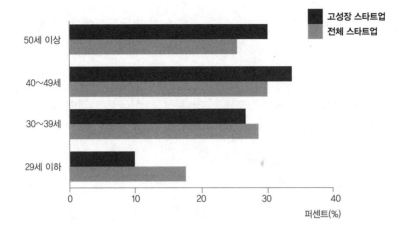

표 4-3 스타트업의 창업자 연령

을 살림으로써 잉은 재취업의 가능성을 최대한 높일 수 있을 뿐 아니라 그녀의 다양한 직능을 발휘해 일에서 최고의 기쁨을 찾을 수 있을 거라 생각한다.

　고령자에 대한 기업의 취업 장벽을 감안하면, 자영업이나 스타트업도 전환의 경로가 될 수 있다. 스타트업이 젊은이의 전유물이라는 생각은 연령차별적 편견일 뿐이다. **표 4-3** 에서 보는 바와 같이 창업 가능성은 30세 이하보다 50세 이상에서 더 높다. 더 놀라운 것은 젊은이들보다 40세 이상이 고성장 스타트업을 설립하는 경우가 많다는 사실이다.[21]

　어떤 이들은 더 높은 차원의 사회적 목적을 달성하기 위해 커리어를 완전히 뒤바꾼다. 기자인 루시 켈러웨이Lucy Kellaway의 사례도 그렇다. 켈러웨이는 58세에 파이낸셜타임스의 선임기자직에서 물러나 강사가 되기 위한 훈련을 시작했다. 그녀는 '오십 몇 살에 이 고귀한 전문 분야에서 두번째 커리어를 원하는 사람이 세상에서 나 하나일리 없다'는 생각에 고무되어 사회적기업인 '나우티치Now Teach'를 설립했다. 나우티치는 이미 한 분야에서 성공한 후 강사가 되기 위한 훈련을 받으려는 사람들을 지원한다. 루시는 '성공한 커리어의 마지막에 도달한 사람이 무언가 의미 있는 일을 하려는 과정에서 엄청난 재능의 낭비가 발생'한다고 믿는다.

'나우티치'는 하나의 전업에서 다른 전업으로 커다란 전환을 이루는 곳이기도 하지만, 사회적 목적을 띄고 전업으로 하지 않아도 되는 (혹은 무보수의) 더 넓고 다양한 방법을 제시한다. 더 오래 일하고 무언가에 참여한다는 느낌이 건강과 행복에 유익하다면, 퇴직 후에 추구할 '앙코르' 커리어를 찾는 것도 매력적인 아이디어다. 분명 전환은 어렵다. 하지만 한 분야에서 습득한 직능을 다른 분야에 활용할 수 있으면 전환의 부담을 줄일 수 있다. 앙코르에 따르면 실제로 이 연령대에 속한 미국인의 10%가량이 이미 '열정, 목적, 그리고 가끔의 급여'를 결합한 새로운 커리어를 만들기로 결정했다.

만년의 전환 — 긍정적인 나이 듦

3단계 삶에서는 일에서 퇴직으로의 전환이 급진적이었다. 기대수명이 75세 정도였을 때, 이 세번째 단계는 몇 년간 여가를 누리고, 건강을 잃고, 결국 누구나 겪는 마지막 전환으로 이어졌다.

하지만 클라이브와 같은 오늘날의 70대는 여생을 최대한 가치 있게 살아야 한다는 새롭고 도전적인 전환에 맞닥뜨렸다. 클라이브는 그의 아버지가 자신의 나이일 때보다 훨씬 긴 생애를 앞두고 있다. 연령 인플레이션을 고려하면 지금 71세인 클라이브는 아버지가 60세였을 때 앞두고 있던 여생만큼 더 살게 된다. 하지만 문제는 간단하지 않다. 삶이 길어질수록 한 연령대 안에서도 다양성이 더욱 두드러지기 때문이다. 철학자 마사 누스바움Martha Nussbaum이 사려 깊게 나이 듦에 관한 에세이에 적은 것처럼, 나이 듦에 관한 담론들이 가진 문제는 건강과 행동의 관점에서 다양성을 보여주는 사례가 지극히 드물다는 것이다.[22]

어떤 이들은 단순히 원래 하던 일을 지속하면서 이런 전환을 맞는다. 이들은 계속 고객을 상대하는 역할을 하며 같은 연령대의 고객을 위해 일하거나, 지난날 축적한 결정화된 지능과 지혜가 높은 가치를 지니는 직업에 종사한다. 의료, 법률, 학계 및 여타 전문 분야에도 앞서가는 사회적 개척자들이 있지만, 이러한 움직임은 앞으로 더 많은 분야의 다양한 사람들에게 퍼질 것이다.

하지만 '퇴직 후 재취업'의 증가에도 불구하고 대다수 사람들의 삶에서 유급노동이 차지하는 비중은 점점 줄어들 것이다. 기대여명이 크게 증가하면서 이들이 맞닥뜨린 전환의 의제는 좀 더 **미래를 바라보면서** 미래의 잠재적 자아에 더 많이 투자할 채비를 하는 것이다. 누스바움은 나이가 들수록 현재와 미래에 시선을 고정시키는 미래 중심적 사고가 꼭 필요하다고 말한다.[23] 누스바움은 우리의 시선이 주로 과거로 향하게 되면 기억이 가르쳐주는 반복적 역할만을 되풀이하게 되고, 향수나 후회 같은 회고적 감정에 의해서만 활력을 얻게 될 위험이 있다고 본다. 따라서 클라이브는 현재의 즐거움을 누리면서 희망과 기대를 품고 미래를 내다보는 편이 현명할 것이다.

이렇게 관점을 미래 중심적으로 전환하면 히로키가 시작하려는 탐색을 클라이브도 할 수 있다. 클라이브와 그의 아내는 세계를 여행하고 가족이나 오랜 친구들을 만나며 갭이어를 가질 수 있다. 클라이브 부부는 외롭지 않을 것이다. 영국의 경우를 보더라도 지난 15년 동안 여행 지출 증가분 대부분은 65세 이상에서 나온 것이었다. 그렇다고 이들이 크루즈 여행만 한 것도 아니다. 2018년에 이 연령대의 에어비앤비Airbnb● 예약은 66% 증가했다. 바야흐로 확장의 시대다. 활동 종류의 확장, 인적 네트워크의 확장, 역량의 확장, 우정의 확장의 시대다.

시간이 흐르면 새로운 사회의 구조와 기회는 필연적으로 이러한 '확장'의 욕구를 충족시킬 것이다. 누스바움의 말처럼 소수만 장수하던 시대에는 고령의 생존자들이 주로 가족의 틀 안에서 모이거나 흩어졌다. 그러나 다수가 장수하는 시대에는 이들이 개인적으로, 또 집단적으로 가족 외에 훨씬 다양한 선택을 할 수 있는 일정 수 이상의 인구를 확보할 수 있다.

이미 클라이브는 더 넓어진 선택의 폭을 탐색하고 있다. 그는 걷는축구(신체 접촉이나 달리기가 없는 축구) 팀의 일원이 되었다. 클라이브에게 걷는축구의 진짜 매력은 동료애와 경쟁이다. 그에게 체력 단련장은 너무 고독하다. 클라이브만이 아니다. 창설된 지 불과 몇 년 만에 영국 걷는축구연맹에는 434개 팀이 가입했고, 그 수가 늘고 있다. 걷는축구는 사회적 개척자들의 공동 행동이 다양한 생활 방식을 지원하는 새로운 사회 공동체를 만들어낸 사례이다.

클라이브에게 남은 과제는 이 놀라운 젊음의 혈기와 피할 수 없는 고령의 위험에 대한 경각심 사이에서 균형을 유지하는 것이다. 클라

● 가정집이나 별장을 여행객들을 위한 숙소로 대여하는 데 사용되는 플랫폼.

이브는 그의 아버지가 자신의 나이였을 때보다 긴 여생을 앞두고 있지만, 그 여생 동안 건강해야 한다는 인식이 확고하다. 하지만 그렇지 못할 가능성에도 대비해야 한다. 클라이브는 미래에 대한 열정을 품는 동시에 좋지 않은 결과도 마음속으로 대비하면서 둘 사이의 섬세한 균형을 유지하며 만년의 삶을 관리해야 한다.

'끝'이 얼마나 중요한지 자세히 들여다보려면 노벨상 수상자인 대니얼 카너먼과 공동저자들의 연구를 보면 된다. 두 실험 그룹이 차가운 물(14°C)에 두 손을 60초 동안 담갔다. 60초 후 한 그룹은 물에서 손을 뺐다. 나머지 그룹은 30초를 더 담그고 있었고, 그동안 물의 온도는 천천히 15°C로 올라갔다. 어느 쪽을 선호하느냐는 질문에 참가자 대부분은 온도가 천천히 올라간 쪽을 선호했다. 온도가 천천히 올라간 쪽이 차가운 물에서 더 오랜 시간 불편을 경험했지만, 마지막 30초에 이루어진 상대적 개선이 이들로 하여금 물속에 손을 더 오래 담근 경험을 선호하도록 만든 것이다. 이 논문의 저자들은 이렇게 표현한다. "어떤 사건에 대한 평가는 그 사건의 최악의 순간과 마지막 순간의 불편함으로 결정되는 일이 많다."[24] 끝이 좋아야 좋은 삶인 것이다. 노인학자 앤드루 엘더Andrew Elder는 이렇게 표현했다. "언제, 무엇 때문에 죽는지는 대부분의 노인에게 중요하다. 그러나 그들의 진짜 걱정은 어디서, 어떻게 죽느냐이다."[25] 끝이 중요하다.

클라이브는 나이가 들수록 재산을 명확하게 정리하고, 재산을 관리할 여력과 인지 능력을 잃기 전에 그것을 대리자에게 맡겨야 한다. 말년을 어디에서 보내고, 어떤 지역 공동체에 속하고, 친구와 친척과 얼마나 떨어져 살지도 고려해야 한다.

미국에서도 많은 이들이 60대 후반, 70대까지 살게 되면서 플로리다의 선샤인코스트를 따라 수많은 실버타운이 생겨났다. 이러한 현상은 기본적으로 3단계 삶에 기초하고 있다. 따라서 이 마지막 '퇴직' 단계가 특정 연령대가 모인 공동체의 형태로 발현되는 것도 이상하지 않다. 그러나 클라이브 세대는 더 건강하게 나이 든다. 여기에서 재미있는 변화가 일어난다. 이들은 도시에 거주하면서 다른 세대와 교감하고, 뚜렷한 목적을 가지고 더 큰 공동체의 일원이 되려 한다. 도시에서 세대 간의 어우러짐이 있는 삶을 창출하는 것이 도시 계획자들의 의제로 떠오르고 있다.

그러나 기대여명이 증가해도 생로병사의 곡선은 본질적으로 바뀌지 않는다. 스탠퍼드대학교의 로라 카스텐슨Laura Carstensen은 '사회정서적 선택socioemotional selectivity' 이론을 적용하여 이 생로병사의 곡선을 설명했다.[26] 카스텐슨은 사람이 나이가 들면 미래의 선택의 폭이 그리 다양하지 않음을 인식하게 되고, 따라서 삶의 초점도 미래지향적, 미래 중심적 목표가 아닌 현재 중심적 활동으로 옮겨간다는 사실을 발견했다. 이러한 관점의 변화는 나이 자체보다는 삶의 마지막에 가까워졌다는 느낌과 관련이 있다.

이를 통해 '나이 듦의 역설'이 설명될 수 있다. 즉, 우리는 노쇠해지고 신체가 취약해지는 것을 두려워하지만, 많은 이들이 나이가 들수록 불행해지지 않고 오히려 중년의 사람들보다 행복한 경우가 많다. 카스텐슨은 그 이유를 사람들이 삶의 마지막 전환기를 맞아 보다 정서적으로 의미 있는 활동에 초점을 맞추기 때문인 것으로 본다. 이 시기에 사람들은 활동량을 줄이고 고갈되어가는 정서적·신체적 자원을 보다 긍정적인 경험을 창출할 수 있는 관계들에 집중하기 시작한다. 결국, 나이가 들면 신체적·사회적 손실을 경험할 수밖에 없지만,

정서적 행복은 유지될 수 있으며 나아가 개선될 수 있다.

이는 클라이브가 시도하고 있는 새로운 전환에서 가장 어려운 부분일 것이다. '71세의 젊은이' 클라이브는 이전 세대보다 긴 여생을 앞두고 있다. 이는 그가 더욱 미래에 시선을 고정하고 미래에 더 많은 투자를 해야 한다는 뜻이다. 동시에 클라이브는 삶의 지평이 좁아지고 그를 편안하고 기쁘게 만들던 것들이 더 제한된 형태로만 느껴질 말년을 대비해야 한다.

나이 듦의 양상이 천차만별이 되면서 이 마지막 전환기의 과제는 훨씬 복잡해진다. 클라이브는 무작정 또래 집단을 따라하기보다는 자신의 생각을 인식하고 그 생각에 따라야 한다. 카스텐슨은 이 마지막 단계가 어떤 나이가 되면 갑작스레 일어나는 불연속적 과정이 아니라 오랜 세월에 걸쳐 축적된 무언가라고 언급했다. 하지만 그 무언가는 두려움의 대상이 아니다. 카스텐슨은 이렇게 표현했다. 노년기에는 "그 나름의 어려움과 좌절의 몫이 있다. (…) 하지만 거기에 도달할 때쯤이면 사람들은 인생의 쓰라림보다 달콤함에 더 친숙해져 있다."

▌ 당신의 탐색

탐색과 학습이라는 렌즈를 통해 미래의 진로에 대한 자신만의 아이디어를 시험해보면 좋다. 여기서 핵심은 미래를 예측하는 것이 아니라 자신의 미래를 건설하고 탐색해가는 데 필요한 단계를 이해하는 것이다. 계획이 성공하려면 무엇이 필요한가? 또, 자신의 강점을 어떻게 극대화할 것인가?

전환을 성공시키라

지금 계획 중인 여러 진로를 살펴보자. 아마 그 진로에는 다른 종류의 직업으로 이동하거나, 완전히 새로운 커리어를 시작하거나, 거주 지역이나 국가를 옮기는 등 전환이 일어날 것으로 예상되는 시점들이 존재할 것이다. 이러한 전환을 다음의 방식으로 생각해보라.

충분히 탐색하고 있는가? 전환이 일어나는 시점에 당신은 삶의 서사의 여러 가능성을 열어두고 탐색할 준비를 하는가, 아니면 선택의 폭을 좁히고 있는가? 당신이 앞으로 무엇을 할 수 있을지에 대해 광범위한 조언을 충분히 구하고 있는가? 미래를 계획할 때 현재의 자신뿐 아니라 미래의 가능자아의 관점에서도 생각해보고 있는가?

나의 인적 네트워크가 계획을 개선하는 데 도움이 될까? 지금 당신은 미래를 최대한 구체적으로 계획하고 있다. 하지만 시간이 가면서 계획도 수정과 변화를 거듭할 것이다. 이는 필연적인 동시에 바람직한 일이다. 따라서 당신이 구상하는 각 단계가 얼마나 당신의 인적 네트워크를 역동적이고 개방적으로 유지시킬 수 있으며, 그 네트워크가 계획을 시험하고 수정하는 데 얼마나 도움이 될지 고려하라.

모든 단계를 배움의 기회로 삼으라

어느 단계에서든 학습에 많은 투자를 하면 현재 구상 중인 계획이 성공할 가능성도 커진다.

미래의 나는 어떻게 느낄까? 각각의 진로와 당신이 구상하는 각 단계를 곱씹어보자. 어떤 기분이 드는가? 마음속에서 배우고 싶다는 동기와 자율성이 느껴지는가? 스트레스를 받고 자율성이 희박한 시기도 있을 것이다. 하나의 단계 정도는 그래도 괜찮을지 모른다. 그러나 여러 단계에서 그렇다면 문제가 될 것이다.

충분히 배울 수 있는가? 상상하는 모든 단계를 자세히 들여다보며 그 과정에서 무엇을 배울 것 같은지 가늠해보라. 당신의 경험이 크게 확장되고 당신에게 영감을 불어넣는 사람들과 함께 어울리는 '풍성한 배움'의 단계가 있을 것이다. 이는 당신 인생의 핵심 단계가 될 것이므로 유지하려고 노력하는 것이 현명하다.

플랫폼 구축이 가능한가? 구체적인 직능, 역량, 인적 네트워크를 쌓게 되면 미래의 선택지를 제시해줄 플랫폼이 구축된다. 따라서 지금 고려하는 각각의 단계를 자세히 살피고 그 단계들에서 어느 정도나 플랫폼이 구축될지 판단해보라. 인생의 모든 단계에서 플랫폼을 구축할 수 있어야 하는 것은 아니다. 그러나 시간이 갈수록 플랫폼이 마련될 기회가 적어진다면, 이는 장기적인 관점에서 선택의 폭이 점점 줄어드는 것임을 깨달아야 한다.

학습할 장소가 있는가?

당신만의 공간을 꾸미는 방식이나 당신이 거주하기로 선택한 지역은 얼마나 많이 배울 수 있는지에 영향을 준다.

학습 공간을 최적화해두었는가? 삶의 각 단계마다 주변을 둘러보며 일상의 환경을 확인해보라. 배우고 싶은 마음이 생기는 공간을 창출했는가?

어디에 거주할 것인가? 살면서 '클러스터'에 거주할 필요가 있는 시기도 있고, 거주지가 배움에 영향을 미치지 않는 시기도 있을 것이다. 이러한 시기의 변화를 인식하라.

5장

───── 관계 맺기 ─────

깊은 유대를 형성하라

인간은 늘 서로에게 의지하며 생존해왔다. 이렇게 공동으로 행동하고 함께 만드는 능력이야말로 인류의 성공 비결이다.[1] 삶은 길어지고 전환은 잦아졌다. 이는 우리가 관계를 형성하고 지속하는 방식을 다시 생각해볼 기회이기도 하다. 다단계 삶의 적응성과 유연성은 우리가 성장하고 진화할 수 있는 기회를 많이 창출한다. 그러나 더 자주 전환을 맞을수록 인간관계에 깊이를 더하고 투자하지 않으면, 삶은 정말로 산산조각날 수 있다. 자아감sense of self과 정체성으로부터 멀어질 수 있는 것이다.

우리 관계의 중심에는 **가족**이 있다. 파트너, 부모, 친척은 인생의 여러 단계를 함께 거칠 수 있다. 우리 대부분은 부모에게 깊은 애착을 느낀다. 또, 우리의 자녀가 성공하고, 적어도 우리만큼 좋은 삶을 성취하길 바란다. 가족 구성원들의 삶이 길어지고 태어나는 아이는 적어지면서, 가족의 구조는 피라미드가 아닌 빈폴beanpole● 형태로 변

● 길고 얇은 형태를 나타내는 말로, 여러 세대가 모여 살지만 각 세대의 인원수는 적은 가족 형태를 의미한다.

해가고 있다. 이렇게 형제자매는 적어지고 생존해 있는 세대는 늘어나면서, 새로운 책임이 생기고 새로운 질문이 대두된다. 이를테면, 누가 증조부모를 돌볼 것인가?

'가족'이라는 중심부 바깥에는 **가까운 친구**가 자리한다. 친구 관계는 수십 년간 지속될 수 있으며, 앞서 소개한 하버드대학교 인생관찰보고서에서 보여주듯 행복과 삶의 만족도에 핵심적인 역할을 한다. 가까운 친구의 바깥에는 보다 단기적인 성격의 **인적 네트워크**가 있다. 일과 여가를 아우르는 이 네트워크는 멘토와 롤모델의 원천이기도 해서 우리가 얼마나 배우는지와 직결될 수 있다. 다단계 삶은 여러 번의 전환을 내포하며 변화무쌍하다. 따라서 지나온 단계에서 형성된 관계를 유지하고 거기에 투자하는 데 훨씬 많은 노력과 헌신, 집중이 필요하다. 라디카는 원격으로 일하기 때문에 업무 관련 인맥 구축에 따로 시간을 쏟아야 한다. 반면, 전통적인 회사에 다니는 라디카의 친구들에게는 이러한 관계가 자동으로 형성된다.

관계의 동심원 바깥쪽에는 **지역 공동체와 이웃**이 위치한다. 이웃의 일원이 되어 친숙한 얼굴과 마주하는 것은 커다란 즐거움이다. 마지막으로, 가장 넓은 범주는 **사회**다. 사회는 이웃과 지역 공동체의 광범위한 상호작용으로 형성된다. 사회는 우리 행동의 가장 광범위한 기준과 전통을 최종적이고 암묵적인 형태로 형성한다. 하지만 하루중 온라인에서 일어나는 활동이 많아지면서 일상적 만남의 성격이 달라지고 있다. 인터넷은 관심사가 비슷한 사람끼리 연결해주는 멋진 역할도 하지만, 그 때문에 전통적인 공동체 활동은 희석되고 사회는 더욱 분열될 위험에 처한다.

이 모든 관계를 수직으로 자른 단면은 **세대**다. 어떤 시점에 더 많은 세대가 생존해 있으면 그들의 서로 다른 인생관의 대비도 더욱 선명해진다. 젊은이들은 새로운 삶의 방식을 찾아야 하는데, 그럴수록 세대 간 갈등의 징후는 커진다. 이러한 균열을 피하려면 각 세대를 단편적으로 묘사하는 것을 넘어 젊은 세대와 나이 든 세대 간에 새로운 사회적·경제적 협력 관계를 구축해야 한다.

▌가족

우리의 성공과 행복은 가족과 무관하지 않다. 가족의 보살핌과 지지를 받을 수 있으면, 급변하는 세상에서 일어나는 예측불허한 일들의 충격이 상쇄될 수 있다. 최상의 가족은 시간과 자원을 합쳐 서로 돕고, 아프거나 실직했을 때 안전망이 되며, 어린이를 양육하고 노인을 돌본다. 수명 연장, 기술로 인한 혼란, 요동치는 다단계 커리어가 특징인 세상에서 이러한 가족의 역할은 어느 때보다 중요해졌다.

국가별로 가족의 기본적인 역할은 비슷한 구석이 많지만, 중요한 문화적·사회적 차이도 존재한다. 인도에 사는 라디카는 전업으로 일한다. 인도 여성의 30%만이 유급노동에 종사한다는 점을 감안하면, 그녀는 확실히 소수에 속한다. 마도카는 남자친구인 히로키와 균형 잡힌 파트너십을 구축하려고 노력하지만, 아직까지 일본 남성 대부분은 육아를 남편의 주된 역할로 여기지 않는다.

이러한 국가 간 차이는 고정된 것이 아니라 새로운 문화적·사회적 압력을 받으면 변할 수 있으며, 기술과 장수의 영향도 어느 정도 받게 된다. 이를테면, 현재 일본에서는 여성의 사회적 역할에 관한 논의가 활발히 이루어지고 있으며, 거기에서 도출된 결과는 히로키와 마도카가 가정을 꾸리는 방식을 선택하는 데 영향을 줄 것이다. 이것이 중요한 이유는, 이러한 가족 속성의 변화가 길어진 다단계 삶으로의 전환과 함께 일어나고 있기 때문이다. 만약 가족이 우리가 맺는 여러 관계의 중심에서 응집력을 제공하고, 자원을 공유하여 인생 전반에서 우리를 지탱하고 안전망이 되어준다면, 우리에게는 가족의 역할과 책임에 새로운 상상력을 불어넣을 수 있는 사회적 창의성과 사회적 개척social pioneering이 절실히 요구된다.

늦어지는 결혼

삶이 길어지면서 사람들은 무언가에 전념하기를 늦춘다. 이 현상은 결혼에서 가장 극명하다. 1890년에 미국 여성이 결혼하는 나이의 중위연령*은 22세였다. 지금은 28세 정도다.[2] 히로키와 마도카의 친구들 가운데 서른이 되기 전 결혼한 이는 극히 드물다. 결혼이라는 선택을 미루는 건 이들만이 아니다. 스웨덴의 경우 남자 37세, 여자 34세로 가장 늦다. 반면, 인도는 남자 23세, 여자 19세로 훨씬 빠르다.

비혼을 택하는 이들도 있다. 1970년대 일본에서 비혼은 드물었다. 당시 50세 이상 일본 남성 중 비혼자는 50명 중 1명에 불과했다. 지금은 4명 중 1명이다. 여성의 경우 33명 중 1명이던 것이 현재는 7명 중 1명이다.[3] 라디카와 마도카의 동성 친구들은 결혼의 장점에 대한 의견이 분분하다. 라디카는 더 안정된 관계에 헌신하기보다 커리어에 집중하고 싶다. 이는 여성의 경제적 독립과도 어느 정도 연관이 있다.

● 모집단을 연령순으로 나열했을 때 정중앙에 있는 사람의 연령.

2부 인간의 창의성

결혼이 주는 경제적 혜택이 예전보다 덜 매력적인 것이다. 또한 기술적 창의성의 결과이기도 하다. 전자레인지, 냉장고, 음식 배달 서비스 등등을 활용할 수 있어 일을 하고 돈을 벌면서도 일상을 보다 쉽게 꾸릴 수 있다. 소득이 높아질수록 사람들은 사생활과 독립을 원한다는 연구 결과도 있다.

이러한 전환의 시대에 싱글라이프를 긍정적인 선택으로 보고 지원해야 한다는 사회적 목소리가 커지는 것은 당연하다. 사회심리학자 벨라 드파울로Bella DePaulo는 테드 강연에서, 사회규범은 여전히 결혼을 이상화理想化하고 있지만, 그럼에도 비혼 여성들은 전통적 기대와 속박에 맞서 경계를 허물고 새로운 영역을 개척하고 있다고 주장했다. 드파울로가 보기에 그들은 낡은 핵가족 모델[4]을 뛰어넘는 21세기형 유대감과 친밀감을 조성하며, 그들에 대한 일반적인 편견과는 달리 친구, 가족과 긴밀한 유대를 형성한다. 몇몇 연구 결과처럼 동거 중인 커플이나 부부는 그 속성이 배타적이고 인맥도 줄어들지만, 비혼자는 그런 고통에서 자유로운 듯 보인다.

늘어나고 있는 것은 성인 독신 가구뿐만이 아니다. 한부모 가정도 늘고 있다. 과거에도 한부모 가정은 드물지 않았다. 17, 18세기에는 한부모 가정이 1/3에서 절반에 달했는데, 이는 성인 사망률이 높았기 때문이다. 하지만 수명이 길어지면서 부모가 모두 생존해 있는 가구 수가 어느 때보다 많아졌다. 그런데 한부모 가정의 비율이 다시 증가하기 시작했다. 이는 기혼 부부의 이혼율이 높아진 까닭도 있고, 동거를 선택하는 커플이 많아졌기 때문이기도 하다. 동거는 결혼보다도 헤어질 확률이 높다. 아프리카와 중남미의 한부모 가정 비율은 30%에 달한다. 그에 비해 유럽은 20%, 미국은 28%, 아시아는 대략 13%

정도다. 하지만 국가를 막론하고 한부모 가정의 가장은 대부분 여성이다.

에스텔의 사례처럼 한부모 가정을 꾸리는 일은 녹록지 않다. 한부모 가정은 경제적으로 가장 취약한 계층으로, 그 자녀는 두부모 가정의 아이들보다 빈곤 속에 살 확률이 두 배나 높다. 물론, 남편과 함께 살지 않아도 되어 에스텔은 행복하다. 하지만 남편의 경제적 지원이 미미하여 그녀는 일도 하고, 아이도 혼자 돌봐야 한다. 그러기 위해 에스텔은 (특히 윗세대의) 가족과 친구에게 많이 의지한다. 에스텔은 부모님, 그리고 부모님 형제자매의 도움이 매우 고마우면서도, 동시에 자신이 병을 얻거나 실직하게 되면 삶이 위태로워질까 조마조마하다. 가족의 도움을 받으며 일도 하는 지금은 생활이 유지되지만, 앞으로 다단계 삶에 필요한 중요한 전환을 거치면서도 그녀의 대가족이 그녀를 도울 자원이 있을지에 대해서는 에스텔도 덜 낙관적이다.

아이는 적어지고 고령의 혈육은 많아진다

더 늦게 결혼하고, 더 늦게 아이를 갖는 시대다. 일본에서는 평균 31세, 미국에서는 27세에 첫아이를 낳는다. 당신이 영국 여성이라면 스무 살 이전보다 40대에 아이를 가질 확률이 높다.

여자들은 아이를 더 적게 낳거나 아예 낳지 않고 있다. 1940년대 선진국에서 이는 드문 일이었다. 당시 40세 이상 성인 중 무자녀 비율은 10%에 불과했다. 오늘날에는 15~20%이다. 일본의 경우 (현재 60대인) 1953년생 여성의 무자녀 비율은 10%이지만, (현재 40대인) 1970년생 여성은 4명 중 1명이다. 인도에 사는 라디카는 아이를 낳을지 말지 고민 중이다. 라디카의 친구들은 그녀에게 육아에 따른 희

2부 인간의 창의성

생을 상기시킨다. 라디카도 커리어와 가정의 양립이 얼마나 어려울지 알고 있다. 라디카는 난임 치료 기술의 발달을 고려해 그 결정을 40대로 미룰 수 있을지도 궁금하다. 시골에 사는 라디카의 조부모에게 자녀는 농사 일손이자 노후에 경제적 도움을 받을 수 있는 수단이었기에 매우 중요했다. 경제학자 셸리 런드버그Shelly Lundberg와 로버트 폴럭Robert Pollak은 이렇게 표현했다. "출산과 육아에 대한 경제적 동기가 가파르게 추락하면서, 부모에게 자식은 투자라기보다 값비싼 내구재*로 비치게 됐다."[5]

따라서 라디카, 히로키와 마도카는, 국적은 다르지만, 여러 선택지를 고민하며 직능과 인적 네트워크로 이루어진 플랫폼을 구축하는 데 20대를 사용할 가능성이 크다. 이들은 아이를 갖는 데 집중하거나 전통적인 성년의 진로로 진입하는 데 연연하지 않을 것이다. 이들은 인생의 새로운 단계로 진입하고 있는데, 이 단계에서 여전히 본가에 거주하는 경우가 많다. 톰의 아들은 성인이지만 아버지 집에 산다. 미국 전역에서 18~34세 인구의 가장 흔한 거처가 '본가'인 것은 130년 만에 처음 있는 일이다.

이렇게 아이를 더 늦게, 더 적게 낳고 수명은 길어지다 보니, 그에 **비례하여** 히로키와 마도카의 인생에서 육아가 차지하는 비중은 줄어들 것이다. 따라서 커리어 계발과 여가 활동에 사용할 수 있는 시간은 늘어난다. 동시에, 히로키와 마도카는 더 많은 세대가 있는 가족을 갖게 될 것이다. 이를테면, 2030년에 8세가 되는 미국 어린이의 70% 이상은 살아 있는 증조부모를 만날 것으로 예상된다.[6]

● 주택, 자동차처럼 사용 기간이 긴 고가의 소비재.

이러한 현상은 히로키와 마도카의 돌봄 활동에 심대한 영향을 미친다. 자신의 아이를 돌보는 시간은 줄어들지만, 그만큼 부모, 조부모, 증조부모를 돌보는 기간이 늘어난다. 이렇게 '위아래로 길어진' 가족 형태는 —이혼과 재혼을 통해 섞이는 경우도 많다— 가족의 책임에 대한 흥미로운 질문을 유발한다. 톰의 경우를 보자. 톰의 아버지는 말년에 재혼한 후 플로리다로 이주한 지 3년 만에 돌아가셨다. 톰은 현재는 홀로 남은 의붓어머니를 잘 알지 못한다. 들리는 바로는 아버지와 함께 사시던 집에서 나와 홀로 생계를 꾸리신다고 한다. 톰은 아버지 장례식 이후로 그분을 뵌 적이 없다. 의붓어머니에 대한 톰의 의무는 (있다면) 어디까지일까?

출산율이 낮아지면서 찾아오거나 돌봐줄 혈육이 거의 없는 노인의 비중도 늘 것이다. 출산율 저하는 전통적으로 나이 든 혈육을 돌보는 역할을 해왔던 가족의 기능을 약화시킨다. 이 분야에도 사회적 창의성이 필요한 시기가 무르익은 것이다. 이미 사람들은 '대안 가족'이라는 새로운 해결책을 모색하고 있다. 중국 광저우에 사는 일곱 명의 여자들도 그렇다. 이들은 평생을 함께 살 목적으로 30대에 집 하나를 공동으로 구입했다.[7] 현재의 가족 구조가 더는 개인의 안전망과 공동 자원에 대한 니즈를 충족해줄 수 없다면 이러한 대안적 가구 형태가 생길 수밖에 없다.

일하는 가족

각종 가전제품 덕분에 가사노동의 수고가 줄고 피임 기술이 발달하면서, 더 많은 여성이 유급노동에 종사하고 아이를 언제 가질지, 또 얼마나 가질지 선택할 수 있게 되었다. 1920년에는 미국 여성 5명 중

1명, 영국 여성 3명 중 1명만이 돈을 받고 일했다. 지금은 5명 중 3명 이다. 아이슬란드는 5명 중 4명에 가깝다. 가사와 관련된 기술적 창의성의 끊임없는 진보, 여성이 아이를 적게 낳고 결혼을 늦게 하는 추세의 지속, 더 길어지고 다단계로 나뉘는 커리어의 가능성을 생각하면, 전 세계 여성 유급노동자 비율은 더욱 증가할 것이다.

마도카와 히로키는 함께 살아가며 원하는 것에 대해 이야기할 때 두 가지 원칙에 동의한다. 흥미롭고 목적의식을 불러일으키는 일 하기, 그리고 둘 다 가정에 충실하기이다. 마도카는 히로키가 아이를 적극적으로 돌보지 않으면 자신이 일과 육아를 병행하지 못한다는 점을 잘 알고 있다. 히로키에게도 마도카에 대한 헌신만이 전부가 아니다. 그는 자신의 아버지보다 더 충실한 아버지가 되고 싶다. 따라서 마도카와 히로키의 과제는 서로의 커리어를 지지해주면서도 진정한 공동 육아를 위한 유연성이 확보될 수 있는 관계의 형성이다. 다시 말해, 마도카와 히로키는 성별에 따라 미리 역할이 결정되지 않은 관계를 원한다.

이는 마도카의 삶이 그녀 어머니의 삶과 매우 다를 것임을 암시한다. 마도카의 어머니는 결혼과 동시에 집에서 육아를 하기 위해 사무직을 그만두었다. 1950년경의 많은 서구 사회도 다르지 않았다. 실제로 널리 횡행했던 '매리지 바marriage bar'●는 여자가 결혼을 하면 직장을 그만두어야 한다는 공식적 혹은 비공식적 제약이었다. 어차피 남편의 경제적 지원이 있으니 여자는 돈을 벌지 않아도 되고, 여자가 일을 하면 가족을 부양해야 하는 다른 남자의 일자리를 빼앗게 된다

● 결혼한 여자의 고용을 제한하는 제도. 1960년대부터 조금씩 사라졌다.

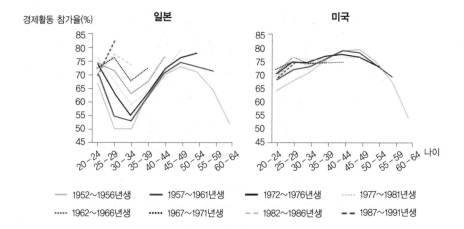

경제활동 참가율(%)

일본

미국

나이

── 1952~1956년생   ── 1957~1961년생   ── 1972~1976년생   ······ 1977~1981년생
······ 1962~1966년생   ●●●● 1967~1971년생   ─ ─ 1982~1986년생   ▬ ▬ 1987~1991년생

표 5-1 일본 여성과 미국 여성의 출생 코호트와 연령대별 경제활동 참가율[8]

는 것이 당시의 시각이었다. 자녀가 성장하면 여자들은 일터로 돌아
올 수 있었지만, 보통은 시간제 일자리였다. 마도카의 어머니도 그랬
다. 이러한 노동 패턴은 **표 5-1** 의 왼쪽 그래프처럼 선명한 'M'자
모양을 나타냈다.

가장 최근에 태어난 젊은 일본 여성 코호트를 관찰해보면 같은 연
령대의 미국 여성과 대단히 흡사하다. 현재는 오히려 미국보다 일본
의 젊은 여성이 전업으로 일할 확률이 높다. 일본에서 연령대를 막론
하고 이렇게 많은 여성이 직업을 원했던 사례는 한 번도 없었다. 마도
카는 어머니와 달리 자신의 커리어를 유지하겠다는 의지가 확고하다.

하지만 쉽지 않을 것이다. 우선 일본 기업의 근무 관행이 유연하
지 못하다. 또, 일하는 여성은 점점 늘어나지만 이들이 하는 일의 종
류는 남성과 중요한 차이를 보인다. 일본의 22~65세 여성 중 75%가
일을 하지만, 그중 1/4은 시간제 노동자다(남성은 10%). 그러다 보

니 수입이 적고, 연금도 적으며, 승진 가능성도 작다. 일본만 그런 것이 아니다. OECD 국가들 전체의 노동인구 절반은 여성이지만, 이들 중 관리자 직군에서 일하는 비율은 30% 미만이며, 일본의 경우 고위직에서 일하는 여성은 전체의 10%밖에 되지 않는다. 즉, 여성의 직업은 커리어가 아닌, 그저 일자리일 때가 많다.

이는 노동시장의 모든 측면에 영향을 미친다. OECD 국가의 여성은 남성보다 평균 14% 적게 번다. 심지어 파트너보다 교육 수준이 높은 여성도 남성보다 임금이 높을 확률은 36%에 불과하다. 게다가 여성이 종사하는 직군의 편향 때문에 문제는 더욱 악화된다. 여성은 주로 임금이 낮은 보건, 교육, 개인서비스● 부문에 종사한다. 반면, 금융, 은행, 보험 등 고소득 부문 종사자는 남성 위주다.

하지만 성별 임금 격차의 더 큰 문제는 젊은 부부의 가정 내 역할을 둘러싼 협상과 수행에 미치는 영향이다. 만약 마도카가 자신의 커리어 전체에서 남편보다 임금이 적을 것으로 전제한다면, 그녀는 경제적 관점에서 히로키의 커리어가 더 우선되어야 한다는 압박을 받게 된다. 여성과 남성이 평생 같은 임금을 받는다고 전제할 수 있어야 부부 간에도 가정 내 경제적 역할과 보살핌 역할이 저절로 공평하게 분배될 수 있을 것이다.

이러한 격차가 (느리긴 하지만) 좁혀지고 있다는 증거가 있다. 런던 킹스칼리지의 앨리슨 울프Alison Wolf는 현재 교육 수준이 가장 높은 여성층에서 성별 임금 격차가 가장 적다는 것을 보여주었다.[9] 울프의 연구에 의하면 일반적으로 대졸 여성은 아이를 적게 낳고 ―이

● 개인을 상대로 서비스를 제공하는 업종. 음식업, 미용업 등이 여기에 속한다.

들은 비혼이나 무자녀인 경우도 많다— 아이가 생겨도 휴직을 덜한다. 다시 말해, 여성의 직장 생활 궤적이 남성과 비슷할수록 동일한 임금을 받을 가능성도 크다.

저소득층 가구에서도 여성의 경제적 역할에 변화가 일어나고 있다. 유급노동에 종사하는 남성 비율은 줄고 있다. 오늘날 호주, 프랑스, 독일의 25~64세 남성 가운데 10명 중 1명, 미국은 8명 중 1명이 돈을 벌지 않는다. 이는 현재 미국의 낮은 실업률에 비추어 이상해 보일 수 있으나, 사실 오늘날 미국 남성의 실제 고용률은 대공황 때보다 낮다.[10] 남자들이 가정에서 돌봄 역할을 맡기로 한 것일까? 그런 것 같지는 않다. 물론 아이를 돌보는 남성이 늘고 있긴 하지만, 그 비율이 미미하여 고용률 변화를 설명하기에는 역부족이다. 그보다는 직능이 별로 필요치 않은 '남성적' 일자리 수요의 감소가 유력한 원인일 수 있다. 브루킹스 연구소의 데이비드 웨슬David Wessel은 이렇게 표현했다. "강인한 등판과 성실함만으로 좋은 직업을 구할 수 있는 시대는 갔다."[11] 커리어가 연장되고 기술이 발전하면서, 교육 수준이 낮은 가구의 경제적 주도권은 (특히 부부가 나이가 들수록) 남성보다 일하는 여성이 쥘 확률이 높아졌다.

▎상호의존성 형성하기

이렇게 가족에 대한 사회규범이 바뀌면서 가정의 형태가 더욱 다양해지고 사람들의 선택의 폭도 넓어진다. 이는 결혼에 대한 전통적 이상을 근본적으로 변화시켜 사회적 개척자들의 활동 무대를 마련한

2부 인간의 창의성

다. 그들은 새로운 형태의 부부 관계, 함께 살아가고 자녀를 양육하는 참신한 방법을 만들어낸다.

그러나 이러한 변화가 모름지기 인간이란 사랑하고 사랑받는 존재라는 사실마저 바꿀 수는 없다. 우리는 전통적인 결혼을 대체하는 그 무언가가 헌신적인 관계 형성에 소극적이지 않고 오히려 더 적극적이길 기대한다. 그러려면 높은 수준의 **상호의존성**이 필요할 것이다. 왜냐하면 관계의 조합이 대단히 다양할 뿐 아니라 다단계 삶을 조율해 나가기도 복잡하기 때문이다. 대화와 타협도 더 많아져야 한다. 사회규범이 따로 없는 이상 커플들은 그들만의 삶의 해법을 찾아야 하기 때문이다.

선택과 마주하기

이러한 참신성, 다양성, 복잡성 때문에 마도카와 히로키, 그리고 라디카는 자신이 선택한 삶의 방식이 어떤 결과를 불러올지 예상하기 어렵다. 이들에게는 매우 중대하고 어려운 결정을 내려야 하는 순간들이 찾아올 것이다. 미래의 '가능자아'의 모습이 바뀌기 시작하고, 중대한 행동을 앞두었지만 과거의 경험이나 전통이 별 도움을 주지 못하는 그런 순간들 말이다. 라디카, 마도카, 히로키가 평생의 파트너를 선택한, 혹은 선택하게 될 순간도 그중 하나다.

독신인 라디카는 30대 전에는 결혼할 생각이 없다. 하지만 30대에는 파트너와 함께 자녀를 두고 흥미로운 일을 하면서 사는 자신을 상상한다. 이는 라디카의 가능자아다. 그렇다면 이 가능자아의 달성 가능성을 높이기 위해 라디카가 지금 내려야 할 결정은 없을까? 라디카 어머니의 삶은 라디카와 판이했지만, 그럼에도 어머니 세대의 면면이 라디카의 결정에 유용한 정보를 제공할 수 있다. 우리는 이 과거의 면면 중 일부를 뉴욕대학교 캐슬린 거슨Kathleen Gerson의 연구에서 찾을 수 있다. 거슨은 1970년대에 일단의 미국 여성들이 내린 결정과 그 결정이 오늘날까지 어떤 영향을 미치고 있는지 조사했다.[12]

당시의 여러 요인과 그들이 내린 결정이 현재의 상황을 형성했다. 첫번째 요인은 **타이밍**이었다. 언제 결혼을 하고 아이를 낳았는지가 커리어의 지속 여부에 영향을 주었다. 기존에 커리어를 가지고 있던 여자들은 결혼할 확률이 적었고, 하더라도 만혼이었다. 일하는 여성의 40%는 아이를 낳지 않았고, 낳더라도 셋을 넘는 일은 드물었다. **파트너의 유형**도 그들의 미래를 형성했다. 일하는 것을 지지해주는 파트너를 만나면 일을 계속할 확률이 높았다. 상대가 일하지 않기를 원하는 파트너를 만난 경우에는 금방 일을 그만두었다. **교육 수준**도 훗날의 삶을 결정했다. 학사나 석사 학위가 있는 사람은 일을 지속할 확률이 높았다. 운명도 빼놓을 수 없었다. 자신, 또는 아버지나 어머니 등 가까운 혈육이 **건강 문제**로 고생하면 일을 중단할 가능성이 컸다.

이것이 1970년대에 여자들이 내린 결정의 결과다. 그렇다면 현재 스무 살인 여성의 결혼 시점, 파트너 선택, 교육에 대한 투자가 미칠 영향은 1970년대와 다를까? 확실히 라디카의 선택의 폭이 더 넓다. 그녀에게는 프리랜서라는 선택지가 있다. 프리랜서의 유연성도 취할 수 있다. 아마 배우자 선택의 폭도 더 넓을 것이다. 그렇더라도 과거의 여자들이 내린 결정을 신중히 곱씹어보는 편이 현명할 것이다.

함께 만드는 서사

히로키와 마도카가 가정 내 역할 분담에 대해 진지하게 이야기를 나눈다. 이야기를 나누면서 둘은 강렬한 상호의존의 느낌을 분명히 경험한다. 물론, 그들의 부모도 가정 내에서 특화된 역할을 통해 상호 의존했다. 아버지는 재정 문제를 담당하고 어머니는 가정을 돌보면 서. 둘 중 하나만으로는 가정이 성립될 수 없었고, 어느 쪽도 단독으로 행동하지 않았다. 그러나 히로키와 마도카에게 요구되는 상호의존은 그보다 훨씬 긴밀하고 깊다.

마도카와 히로키는 사회적 개척자로서 새로운 형태의 파트너십을 고안해야 한다. 커리어＋일자리 조합도 아니고 커리어＋돌봄의 조합도 아닌, 커리어＋커리어 조합이 가능한 파트너십 말이다. 두 사람 다 커리어 목표를 달성하는 동시에 성공적으로 가정도 꾸릴 수 있는 선택지는 많다. 그러나 **의식적 상호의존** 없이는, 더 많은 선택지와 유연성이라는 흐름은 자칫 가족의 해체와 분열로 이어질 수 있다.

마도카와 히로키의 관계는 사회학자 앤서니 기든스Anthony Giddens가 **순수**pure하다고 표현한 형태일 수 있다. 이는 사람들이 삶의 지침을 얻기 위해 과거보다는 미래로 눈을 돌린다는 의미다. 이들은 더는 노동의 분담, 육아 등 사회적 혹은 경제적 삶의 외부 조건에 얽매이지 않고 '자유롭게 부유free-floating'한다. 따라서 이 새로운 형태의 관계는 광범위한 사회적 관습의 반영이 아니라 두 사람의 창작물이 된다. 마도카와 히로키에게 이는 쉽지 않은 선택이다. 전통적인 파트너십에서 통했을 법한 방식으로 '저절로' 갈 수 있는 길이 아니다. 자신이 무엇을 원하고 무엇을 갈망하는지 상대에게 허심탄회하게 털어놓으며 현재와 가능한 미래를 무대로 공통의 서사를 만들어가야 한다. 둘은 '성찰적'이 되어야 한다.[13] 자신에게 무엇이 중요한지 깊이 생각하고 토론하며, 원하는 것에 대한 합의를 도출하고, 무엇에 헌신할 준비가 되어 있는지 이야기해야 한다. 둘은 자신의 필요와 갈망에 따라, 또 주변 상황을 관찰하면서 결정을 내려야 한다.

이는 마도카와 히로키만의 이야기가 아니다. 뉴욕대학교의 주디스 스테이시Judith Stacey는 세계인들이 적극적으로 새로운 가족 관계를 형성하고 있으며, 이러한 가족의 재구성이 결코 사소한 일이 아님을 보여주었다.[14] 그러니 히로키와 마도카는 이러한 스테이시의 견해에서 용기를 얻어도 좋다. 지금 그들이 겪는 일이 어떤 파트너십 모델이 적합하고 또 가능한지에 대한 거대한 실험과 재구성의 과정이기 때문이다. 기존의 제도적 규범이 사람들의 급변하는 열망을 따라잡지 못하는 '과소제도화under-institutionalisation' 시대의 단면이다.

이는 마도카와 히로키가 자신들이 원하는 가족 구조를 만들어낼 가능성이 크다는 것을 의미한다. 과소제도화로 인해 자신들의 열망을 인식하고 그 열망에 따라 행동할 수 있는 여지가 생겼기 때문이다.[15] 둘은 그들만의 호기심, 그들 주변에서 관찰되는 것, 미래에 대한 그들만의 판단에 근거해서 여러 결정을 내릴 수 있다.

이 새로운 경로가 어떤 모습인지 가늠해보기 위해 히로키의 가능 자아와 진로를 그린 **그림 4-1** 로 돌아가보자. 히로키는 아버지가 원하는 길로 들어설 수도, 혹은 여행을 하고 어쩌면 창업을 하는 선택지가 있는 길을 택할 수도 있었다. 그러나 이는 어디까지나 히로키 한 사람의 서사였다. 히로키의 잠재적 진로를 탐색하는 과정에서 우리는 그가 마도카와 함께할 것이고 그녀 역시 커리어를 원한다는 점은 고려하지 않았다. 달리 말하면, 우리는 히로키의 미래의 진로를 상호의존적인 것이 아니라 독립적인 것으로 간주했던 것이다. 우리가 생각해본 것은 혼자 사는 서사였지, 함께 사는 서사가 아니었던 것이다.

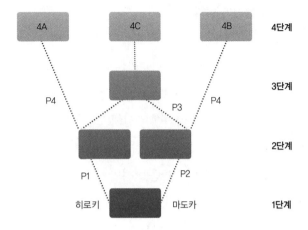

그림 5-2 마도카와 히로키의 서사

그렇다면 이제 상호의존성을 덧씌워보자. 마도카와 히로키 둘 다 각자의 커리어를 추구하기로 하고, 둘 다 그 지역 회사에 다니기로 했다고 상상해보자. **그림 5-2** 에서는 그 경로를 P1과 P2로 표시했다. 그리고 이들이 30대 초반(2단계)에도 계속 전업으로 일하되, 6개월 간 함께 여행하기로 했다고 하자. 이들은 P4 경로를 따라 각자의 고유한 4단계로 진입하게 된다. 둘은 아직 아이를 갖지 않고 커리어에 집중하기로 결정했다. 이러한 결정의 근거 중 하나는 일본 기업들의 예상 변화 속도였다. 마도카와 히로키는 일본 기업들이 남녀 모두에게 유연근무제를 도입하는 속도가 느릴 것으로 내다보았다. 또, 마도카가 커리어보다 가정에 집중하면, 오늘날 일본 기업들의 성별 격차로 인해 마도카의 커리어는 필시 영향을 받을 것이다.

아이는 누가 돌봐야 할까

히로키와 마도카에게는 다른 경로도 있다. 예를 들면, 2단계인 30대에 아이를 갖는 것이다. 이 경우, 마도카는 출산 후 커리어를 위해 속히 전업 직장으로 복귀하고 히로키가 역할을 교대하여 주로 육아를 담당하는 방법이 있다. 몇몇 국가에서 집에 있는 아빠들이 늘고 있다는 조사 결과가 있으나, 실제 비중은 여전히 미미하다.[16] 하지만 성별 임금 격차가 줄고, 교육 수준이 높은 여성이 더 많이 고위직에 진출하게 된다면, 우리는 더 많은 아빠들이 돌봄에 나설 거라 본다.

또 다른 방법은, 맞벌이를 하면서 가사를 동등하게 나누는 것이다. 이는 히로키가 선호한다. 덴마크와 스웨덴 부모들은 이미 이런 선택을 했으며, 일하는 아빠도 일하는 엄마 못지않게 가정에 충실하다.[17] 하지만 이들 국가 외에는 그러한 관행이 널리 보급되지 못했다. 이를 뒷받침하기 위해서는 사회적 관습과 경제 펀더멘털의 측면에서 많은 사회적 창의성과 변화가 필요할 것임은 자명하다. 이러한 커플 형태는 가족 중 고령인 사람의 수가 증가하고 한 가족 안에서 여러 세대가 돌봄을 필요로 함에 따라 더더욱 중요해질 것이다.

히로키는 그의 아버지가 할 수 있었던 것보다 더 많은 시간을 자녀와 함께하고 싶다. 히로키만이 아니다. 하버드경영대학원의 로빈 엘리Robin Ely와 동료들은 교육 수준이 높은 남성 집단을 대상으로 향후 육아를 좀 더 공평하게 분담하게 될 것 같은지 물었다. 49~67세의 남성은 16%만이 그렇다고 답변했다. 33~48세는 22%였다. 반면, 18~32세는 1/3이 자신들이 육아를 공평하게 분담할 거라 예상했다.[18]

이렇게 육아에 더 적극적으로 참여하려는 열망은 기업 관행의 커다란 변화를 동반해야 한다. 마도카와 히로키는 현재 일본의 출산율이 급감하는 가운데 기업이 구인난에 봉착하면 젊은 신입사원에게 어필하기 위해 훨씬 유연한 근무 환경을 약속할 거라는 희망을 품고 있다. 정부도 이러한 변화를 지원해야 한다. 실제로 아베 총리의 '일본 재흥전략'의 중심에는 '워머노믹스womanomics'가 있었다. '워머노믹스'는 여성 고위 경영자 수의 증대, 보육 관련 선택의 폭 확대, 더 적극적인 남성 육아 독려, 일과 삶의 균형을 제공하는 업무 관행 실현을 목표로 한 일련의 정책을 포함한다. 문제는 일본의 기업 문화, 가족 문화 속에서 이러한 정부 정책이 효력을 발휘할 수 있느냐이다.

마도카와 히로키는 미래에 그러한 효력이 나타난다는 쪽에 희망을 걸어야 한다. 둘은 변화를 낙관하고 있으며, 이러한 믿음을 근거로 P3를 택하기로 한다. P3는 맞벌이를 지속하되 함께 아이를 돌보기 위해 유연근무제를 활용하는, 매우 긴밀한 상호의존이 필요한 경로다. 결국, 히로키와 마도카는 4단계에서 4C에 함께 도착한다. 유연하게 일하며 아이를 함께 기르는 선택에는 위험도 따른다. 만약 회사의 관행이 바뀌지 않으면 유연근무제를 활용할 경우 커리어와 경제적 측면에 불이익이 생긴다. 게다가 성별 임금 격차가 지속되면 경제적 압박을 느낀 마도카는 아마도 자신의 야망을 접을 것이고, 둘은 커리어＋일자리 모델이나 커리어＋돌봄 모델로 회귀할 수도 있다.

안정된 기반과 공동의 헌신

마도카와 히로키는 커리어＋커리어 모델을 실현하고자 하는 코호트의 일원이다. 인시아드의 제니퍼 페트릴리에리Jennifer Petriglieri 등의 연구자들은 이 코호트를 흥미롭게 관찰하고 있다.[19] 페트릴리에리의 관찰에 따르면, 이렇게 타협과 헌신이 풍부한 파트너십에서는 각자의 자아와 정체성이 더 넓고 깊게 계발된다. 둘 다 의미 있는 일에 종사하고 있으므로 서로를 지지해줄 수 있으며, 이는 직업 정체성 강화에 도움이 된다. 이러한 견고한 관계는 서로를 지지하고 격려하는 '안정된 기반'을 형성할 수 있다.

이 '안정된 기반'은 마도카와 히로키에게 장기적 관점에서 매우 중요할 수 있다. 앞으로 그들의 직업과 일터는 점점 단기적이 될 것이고, 업무도 점점 세분화, 도구화, 그리고 '분리화'●될 가능성이 매우 높다. 이를 고려할 때, 과거와는 달리 의지할 데 없고 조직에 속한 정체성도 없는 히로키와 마도카 같은 커플에게 이러한 파트너십은 그 것들의 부재를 보완해줄 수 있는 매우 중요한 사회적 제도가 될 수 있다. 게다가 이 '안정적 기반'은 그 둘이 위험을 감수하고 전환을 이루는 플랫폼의 역할을 할 수도 있다. 이러한 상호의존으로 마도카와 히로키는 혼자서는 모을 수 없는 광범위한 자원을 축적할 수 있다. 그러므로 한 사람에게는 이익이고 다른 사람에게는 손해인 관계가 아닌 '윈윈win-win' 관계가 가능해진다. 둘은 각자일 때보다 함께 더 많은 것을 성취하고 더 크게 성장한다. 이 안정적 기반은 두 사람이 다단계, 비선형 커리어의 시간적·재정적 압박을 해소할 수 있도록 해주는 진정한 평생의 자산이 될 수 있다. 히로키와 마도카는 함께 살면서 삶의 굴곡을 번갈아 맞이하는 '시소see-saw' 커플이 될 것이다.

둘의 파트너십의 중심에는 서로에 대한 헌신이 있다. 이러한 헌신이 있으면 상대방이 감내하는 위험을 이해하고 인정할 수 있다. 두 사

● 노동에 대한 금전적 보상 외에 다른 복리후생이 주어지지 않는 경향.

람 다 상호의존하는 공통의 미래를 위해 개별적으로 선택할 수 있는 미래의 일부를 희생하고 있다. 물론, 전통적인 부부 관계도 헌신에 뿌리를 두고 있다. 마도카의 어머니는 자녀를 돌보는 데 헌신했고, 아버지는 가족을 경제적으로 부양하는 데 헌신했다. 하지만 이는 비교적 복잡하지 않았다. 사회가 제공하는 규범과 선택이 그들의 헌신을 강화하고 지지해주었기 때문이다. 이는 또 다단계 삶보다 좁은 선택의 폭과 절차에 근거하고 있었다. 물론, 좋은 부부 관계의 본질은 변하지 않았다. 그러나 마도카와 히로키에게는 사회규범이라는 형태의 외부 길잡이가 없기에 서로를 향한 헌신에 훨씬 많은 것이 투입되어야 한다. 그들의 헌신은 현재 진행 중인 대화와 앞으로의 지속적인 소통에서 비롯되기 때문이다. 이는 그들 관계의 특징이기도 하다.

이를 위해서는 상호신뢰를 형성하고 유지하는 것이 반드시 필요하다. 상호신뢰가 거저 주어진다고 생각하면 오산이다. 관계의 다른 측면과 마찬가지로 노력을 기울여야 한다. 그러려면 각자가 신뢰를 주는 사람, 신뢰할 가치가 있는 사람이어야 한다. 상대방의 말과 행동을 신뢰할 수 있다는 믿음이 있어야 한다. 매일 시간을 내어 상대방의 말을 경청하고 중요한 문제는 심도 있게 논의하면서 문제가 해결될 때까지 포기하지 말아야 한다.

스탠퍼드대학교의 경제학자 마이라 스트로버Myra Strober는 자신의 연구와 경험을 술회한 자서전에서 이렇게 말했다. "두 사람 다 만족스러운 커리어를 가질 수 있다면 지속적이고 건설적인 관계를 이룰 수 있다. 단, 둘 다 그 길을 가겠다는 의지가 확고해야 한다. 당신과 파트너 둘 다 확고하다면, 그것이 가능해질 방법을 찾게 될 것이다."[20]

▌ 세대

수명이 길어지면 더 많은 세대가 함께 살아갈 수밖에 없다. 이상적인 경우, 세대 교류는 서로에게 자원을 제공하고, 서로를 지지하며 성장시킨다. 에스텔의 가족처럼 말이다. 이러한 교류가 원만하면 각 세대는 자신이 이해받고, 또 공정한 대우를 받는다고 느끼게 된다.

그러나 가정에서는 세대끼리 화목할지 몰라도 사회적으로는 세대 간에 긴장이 흐르고 있다. 이러한 긴장은 정치적으로 표출되고 있다. 영국의 예를 보자. 유럽연합 잔류 여부에 관한 투표 결과는 연령대별 대비가 분명하다. 18~24세 남성의 61%는 유럽연합 잔류에 찬성했다. 이는 유럽연합 탈퇴에 투표한 50~64세 남성의 비율과 정확히 일치한다. 미국의 투표 패턴도 연령대별 차이가 두드러진다. 이에 대해 스탠퍼드대학교의 역사학자 니얼 퍼거슨Niall Ferguson은 "미국 정치에서 세대 간 분열이 심화되고 있으며 이는 인종 및 계층 분열보다 더 중요한 것으로 판명될 수 있다"라고 믿는다.[21]

세대 간의 조화로운 관계가 행복한 가족, 나아가 건강한 사회의 요건 중 하나라는 점은 의심의 여지가 없다. 그러나 기술적 창의성이 일자리와 커리어를 빠르게 변화시키고, 수명의 증가로 청년층과 고령층 간 균형에 변화가 찾아오면서, 세대 간 관계에 긴장이 조성되는 것으로 보인다.

세대 형평 — 젊은이는 노인보다 궁핍한가

프랑스혁명의 여명에 영국의 시인 윌리엄 워즈워스는 이렇게 썼다. "그 여명에 살아 있다는 것은 지복至福이었다. / 하지만 젊음이야

2부 인간의 창의성

말로 천국이었다."[22] 그러나 인공지능과 수명 연장이 촉발시킨 혁명의 여명인 지금, 젊은이들은 이런 말을 쉽게 할 수 없다.

선진국의 부모 세대, 조부모 세대에게는 3단계 삶이 가족을 뒷바라지하고 집과 연금을 마련하기에 충분했다. 하지만 젊은이들은 자신의 삶에 대해 이러한 전망을 하기 어렵다. 그들의 커리어는 평생 동일한 직무에, 심지어 동일한 부문에 머물지 않을 것이며, 지금부터 60년짜리 커리어를 설계해야 한다. 부모 세대에게 대학 졸업장은 커리어와 높은 임금의 보증 수표였지만, 오늘의 젊은이들은 그것도 기대하기 어렵다. 많은 나라의 젊은이들이 취직을 하고 커리어의 첫번째 사다리를 오르는 것조차 버거워하고 있다. 게다가 이들은 경력 단절을 경험할 가능성이 높고, 학생 때 받은 교육만으로는 커리어 전체를 헤쳐나가기 어렵다. 지난 세대는 3단계 삶에서 고정적인 커리어와 경제적 안정을 얻었다. 그러나 요즘 젊은이들에게 미래는 하나의 긴 각축전일 뿐이다.

게다가 젊은이들은 집값 상승이라는 골치 아픈 문제도 안고 있다. 세계 주요 도시에서 이는 젊은이들에게 불리하게 작용하여 주택 소유율의 급격한 하락으로 이어지고 있다. 영국에서는 이 하락세가 가파르다. 현재 30세의 영국인이 집을 소유할 가능성은 60~70대의 절반에 불과하다.[23] 호주, 미국도 마찬가지다. 결과적으로, 오늘의 젊은이들이 40대가 되었을 때 축적한 재산은 지난 세대보다 훨씬 적을 수밖에 없다.

설상가상으로, 사회는 이전 세대에게 보건 혜택과 연금을 제공하기로 약속한 바 있다. 3단계 삶은 기본적으로 평균 수명 70세를 기준으로 설계되었다. 현재 이는 85세로 늘어났으며, 고령층을 위한 재원

일부는 청년층의 노동으로 충당되고 있다. 그러나 이 청년층이 고령이 되면 (그때도 같은 혜택에 있다면) 그들에게는 적게 돌아갈 것이다. 프랭클린 D. 루스벨트는 1936년에 민주당의 대통령 후보 지명을 수락하면서 이렇게 말했다. "어떤 세대에게는 많은 것이 주어진다. 다른 세대에게는 많은 것이 요구된다." 이는 여러 나라 젊은이들에게 불길한 말이다. 일본에는 '로가이老害'라는 신조어가 있다. 고령 인구의 증가가 청년층에게 끼치는 크고 작은 피해나 불편함을 가리키는 말이다.[24]

이러한 여러 가지 부담으로 인해 몇몇 국가에서는 청년층이 그들의 부모보다 미래에 더 빈곤해질 것이라는 믿음이 생기고 있다.[25] 일본 국민의 38%가 자녀가 자신보다 빈곤해질 것으로 믿는다(더 윤택할 것으로 믿는 비율은 28%). 프랑스는 71%이다(더 윤택할 것으로 믿는 비율은 고작 10%). 전 세계가 다 그렇지는 않다. 인도나 중국처럼 경제성장이 빠른 나라의 부모들은 보다 긍정적이다. 이들 국가의 경제는 연 5~7% 성장하고 있으며, 그로 인해 소득은 10~14년마다 두 배로 늘어나고 있다. 그러니 인도인 65%는 젊은이들이 더 윤택해질 것으로 믿는 것이 당연하다. 중국은 이 비율이 78%이다.

물론, 모든 것이 젊은이들에게 암담한 것만은 아니다. 성정체성 이슈나 성소수자LGBT 의제의 진전 등을 생각해보면 젊은 세대는 이전 세대보다 여러 면에서 나은 세상에서 살고 있다. 또, 지금까지 늘어난, 그리고 앞으로 늘어날 기대여명을 생각하면 젊은이들도 길어진 삶의 혜택을 누릴 것이다. 최근의 한 연구[26]에 의하면, 프랑스인이 미국인에 비해 더 누리는 기대여명 3년의 가치는 1인당 연간 소비액의 16%에 해당한다고 한다. 이렇게 볼 때, 기대여명이 계속 증가한다면 오늘날의 젊은이들은 더욱 궁핍해질 것이므로, 그들의 소득은 부모 세대에 비해 크게 감소해야 할 것이다.

우리는 이 세대 갈등의 핵심 원인은 3단계 삶의 방식이 더는 지속될 수 없기 때문이라고 믿는다. 기술적 창의성과 사회적 창의성의 격차가 커진다는 것은 3단계 삶의 방식이 더는 유효하지 않으며, 젊은이들이 미래를 설계할 수 있는 새로운 도식이 필요함을 의미한다. 이 새로운 도식은 그들에게 경제적 번영과 인간으로서 행복한 삶의 플랫폼을 제공해야 한다.

물론, 젊을수록 길고 새로운 인생을 설계하려면 더 커다란 변화들이 필요하겠지만, 나이에 관계없이 변화는 이루어져야 한다. 모두가 변화의 과정에 들어서고 있다. 변화의 성격은 세대별로 다를 수 있지만, 변화를 이루기 위해 세대가 서로 경쟁할 필요는 없다. 그러려면 세대가 서로 갈등하기보다 삶 속에서 함께 일하도록 돕는 정치제도가 필요하다.

일본에서 이루어진 미래 설계에 관한 실험을 예로 들어보자.[27] 2015년에 야하바에서 실시된 이 실험에서 주민들에게 2060년을 목표로 야하바의 장기 비전을 세워달라고 부탁했다. 주민들은 두 그룹으로 나뉘어 실험에 참여했다. 한 그룹은 현 세대의 관점을 상상하고 대변해달라는 요청을 받았고, 다른 그룹은 2060년에 적극적으로 활동할 세대의 관점을 취해달라는 요청을 받았다. 아니나 다를까, 미래 세대를 대변하는 쪽은 당면한 난제들에 강경 노선을 요구한 반면, 현 세대에 집중하는 쪽은 좀 더 온건한 태도를 보였다. 예상대로 두 집단은 상이한 결과를 보였지만, 놀라웠던 것은 (그리고 어쩌면 더 중요한 것은) 미래 세대를 대변해 달라는 요청을 받은 주민들의 태도가 달라졌다는 점이다. 이러한 접근 방식은 특히 기후변화 이슈가 있는 지역에 시급히 필요하다.

세대 꼬리표 — 그들은 정말 다를까

각 세대에 붙는 꼬리표는 세대 간 갈등이 만연하다는 느낌을 부추기는 요소 중 하나다. '다섯 세대로 구성된 직원들 관리하기' '밀레니얼 세대가 좋아하는 열 가지' ('밀레니얼 세대가 싫어하는 열 가지'도 빠질 수 없다) 등의 꼬리표는 미디어와 비즈니스 분석의 단골 먹잇감이다. 신문에는 매일 '밀레니얼/베이비붐 세대가 섹스를 더 많이/적게 한다'거나 '아보카도를 더 많이 먹는다' 따위의 기사가 실린다.

이러한 꼬리표는 아마 거트루드 스타인Gertrude Stein이 1883~1900년에 태어난 사람들을 '잃어버린 세대Lost Generation'로 명명하면서 시작된 것으로 보인다. 뒤이어 1901~1924년생은 '가장 위대한 세대Greatest Generation'(미국에서는 'GI 세대'라고 부른다),● 1925~1942년생은 '침묵의 세대Silent Generation'●●라고 부르게 되었다. 제일 유명한 꼬리표는 1943~1964년생들을 일컫는 '베이비붐 세대'로, 이들은 자신들이 거쳐간 삶의 모든 단계를 변화시켰다. 이어 1965~1979년생을 더글러스 코플런드Douglas Coupland가 'X세대'라고 명명했고, 1980~2000년생은 '밀레니얼 세대', 또 가끔은 'Y세대'로 불린다. 밀레니얼 세대는 현재 미국 내 가장 큰 인구집단이며 2020년에는 전 세계 인구의 50%를 차지할 것이다. 더 최근에는

● 대공황을 겪고 2차대전에 참전했으며 미국의 경제 부흥을 이끈 세대.
●● 한국전쟁에 참전하고, 뒤이은 반공산주의 열풍 때문에 자기 목소리를 내길 꺼렸다는 의미로 붙은 이름.

2001~2013년생을 가리키는 'Z세대' 또는 'I세대'라는 이름도 등장했다. 다음은 무슨 세대일까? 아직 10세 이하 집단을 일컫는 고정된 이름은 없지만, '알파 세대Generation Alpha'라는 표현이 가장 유력해 보인다.

이러한 세대별 꼬리표가 바람직하지 않은 이유 하나는 유통기한과 성분표*가 너무 제멋대로여서다. 가족 안에서 '세대'의 개념은 명확히 정의될 수 있다. 그러나 사회 전체적으로는 그리 명확치 않다. 가족 안에서 아버지와 어머니는 나보다 확실히 이전 세대다. 여기서 세대의 기준은 나이가 아니라 가계도상의 위치다. 그러나 출생년도로 세대를 정의하는 사회에서는 다르다. 예컨대, 삼촌은 베이비붐 세대인데 이모는 X세대일 수도 있다. 이처럼 가족 안에서는 '세대'라는 말이 갖는 의미가 명확하지만, 사회적으로는 좀 더 임의적이다.

세대 꼬리표가 바람직하지 않은 또 하나의 이유는, 그것이 현대에 만들어진 개념이라는 점이다. 19세기 전까지는 누구도 '세대'라는 개념을 의식하지 않았다. 의식했다 하더라도 그것에 대해 언급하거나 새 이름표를 달아줄 필요를 느끼지 못했다. 젊은이 아니면 노인, 둘 중 하나였다. 셰익스피어가 사람의 일곱 나이seven ages**에 관해 말했을 때도 굳이 세대 꼬리표를 붙일 필요는 없었다. 하지만 닐 하우Neil Howe와 윌리엄 스트라우스William Strauss는 "1920년대 이후 모든 20~25년 단위 코호트에 대해서는 그들이 성년에 이르기 전에 이름을 붙이려는 결정적 시도가 적어도 한 번 있었다"라고 말했다.[28] 재미

● 원문은 'dates and labelling'으로, 식품 포장 겉면에 붙인 라벨을 빗댄 것이다.
●● 셰익스피어의 희극 『좋으실 대로As You Like It』의 극중 인물 자크가 이야기하는 인생의 일곱 단계.

있는 것은, 세대 꼬리표의 등장 시기가 3단계 삶의 방식이 형성된 시기와 거의 정확히 일치한다는 점이다. 사회제도가 나이를 기준으로 명확히 구분된 것도 바로 이 3단계 삶 개념의 결과다. 이때부터 교육제도는 21세 이하 인구를, 노동제도는 65세까지를 포함하고, 거기에 은퇴라는 개념이 출현하면서 고령층을 위한 새로운 지역 공동체가 형성되었다.

이러한 제도적 연령 구분의 속성은 애리조나 주 피닉스 교외의 (그 이름도 역설적인) 영타운Youngtown에서 벌어진 사건에서 잘 드러난다. 당시 열여섯 살이었던 채즈 코프Chaz Cope는 의붓아버지를 피해 영타운에 있는 할아버지와 살고 싶었다. 그러나 은퇴자 마을이었던 영타운에서는 모든 가구에 55세 이상 가구원이 한 명 이상 거주해야 했고, 더 중요한 것은 (채즈와 같은) 18세 이하 아이들은 90일 이상 체류할 수 없었다. 이 사건은 시의회, 애리조나 주 검사, 영타운 주민, 그리고 채즈 조부모 사이의 법적 다툼으로 번졌다. 다툼이 벌어지는 동안 경찰은 스쿨버스를 따라다니며 혹시 아이들이 영타운에 내리지 않는지 감시했다. 경찰이 공권력까지 동원해 이러한 차별에 가세했던 것이다.

흥미로운 것은, 시간이 지나면서 사회적 연령차별이 심화될수록 세대 꼬리표에 더 많이 의존하게 되었다는 점이다. 자신과 같은 연령층 외의 사람과 보내는 시간이 적을수록 다른 연령층을 잘 알기 어렵고, 따라서 다른 연령층에 대한 자신의 지식과 통찰의 결핍을 채우기 위해 세대 고정관념에 의존한다는 인상을 떨치기 어렵다.

2부 인간의 창의성

세대 꼬리표는 쓸모가 있을까

이 꼬리표가 세대 간 관계에 득인지 실인지 판단하려면, 그것이 중대한 실증적 차이를 반영하고 있는지 살펴보는 게 좋다. 이는 사회적 관점에서 세대를 어떻게 정의할지의 문제로 이어진다. 세대의 고전적 정의는 독일의 사회학자 카를 만하임Karl Mannheim에 따른다. 그는 세대를 "역사의 한 시대를 공유한 동일 연령 집단"으로 정의했다.[29] 즉, 특정 연령대가 공유하는 시대정신Zeitgeist으로 세대를 정의한 것이다. 사람이 특정 세대에 속한다는 아이디어가 매력적인 이유는 마르틴 하이데거의 말에 잘 드러난다. 그는 "소속된 세대 안에서, 그것과 함께 살아야만 하는 인간의 피할 수 없는 운명은 개별 인간 존재가 펼치는 전체 드라마를 완성시킨다"라고 말했다.

그러나 만하임 스스로도 밝혔듯, 모든 시대를 각기 다른 세대로 규정할 필요는 없다. 21세기의 세계가 20세기의 세계와 실질적으로 다르지 않다면, 삶의 맥락도 변하지 않고 사회규범과 가치도 그대로일 것이다. 그렇다면 굳이 세대를 구별하지 않고 단순히 젊은이와 노인으로 보는 것만으로 충분하다. 따라서 새로운 세대를 정의하는 것은 다름 아닌 **사회 변화**다. 새로운 세대가 보편화된 지혜에 의문을 제기하고, 그들만의 독특한 방식으로 새로운 도전에 대처하고, 그들만의 가치와 관점을 키워나갈 때 비로소 새로운 세대가 정의된다. 이들은 사회적 창의성의 최전선에서 싸우는 선봉대라 할 수 있다. 이렇게 볼 때, 세대를 구분하는 다양한 연도는 역사적 변화의 시기를 구분하는 표지다. 이는 또 최근 생겨난 많은 세대 꼬리표가 왜 점점 더 기술에 대한 태도에 근거하는지도 설명해준다. 기술이 빠르게 변해왔다면, 세대 꼬리표도 더 자주 바뀌리라 예상할 수 있다.

그러나 세대 꼬리표가 강력한 도구가 되려면 우선 이러한 역사적 변화가 뚜렷하게 정의되어야 하고, 그것이 개개인의 행동의 차이를 설명하는 데 주된 역할을 할 수 있어야 한다. 만약 변화가 더디고 그 확산이 오래 걸린다면, 세대 꼬리표의 명확한 경계는 오히려 사실을 오도하게 된다. 마도카와 라디카의 세대 꼬리표는 '밀레니얼'이다. 확실히 이들은 클라이브는 물론, 톰이나 잉과는 다른 기술 세계에서 자랐다. 따라서 세대 꼬리표는 이들 집단 간의 행동 차이를 이해하는 데 분명 도움이 될 것이다. 그러나 세대 꼬리표가 강력한 도구라면 마도카와 라디카 행동의 유사성, 톰과 잉의 행동의 유사성 또한 상당 부분 예측할 수 있어야 할 뿐 아니라 마도카와 라디카 간의, 또 톰과 잉 간의 차이도 상당 부분 설명할 수 있어야 한다.

이러한 연장선에서, 세대 간 불일치를 연구한 메타 분석● 결과에 중대한 차이가 거의 없었던 것은 당연할지 모른다. 오히려 평균적인 밀레니얼 세대와 평균적인 베이비붐 세대 간의 차이보다 밀레니얼 세대 코호트 내의 가치와 행동의 차이가 훨씬 컸다.[30] 다른 말로, 사람은 그냥 사람이다. 우리 둘도 식빵에 아보카도 얹어 먹기를 좋아한다. 그렇다고 우리가 밀레니얼 세대는 아니다.

세대 꼬리표는 임의의 날짜로 개인의 성격과 욕구를 판단하는 인구학적 점성술에 불과할 위험이 있다. 그로 인한 여러 가지 일반화, 또 과장된 차이들은 특히 기업에 치명적일 수 있다. 경영대학원에서 밀레니얼 세대를 논할 때 자주 듣는 말 하나는, 그들이 의미 있고 유연하며 목적이 뚜렷한 직업을 원한다는 것이다. 하지만 잠시 생각해

● 다양한 연구의 데이터를 취합해 종합적인 결론에 도달하는 분석 방법.

보자. 모든 연령층이 그런 직업을 원하지 않던가? 이 점은 우리가 이 책의 전편인 『100세 인생』을 집필하기 위해 수천 명을 대상으로 인터넷으로 실시한 간이 진단검사에서도 분명히 드러났다. 이 검사에서 우리는 피험자에게 인생의 다양한 측면에 점수를 매기고 현재 무엇에 집중하고 있는지 답할 것을 요청했다. 우리는 연령대에 따른 답변의 차이가 너무나 적다는 것에 충격을 받았다. 젊은이와 노인 모두 직능 향상에 투자하고, 자신의 일에 긍정적이고 열정적이었으며, 건강 유지에 힘쓰고 있었다.[31]

독일의 미술사가 빌헬름 핀더Wilhelm Pinder의 말을 빌리자면, 이러한 세대 꼬리표는 "동시대에 동시대적이지 않은 것"을 강조하기에 문제가 된다. 모든 이가 기술과 장수에 따른 변화에 대처하고 있다. 이를 단순히 세대 꼬리표의 관점으로 설명하는 것은 그들이 공유하는 동시대적 맥락을 배제하고 오로지 나이에만 초점을 맞추는 셈이 된다. 기술에 대한 이야기들도 마찬가지다. 대부분의 베이비붐 세대는 스마트폰이나 SNS가 없는 환경에서 자랐고, 따라서 '기술에 능통tech savvy'하고 기술을 자연스레 사용하는 그들의 손주와는 다르다. 그렇다고 베이비붐 세대가 **배울 수 없는** 것은 아니다. **배워야 할** 뿐이다.

그리고 그들도 배우고 있다. 비교적 최근인 2012년만 해도 미국에서 SNS를 사용하는 베이비붐 세대는 전체의 40%에 불과했다. 밀레니얼 세대는 81%였다. 그러나 2018년, 밀레니얼 세대의 SNS 이용률은 거의 상승하지 않은 반면, 베이비붐 세대의 이용률은 전체의 57%로 상승했다.[32] 기술은 모든 인간의 삶과 소통 방식을 변화시키고 있으며, 그 영향은 특정 연령대에 국한되지 않는다.

세대 꼬리표에 근거한 신중한 실증 분석이 제공하는 통찰을 부정하려는 것은 아니다. 오히려 매우 귀중하다. 우리가 클라이브, 톰, 잉 뿐 아니라 마도카, 히로키, 라디카에게도 적용될 수 있는 세대를 초월한 삶의 지도를 다시 그리려면 말이다. 그러나 세대 꼬리표가 게으른 고정관념에 불과한 사례가 너무 많다. 이는 모든 연령의 모든 사람이 새로운 장수 시대를 살아가며 직면하는 중대한 공통의 동시대적 도전을 감춘다. 이는 위험할 수 있다. 세대 꼬리표는 공통점보다 차이를 강조하려 들기 때문에 세대 간 화합보다 갈등을 조장한다.

세대 공감 형성하기

세대 간에 더 깊은 공감을 형성하는 일은 비단 '세대 전쟁'의 위험을 피하기 위함만은 아니다. 3단계 삶에서 비롯된 연령차별은 가장 유서 깊고 보람 있는 인간관계, 즉 세대 간 관계에서 이익을 취하는 우리의 능력을 약화시켰다. 연령대가 다른 사람들이 대학에서, 직장에서, 여가 시간에 뚜렷한 목적을 가지고 상호작용할 때 이들은 유대감과 일체감을 느낀다. 비록 각자 삶의 단계가 다르고 세월의 선상에 놓인 위치가 다름을 깨닫더라도, 공통의 목적은 이들을 하나로 묶는다.

세대 공감을 형성하면 많은 이익이 따른다. 젊은이와 노인은 가장 외로운 연령 집단이다.[33] 이들 사이에 친밀감을 조성하는 데 사회적 독창성을 집중해야 한다. 조지나 비니Georgina Binnie가 리즈대학교에서 진행한 '답장하기Writing Back' 펜팔 프로그램은 학생과 노인이 유대를 형성하도록 도왔다. 이 프로그램은 외로움을 달래기 외에도 정보 교환의 장 마련, 지역 공동체 연락망 구축을 지향했다.

2부 인간의 창의성

세대 간 유대를 재건하려는 노력은 예전부터 있었다. 1976년으로 거슬러 올라가보자. 당시만 해도 도쿄의 유치원과 요양원은 한곳에 나란히 있었다. 이러한 노력이 힘을 내고 있다. 최근 싱가포르 정부는 더 건강한 나이 듦을 위한 정책에 17억 파운드를 투입했다. 여기에는 세대 통합형 주택 개발 계획도 10건 포함돼 있다. 이 정책이 아름다운 이유는 진화론적 본능에 따라 발전해온 젊은이와 노인의 자연스러운 상호 관계에 기초하기 때문이다. 노인은 젊은이에게 없어서는 안 될 멘토이자 지지자가 될 수 있다. 아동심리학자 유리 브론펜브레너 Urie Bronfenbrenner는 이렇게 표현했다. "모든 어린이에게는 맹목적으로 자신에게 열광하는 어른이 적어도 한 명 필요하다."[34]

그 보답으로 젊은이는 활력을 선사한다. 나이팅게일하우스 요양원에 거주하는 89세의 런던 사람 페이 가르시아도 같은 기분을 느낀다. 요양원 바로 옆에는 애플스 앤드 허니 나이팅게일 유치원이 붙어 있다. 페이는 일주일에 한 번 이상 그곳을 방문한다. 페이에게는 유치원 방문이 일주일의 하이라이트다. 사회적기업가인 마크 프리드먼은 이곳에서 진정한 젊음의 샘을 발견한다. 그는 영생은 과학적 발견을 통해서가 아니라 끊임없이 젊은이를 키워내는 인류의 유산에서 찾을 수 있다고 믿는다. 하버드대학교의 조지 베일런트는 이렇게 표현했다. "생명 활동은 내리 흐른다."[35]

▌공동체

우리 대부분에게 가장 가까운 사회적 관계는 가족, 친구, 직장 동료이지만, 일상의 배경을 이루는 것은 공동체이다. 한 동네 이웃이든 세계적 온라인 네트워크 상의 이웃이든, 이 광범위한 관계는 우리 행복에 중요하다. 그러나 삶의 다른 많은 부분처럼, 기술과 장수는 과거에 잘 작동하던 것을 붕괴시키는 한편 사회적 창의성을 발휘하여 공동체의 기능을 재정의할 수 있는 기회를 부여하고 있다.

공동체의 분열

우리가 공동체와 상호작용하는 방식은 대면 접촉에서 점점 온라인으로 바뀌고 있다. 평균적인 페이스북 이용자가 하루에 공동체와 접촉하는 시간은 온라인 상호작용 39분, 대면 접촉 43분이다.[36] 번화가에서 이루어지던 쇼핑은 점점 온라인 배송으로 대체되고, 외식은 집에서 받는 값싼 배달 음식이 대신하고 있다. 라디카는 거의 온라인으로만 일한다. 고객과 대면하는 일은 드물다. 덕분에 라디카는 전 세계에 퍼져 있는 사람들과 원격으로 일할 멋진 기회를 누리지만, 가까이 있는 사람들과 매일 접촉할 기회는 줄어든다. 우리는 사회적 창의성을 발휘하여 우리를 인간답게 하고 마음 깊이 보람을 주는 대면 접촉을 대체하기보다 보완하는 방향으로 이 새로운 접촉 방식을 사용해야 한다. 이는 공동체와 사회 분열이 심화되는 오늘날 특히 중요하다. 이러한 분열의 양상 중 하나는 혼자 사는 사람이 느는 것이다. 2030년에는 1인 가구가 전체 프랑스 가구의 절반, 일본과 영국은 40%, 미국은 30%, 한국은 24%를 차지할 것으로 예측된다.

여기에는 독거노인 가구의 증가도 한몫한다. 1940년 미국에서는 85세 이상 노인의 2/3가 여러 세대와 모여 살았다. 오늘날 이 수치는 1/4에 불과하다. 노인 상당수는 자식을 대도시로 떠나보내 의지할 가족이 없어 외로움에 취약하며, 비공식 보호●를 받지 못한다. 일본에서는 고독사 우려가 커지고 있다. 고독사하는 노인은 아무도 모르게 홀로 사망하며 (몇 달까지는 아니어도) 몇 주 후에 발견되기도 한다. 여기에 기술이 도움이 될 수 있다. 일본에서는 노쇠한 노인을 보조하는 방법으로 로봇이 점점 보편화되고 있다. 이 로봇들은 각기 다른 '성격'을 탑재하고 있다. 반려동물에 가깝게 보이기도 하며 고유의 정체성도 부여받았다. 에이지 영국Age UK●●의 조사에 따르면 65세 이상 노인의 40% 이상은 외로움을 달래는 주된 원천이 텔레비전이라고 답했다. 이런 상황에서 지능형 로봇과의 상호작용은 눈에 띄는 진전이라 볼 수 있다. 잉에게 스카이프는 320Km 떨어진 곳에 사는 어머니와 연락을 주고받을 수 있는 매우 귀중한 수단이다. 스카이프와 함께 어머니에게 스마트스피커인 알렉사Alexa가 있기에 잉은 어머니가 외부와 연결돼 있고 안전하다고 마음을 놓을 수 있다. 하지만 한편으로 잉은 이러한 연결기술connective technologies 덕분에 마음이 놓인다는 사실이 자신이 어머니를 실제로 방문하는 횟수가 줄어들었다는 의미이기도 해서 걱정도 된다.

이 새로운 연결기술은 사람들을 잇는 데 매우 유용하다. 이 기술은 엄청난 잠재력을 가진 강력한 도구이지만, 사람들의 경험 또한 집단적으로 변화시킬 수밖에 없다. 이것이 가장 극명하게 드러나는 측면은 연애다. 1980년에는 이성애자 커플의 35%가 '친구 소개'로 만났다. 20%는 직장에서, 18%는 가족의 소개로, 22%는 대학에서 만났다. 다시 말해, 물리적이고 공동체에 기반한 네트워크를 사용했던 것

● 정부나 지역 공동체, 비영리 단체가 주도하는 제도적 보호 외의 다양한 형태의 보호.
●● 영국의 고령자 권익 단체.

이다. 하지만 2017년에는 온라인으로 만난 커플이 40%에 달했고,[37] 이 비율은 매년 증가하는 것으로 보인다.

온라인 매칭의 등장으로 비슷한 사람끼리 결혼하는 경향을 의미하는 '동질혼' 현상이 나타나고 있다. 이러한 매칭 방식의 영향은 미국에서도 확연하다. 1960년대에 미국 대졸 남성이 대졸 여성과 결혼한 비율은 25%에 불과했다. 그러나 2016년에는 남성 대졸자 절반이 여성 대졸자와 결혼했다. 결국, 두 사람 다 고소득자인 가구와 그보다 교육 수준이 낮아 두 사람 다 저소득자인 가구, 둘 중 하나가 된다. 그러니 양극화가 심해질 수밖에 없다.

동질의 커플로 '정렬'된 사람들은 이제 동질의 구성원으로 이루어진 공동체에서 살기를 선택하고 있다. 이는 필연적으로 이웃의 속성을 변화시키며, 지역과 동네에는 프리미엄이 붙는다. 고학력자는 여가 활동이든 일이든 다른 고학력자와 함께 하기를 선택한다. 게다가 학력과 소득이 높은 이들은 통근 시간을 최소화하기 위해 도심 한복판에 살기로 한다. 그로 인해 도심의 집값이 상승하고 저소득 가구가 밖으로 밀려나면서 빈부격차는 더욱 심화된다. 런던의 주택가격 중위 값은 런던 시민 평균 연봉의 약 15배이다. 홍콩은 이 비율이 더 높다 (19.4배).[38] 결국, 이런 도시는 젠트리피케이션gentrification•을 거친다. 상점과 서비스업체는 홀푸드Whole Foods,•• 펠로톤Peloton 자전거,••• 룰루레몬Lululemon 요가복•••• 같은 고가 상품을 취급하는 곳

• 상대적으로 낙후된 지역에 고급 주거단지, 상업시설, 기업 등이 들어서면서 땅값이 상승하여 기존 주민들이 다른 지역으로 밀려나는 현상.
•• 미국의 슈퍼마켓 체인으로 유기농이나 인공첨가물을 넣지 않은 식품만 판매한다.
••• 미국의 운동기구 제조사로 실내 운동용 자전거와 러닝머신이 주력이다.
•••• 캐나다의 운동복 제조사로 요가복 등 다양한 운동복을 만든다.

2부 인간의 창의성

으로 바뀌고, 이는 더 많은 고소득자를 끌어들여 그렇지 않은 이들을 밖으로 몰아낸다. 샌프란시스코와 새너제이의 젠트리피케이션이 대표적이며, 정치 문제로까지 비화되었다. 이는 미국만의 현상이 아니다. 2001년 이후 유럽 주요 13개 도시 중 11개의 소득 격차가 증가했다.[39]

이렇게 도심의 양극화가 심화되면서 이들이 '공유지'라는 인식마저 퇴색되고 있다. 다른 프리랜서처럼 라디카도 가까운 가족을 떠나 최근에 도시로 이주했다. 매일 출근할 일터가 없는 라디카는 아는 사람도 거의 없다. 따라서 많은 이들의 삶에서 거주지는 겉모습으로 판단할 수 있는 조건으로서의 중요성을 점점 상실해갈 것이다. 라디카의 사례가 보여주듯, 성년기의 초기 단계를 지나면 거주지는 출신을 나타낸다기보다 다단계 삶의 여러 갈림길에서 내린 선택을 반영할 것이기 때문이다.

이 모든 것은 불가피한 현상일까? 내가 사는 지역과 공동체의 의미를 달리 상상해볼 수는 없을까? 그렇다고 전통적 공동체로 되돌아가는 것은 생각하기 어렵다. 온라인 쇼핑보다 적극적으로 동네 가게를 이용하고, 오랜 친구나 직장 동료 대신 이웃과 독서 모임을 만들고, 직장 근처보다 동네에 있는 체육관을 이용하면서 공동체와 지역의 의미를 강화하기 위해 노력하는 것이 가능할까? 안타깝게도, 공동체를 위한 이 모든 방편은 경제 논리와 상충한다. 따라서 다른 선택지를 생각해볼 수 있다. 우리 자신이 사회적 개척가가 되어 혁신적 사고를 통해 공동체를 한데 묶는 새로운 공간을 만드는 것이다. 바로 그것

● 미국 캘리포니아주의 도시들로 실리콘밸리가 위치해 있다.

이 '휴게실Common Room'●을 만든 사회적 개척가 조너선 콜리Jonathan Collie가 한 일이다.[40] 콜리에게 '휴게실'이란 중요한 사회적 질문을 던진 다음 물리적 공간(휴게실)을 만들어 모든 연령대의 다양한 배경을 가진 사람들이 모여 이러한 질문에 대해 논하고 함께 활동에 참여하는 장이다. '휴게실'은 지역과 공동체를 우리의 인간적 욕구에 더 잘 부합하도록 재설계하는 과정에서 진행되는 수많은 실험 중 하나일 뿐이다.

공동체 참여 시간의 확대

전통적인 3단계 삶에서 지역 공동체에 참여할 가능성이 가장 높은 시기는 마지막 단계였다. (영국 내 자원봉사 및 지역 공동체 부문을 관장하는 기구인) 영국 자원봉사단체협의회의 조사에 따르면, 영국인의 봉사 활동 참여율은 50대 중반에 증가하기 시작해 60대까지 꾸준히 상승한다. 이제 사람들은 더 오래 살고, 퇴직 연령이 되어서도 과거의 노인보다 건강하며, 긴 여생을 앞두고 있다. 공동체 기반의 봉사 활동을 펼칠 수 있는 잠재 인력이 늘어난 것이다. 마크 프리드먼은 이렇게 표현했다. "이 세상에서 유일하게 늘어나고 있는 천연자원은 노인이다."[41]

노인은 긴요한 자원이 될 수 있다. 역사적으로 자원봉사단체는 전환의 시기마다 중요한 역할을 했다. 예컨대, 산업혁명기에 도시가 커지고 공장이 늘면서 많은 지역 공동체가 커다란 변화를 겪었다. 수백만 가구가 공장촌으로 이주했고, 이 이주민들은 결과적으로 지방

● 조너선 콜리의 휴게실은 지역 사회의 다양한 연령층이 모여 유대를 강화하고 서로의 커리어를 조력하며 관공서 등과 연계하여 지역의 이익을 증진하는 정책 논의의 장을 표방한다.

　　　　　　　　　　　　　2부 인간의 창의성

교구나 교회가 제공하던 전통적 형태의 공동체 기반 지원을 받지 못하게 됐다. 그러자 자선단체와 자원봉사자들이 새로운 형태의 공동체 기반 제도적 지원을 탄생시켰다. 이들은 적극적으로 사람들을 돕고 꼭 필요한 무급 노동을 제공했다. YMCA(1844년에 런던에서 창설), 구세군(1865)과 같은 자선단체의 규모가 커진 것도 바로 이 시기였다. 이런 무급 노동 대부분을 담당했던 이들은 여성, 그중에서도 경제적으로 풍족하고 교육 수준이 높은 기혼 여성들이었다. 이들은 애초에 보수를 기대하지도 않았고, 유급 일자리를 구할 수도 없었다. 그저 봉사를 통해 공동체에, 주로 돌봄에 기여할 수 있을 거라는 막연한 생각에서 시작했다. 대표적인 사례가 왕실자원봉사회Royal Voluntary Service(본디 여성자원봉사회Women's Voluntary Service)로, 전성기였던 1943년에는 회원 수가 100만이 넘었다. 이 봉사회는 여전히 귀중한 자선 활동을 펼치고 있지만, 회원 수는 줄어 현재는 2만5천 명에 머물고 있다.

이러한 자선 활동이 급격히 활발해질 수 있었던 것은 사회 문제를 인지하고 이를 해결해나가려는 의지와 역량을 지닌 사람들이 뭉쳤기 때문이다. 시간이 지나 이러한 문제를 정부가 정책적으로 다루기 시작하고 여성이 유급노동을 시작하면서 자선 활동도 감소했다. 이러한 활동이 덜 필요해졌고 봉사에 시간을 낼 수 있는 사람의 수도 줄었기 때문이다. 하지만 우리는 봉사 활동이 다시 늘어날 여건이 마련되었다고 믿는다. 기술의 발달로 또다시 힘든 전환이 분명히 예고되는 데다, 그에 따라 또다시 역량과 의지를 가진 사람들이 뭉치고 있기 때문이다. 다만, 이번에는 가진 능력에 비해 단순한 일을 해야 했던 여성 인력이 아니라 목적 있는 활동에 참여하려는 적극적이고 활력 넘치는 고령층 자원이 그 주체이다. 앵코르도 바로 이 자원을 활용한다. 이 단체의 '앵코르 동반자Encore Fellows' 프로그램은 퇴직을 앞둔 사람에게 비영리 단체에 소속되어 후원을 받으며 일할 수 있는 기회를 제공한다. 이러한 '앵코르' 커리어는 3단계 삶의 자연스러운 연장이다. 즉, 그것은 다단계 삶을 창출하는 한 가지 방법이자 '일'의 개념을 확장시킨다.

공동체를 위한 일에 반드시 금전적 보상이 따르지는 않지만, 시간과 직능을 기부하는 이들은 커다란 보람을 느낀다. 정신 건강과 삶의 만족도에 관한 연구들이 보여주는 봉사의 긍정적 효과는 황홀할 정도다.[42] 공동체와 상호작용하는 사람은 장수할 가능성도 높았다.[43] 또, 이러한 활동에서 생기는 목적의식은 알츠하이머 발병률을 낮추고[44] 사망률을 끌어내렸다.[45]

하지만 공동체 활동은 노인 봉사자의 전유물이 아니다. 다단계 삶의 핵심은 나이와 삶의 단계의 연결이 느슨해진다는 것이다. 따라서 공동체 활동을 은퇴기에 집중하기보다 인생 전체에 골고루 배분하는 것이 이치에 맞다. 그렇게 하는 것이 중요한 이유는, 여러 연구가 보여주듯 은퇴기에 난생처음 봉사를 시작하는 경우는 드물기 때문이다.[46] 봉사도 습관이다. 돈을 받지 않고도 일하는 자세는 평생 단련하는 것이다. 하버드법학전문대학원의 마이클 샌델Michael Sandel은 이렇게 표현했다. "이타심, 관용, 연대의식, 시민의식은 재화처럼 사용할수록 고갈되는 것이 아니다. 오히려 단련할수록 발달하고 강해지는 근육에 가깝다."[47]

공동체 공감 — '무지의 장막' 뒤편에 서기

사회가 분열될수록 '타인'을 인지하고 이해하고 공감하는 능력이 결여될 위험이 있다. 이러한 공감 부족은 바람직한 사회적·정치적 프로세스를 지연시켜 분열이 야기하는 문제를 해결하는 데 필요한 사회적 창의성의 동력을 앗아간다. 이를 극복하기 위해 우리는 하버드대학교의 정치철학자 존 롤스John Rawls의 장치를 도입해볼 수 있다. 롤스에 따르면, 우리가 어떤 사회에서 살기를 원하는지 생각할 때, 우리는 우리 앞에 '무지의 장막'이 드리워져 있다고 상상해봐야 한다.[48] 무지의 장막은 내가 누구인지를 숨긴다. 우리는 자신의 성별, 인종, 나이, 건강, 지성, 직능, 학력, 종교를 알 수 없다. 이렇게 자신의 사회적 위치를 망각했을 때 **당신은 어떤 공동체를 염원하는가?**

무지의 장막 뒤에서 우리는 비로소 우리 모두에게 가해질 충격과 전환을 타인이 어떻게 받아들일지 직시할 수 있다. 기술적 전환과 함께 더 길어진 삶을 살면서 우리는 더 많은 충격과 위험을 경험하게 될 것이다. 관건은 이것이다. 이 충격이 장기적으로 어떤 영향을 미칠까?

길어진 삶에서는 이러한 충격에서 회복하고 위험을 완화할 수 있는 시간도 많아진다. 그렇게 된다면 인생의 출발점이 어디인지는 덜 중요해질 것이다. 긴 인생에서 당신이 갈 길은 당신 스스로의 결정에 더 많은 영향을 받는다.

같은 원리로, 시간이 갈수록 불운이 축적될 수도 있다. 앞에서 보았듯 오래 일할수록 재정 여건이 좋아지고 자원이 축적된다. 또, 공동체에 더 많이 참여할수록 건강해지고 삶에 동기가 부여되며 건강 기대여명이 늘어난다. 하지만 이러한 축적은 반대로 진행될 수도 있다.

낮은 교육 수준은 낮은 소득으로 이어지고, 그로 인해 자신의 직업에 기술이 미치는 영향이나 건강의 악화를 감당할 수 있는 자원이 제한된다. 결국 상황은 더욱 불리해지고 불운에 노출될 확률도 높아진다. 길어진 다단계 삶에서 이러한 악순환은 더 큰 분열과 불평등을 초래할 여지가 있다.

무지의 장막은 사회적 공감을 형성하는 데만 유용한 도구가 아니다. 길어진 삶에는 '가능자아'도 많다. 그중 당신이 어떤 자아를 취할지는 당신이 내린 결정들 간의 상호작용과, 당신이 통제할 수 없는 임의적 사건들에 의해 좌우된다. 삶의 지평이 확장되고 노동시장의 변동성이 커지면서, 택할 수 있는 가능자아가 많아지고 그에 따른 위험도 증가한다.

아이들이 하는 뱀사다리 게임snakes and ladders•에서는 게임판 오른쪽 상단 모서리에 먼저 도착한 사람이 승리한다. 이 게임을 한다고 상상해보자. 주사위를 굴려 사다리가 걸쳐 있는 칸에 도착하면 위로 껑충 질러갈 수 있다. 하지만 주사위를 굴렸는데 잘못해서 뱀이 머리를 내민 칸에 도착하면 게임판 밑바닥으로 단숨에 미끄러진다. 살다 보면 사다리 칸에 도착한 것 같은 일들이 생길 것이다. 그런 일은 당신을 빠르게 위로 추동한다. 반대로 당신을 후퇴시키는 일도 있을 것이다. 예컨대, 심각한 병에 걸리면 아무리 교육 수준이 높아도 다시 원래의 일로 복귀할 가능성은 크게 줄어든다.[49] 자신의 건강 상태를 '보통' '나쁨' 혹은 '매우 나쁨'으로 표시한 사람은 취업에 성공할 확률이 20% 낮을 뿐 아니라 취업하더라도 소득이 20% 낮다. 이는 삶 전

• 주사위를 굴려 나온 눈만큼 말을 전진시켜 100번째 칸에 먼저 도달하는 사람이 승리한다. 사다리를 만나면 몇 칸을 한꺼번에 전진할 수 있고, 뱀을 만나면 몇 칸을 한꺼번에 후퇴한다.

체에 영향을 미치고 퇴직기의 연금 수령액마저 줄인다.

기술적 변화를 특정으로 하는 길어진 삶에서는 게임도 길어진다. 이는 당신을 앞으로 밀어줄 수 있는 사다리도 많아지고, 뒤로 끌어당기는 뱀도 많아짐을 의미한다. 또, 기술의 변화로 뱀과 사다리의 영향력도 점점 커질 것이다.

이는 우리를 다시 무지의 장막으로 돌아오게 한다. 당신 앞에는 긴 인생이 펼쳐져 있고, 거기에는 수많은 가능자아가 있다. 이렇게 불확실성이 크니 미래의 정체성을 확신하기 어렵고, 미래의 상황을 통찰할 수도 없다. 이런 조건에서는 정부와 사회가 제공하는 각종 지원 및 안전망 메커니즘에 눈을 돌려봄직하다. 현재의 당신은 에스텔과 상황이 다를지 몰라도 미래는 장담할 수 없다. 당신의 자녀도 예외가 아니다. 앞으로의 변화에 대응할 수 있으려면 우리에게는 가족과 공동체의 지원과 안전망이 필요하다.

▌ 당신의 관계 맺기

관계에 대한 당신의 계획을 평가해보자.

충분한 시간을 확보했는가? 미래를 설계할 때는 파트너, 자녀, 가족, 친구와의 관계에서 얻는 만족과 기쁨을 포함시켜야 한다. 이러한 '순수한' 관계를 구축하는 데는 많은 시간이 필요하다. 함께 보낼 시간, 공감과 이해를 바탕으로 서로 신뢰와 사랑을 형성할 시간 말이다. 당신이 계획한 인생 경로와 단계를 떠올리며 자문해보자. 나는 관계에 충분한 시간을 할당했는가? 왕성하게 활동하지만 여가 시간이 크게 줄어든 단계가 연속된다면, 다시 계획 단계로 돌아가 여유가 좀 더 필요한지 검토해야 할지도 모른다.

당신이 원하는 미래를 명확하게 상의했는가? 삶이 길어지고 단계가 많아지면 더 많은 선택과 결과에 직면한다. 그러나 이 새로운 기회를 활용하기 전에 가장 가까운 사람과 세심한 조율을 거쳐야 한다. 그가 다른 계획을 갖고 있거나 새로운 가능성을 인식하지 못할 수 있기 때문이다. 당신이 하고 싶은 것과 그것이 곁에 있는 사람에게 미칠 영향을 충분한 시간을 들여 명확하고 허심탄회하게 상의했는가?

적응할 준비가 되어 있는가? 앞서 우리는 커리어＋돌봄 조합을 어떻게 커리어＋커리어 조합으로 변모시킬 수 있는지 살펴보았다. 커리어＋커리어 조합은 더 복잡한 관계로, 당신의 모든 파트너들과 함께 적응해야 한다. 당신이 제안하는 삶의 단계들 속에서 당신 자신과 주변 사람들이 새롭게 적응해야 할 것은 무엇인가?

공동체를 우선하라

지역 공동체와 어울릴 의향이 있는가? 당신이 계획하는 인생 경로를 당신이 속할 지역 공동체의 관점에서 평가해보자. 당신에게 기쁨을 주고 배움을 넓혀줄 공동체인가? 또, 당신의 삶의 단계를 고려할 때, 남을 돕고 지속가능한 마을 조성에 기여하면서, 공동체에 충분한 시간을 투자할 수 있는가? 어떻게 하면 주변 사람들과 돈독한 관계를 쌓는 습관을 들일 수 있을까?

2부 인간의 창의성

다양한 연령층과 어울릴 의향이 있는가? 당신보다 나이가 많은 사람과도, 더 적은 사람과도 어울릴 수 있을 때 당신의 인생 계획에 더 큰 활기와 보람이 찾아올 수 있다. 당신이 계획하는 삶의 단계와 그에 수반되는 활동을 세세하게 떠올려보라. 당신은 동갑내기만 모여 있는 '게토ghetto'●에 있을 것 같은가? 그렇다면 다른 연령층과 어울릴 방법을 심각하게 고민해봐야 한다. 나이 말고 사람을 보라.

● 보통 '게토'는 소수 민족이 모여 사는 빈민가를 뜻하지만 여기서는 동질의 사람들끼리만 모인 것을 부정적으로 빗댔다.

제3부

인간 사회

6장
기업의 의제

   기업의 관행, 기준, 문화는 사람이 행복한 번영의 성패를 가늠하는 중요한 요소가 될 것이다. 앞에서 다룬 광범위한 사회적 창의성 못지않게 기업의 창의성도 절실하다. 이제 기업 관행도 100세 인생의 요구들, 60년짜리 커리어의 굴곡, 신기술에 요구되는 유연성에 부응해야만 한다. 기업 관행은 또 변화하는 '일'의 정의와도 호흡을 맞추어야 한다.

   많은 이들이 사회적 개척자가 되어 일과 삶의 방식을 바꾸려 할 것이다. 그러나 이를 뒷받침하는 조직 관행의 틀이 짜여 있지 않으면 그들의 열망은 좌절로 변할 것이다. 살면서 일하는 기간이 비교적 짧을 때는 두둑한 월급봉투를 위해서라면 스트레스가 심한 일도 할 만한 가치가 있었을지 모른다. 그러나 일하는 기간이 수십 년 늘어난 시대에 그렇게 일하기는 불가능하다. 따라서 활력을 되찾아주고 많이 배울 수 있는 직업이 크게 각광받을 것이다.

   하지만 오늘날 사람이 행복하게 일할 수 없는 기업 정책이 너무 많다. 기업이 지금처럼 유연하지 못하면 히로키와 마도카는 자신들이 꿈꾸는 부모가 될 수 없을 테고, 직능을 계발하려는 톰의 노력은 무용지물이 될 것이며, 70대까지 일하려던 잉의 계획은 좌초될 것이다.

▍ 다단계 삶을 가능케 하라

현재 기업이 직원을 대하는 방식은 3단계 삶에 깊이 뿌리내리고 있다. 젊은이들은 전업 학생 신분을 벗자마자 신입사원이 된다. 그중 '유망한 인재'는 20대 후반에 발탁되어 승승장구하며 높은 자리에 이르기까지 요직을 두루 거친다. 그러다가 50대 후반이나 60대 중반이 되면 커리어는 갑작스레 중단된다. 모든 사람이 같은 나이에 같은 단계를 발맞추어 행진하듯 거친다. 나이와 삶의 단계를 단단히 연계한 이러한 행진 때문에 인사 정책은 극단적으로 단순화되고 개인의 포부와 열의는 생활연령이라는 단세포적 개념 앞에 무너져 버린다.

기업의 진정한 과제는 바로 이것이다. 다단계 삶의 핵심 요소 중 하나는 일생의 시간을 자기만의 방식으로 분배할 수 있고 다양한 활동을 여러 순서로 배열할 수 있다는 것이다. 하지만 이를 뒷받침하려면 기업 정책에서 나이와 삶의 단계 간의 연결고리를 끊어야 한다. 그러려면 기업은 두 가지 측면에서 조치를 취해야 한다. 기업은 첫째, '진입점'●을 다변화하여 사람들이 자신의 삶에서 일이 차지하는 비중을 조절할 수 있도록 해야 하고, 둘째, 퇴직과 퇴직 후의 경제활동을 새롭게 설계할 수 있도록 해야 한다.

● 원래 군대가 목표에 돌격할 때 사용하는 진입 경로를 뜻하는 말로, 본문에서는 기업의 입사 경로, 특히 입사가 가능한 연령을 뜻한다.

진입점의 다변화

대다수 기업의 취업문은 20대 초 젊은이에게 잠깐 활짝 열렸다가 금방 닫힌다. 히로키의 아버지가 자신이 일하는 회사에 아들이 당장 입사하길 간절히 바라는 이유도 그 때문이다. 아들이 머뭇거리다가 기회를 놓칠까 걱정되는 것이다. 히로키의 아버지는 지금이야말로 아들이 커리어를 시작할 최적기로 보고 있다.

그러나 다단계 삶이 주는 기회를 활용하려면 기업의 취업문은 어느 시기, 어느 연령대의 지원자에게나 열려 있어야 한다. 60년을 일한다고 생각하니 히로키는 한 회사에서 그 세월을 모두 보내고 싶지 않다. 수백만 젊은이의 판단이 히로키와 같다면 기업은 더는 끝없이 밀려드는 대졸자 코호트로 승진의 사다리를 채울 수 없을 것이다. 따라서 유능한 간부 집단을 구성할 때도 대졸 신입사원에 의존하기보다 다양한 커리어 단계에 있는 사람을 끌어들이고 발굴해야 할 것이다.

20대 중반을 넘긴 사람에게 취업문을 닫을 때 생기는 가장 직접적인 악영향은 자신의 재능과 가치관을 탐색하고 조사하며 20대를 보낸 이들이 암묵적으로 배제된다는 것이다. 이런 사람이 선호하는 진입점은 아마 30대 초일 것이다. 또, 탐색과 학습을 마치고 돌아오는 나이는 30대 초에 국한되지 않는다. 노동시장에서 새로운 역할을 물색하는 이들은 모든 연령대에 있다. 이는 톰, 잉, 에스텔의 이야기에서도 잘 드러난다.

물론, 기업이 진입점을 다변화해서 사람을 뽑기란 만만한 일이 아니다. 대부분의 기업이 대졸 지원자를 일률적인 채용 절차로 선발하는 데 능숙하다. 하지만 고령 지원자가 다양한 부문과 직업을 거치며 습득한 기술과 직무 적합성을 판단하는 일은 여간 복잡하지 않다. 학벌에만 초점을 맞출 것이 아니라 필요한 직능을 폭넓게 분석하는 방향으로 전환이 필요하다. 아마도 데이터 분석을 활용하고 새로운 지표를 확립해야 할 것이다. 기업이 이력서의 경력 공백을 바라보는 시선도 바뀌어야 한다. 실험과 전환을 택한 이들에게 이는 불가피하기 때문이다. 3단계 삶의 관점에서는 이러한 '공백'이 미심쩍어 보인다. 그러나 다단계 삶의 관점에서는 경력의 공백을 수긍하고, 나아가 긍정해야 한다.

일부 기업은 진입점을 다변화하기 시작했다. 처음에 이는 복직하는 엄마들 중심이었지만, 차츰 모든 지원자 집단으로 확대되고 있다. 영국의 이동통신 기업 O2는 퇴직한 지 2년 이내의 동종 업계 경력자를 대상으로 새로운 정책을 도입했다. O2는 이들이 정규직으로 근무할 수 있도록 11주의 유급 재교육 과정을 운영한다. 한편, 바클리스 은행은 모든 연령층을 대상으로 도제 형식의 교육 과정을 개설했다. 이 프로그램은 커리어 중간에 정리해고를 당하거나 조기퇴직을 결정한 이들에게도 열려 있다.

3단계 삶에서는 진입점이 하나이고 커리어도 기본적으로 직선이었다. 즉, 정해진 횟수만큼 승진하다가 어느 시기부터 커리어는 정체기에 들어선다. 반면, 다단계 삶의 커리어는 직선이 아니다. 전업으로 일하는 시기도 있고, 잠시 쉬면서 재충전의 시간을 갖거나 새로운 직능을 익히기도 하고, 혹은 일과 삶의 더 나은 균형을 위해 일터를 완전히 떠나 있을 때도 있다. 따라서 기업의 입장에서도 귀중한 인력이 새로운 단계로 나아가기 위해 퇴사하는 위험을 감수하는 것보다 직원들이 일하는 비중을 조절할 수 있도록 하는 편이 합리적이다.

이러한 유연성의 확보는 여러 측면에서 권할 만하다. 유연성은 채용과 고용 유지에 유용한 수단이며, 특히 그 수가 계속 감소할 마도카 나이의 젊은 인재 코호트에게 매력적일 수 있다. 기업은 직원의 학습을 위한 휴가, 안식년, 공동체 자선 활동 등을 후원함으로써 유연성을 달성할 수 있다.

길어진 비선형 커리어의 시대에는 승진에 대한 발상의 전환도 요구된다. 위계에 따라 승진하는 선형 커리어에서는 한 사람이 어떤 직급에 오래 머물면 인사 적체가 생긴다. 이는 특히 가족 경영 기업에서 문제가 된다. 젊은 세대가 권한을 넘겨받기까지 너무 오래 기다려야 하기 때문이다. 영국 왕실의 사례가 대표적이다. 이 책을 집필하는 현재 93세인 엘리자베스 2세는 영국의 최고령, 최장기 집권 군주이다. 현재 71세인 찰스 왕세자가 결국 왕위에 오른다고 가정할 때, 그는 역사상 가장 늦은 나이에 등극한 군주가 될 것이다. 그에게 장수 시대는 오랜 기다림인 셈이다.

따라서 기업은 인사를 수직적 승진에서 수평적 이동으로 전환하기 위해 창의력을 발휘해야 한다. 이를 위해 기업은 직원들이 보유한 직능을 다양하게 펼칠 수 있는 방법을 마련하거나 동종 직무를 수행하며 직능을 확장할 기회를 제공할 수 있다. 이를 통해 조성된 유연한 커리어 사다리 또는 커리어 네트워크는 직원들이 삶 속에서 일의 비중을 높이거나 낮출 수 있는 환경을 제공할 것이다. 그렇게 함으로써 수평적 커리어 이동이 커리어의 정체 신호가 아니라 커리어 진전의 일환으로 인식될 수 있다.

퇴직의 재설계

장수에 관한 연구가 보여주는 경이로운 통찰 중 하나는, 나이란 가변적이며, 이 가변성의 잠재력은 70대에도 경제활동을 할 수 있게 할 만큼 크다는 것이다. 앞서 다루었듯 이러한 노인의 경제적 활동성은 개인의 재정뿐 아니라 국가 재정에도 매우 중요하다. 그러나 많은 이들이 65세, 60세, 심지어 그보다 낮게 설정된 기업의 퇴직 연령으로 인해 더 오래 일하지 못한다. 이는 변해야 한다. 빨리 변해야 한다.

새로운 법률도 이러한 변화에 분명히 일조할 것이다. 각국 정부는 나이를 근거로 퇴직을 강요하기 어렵게 하는 법을 제정하기 시작했다. 이러한 가운데 일부 기업은 고령 직원의 고용을 지속할 의사를 내비치고 있으며, 드물지만 그들이 70대, 80대까지 일하도록 지원하는 체계적 방안을 마련한 기업도 있다. 다만, 이들 기업이 직원에게 제시하는 선택지는 양자택일이다. 전업으로 일하거나, 전업으로 은퇴하거나.

이는 퇴직을 앞둔 사람들의 바람이나 필요와 거리가 멀다. 퇴직 전문가인 조슈아 갓봄Joshua Gotbaum과 브루스 울프Bruce Wolfe는 "사람들 대부분은 퇴직이 따뜻한 물에서 목욕하는 것 같기를 희망한다. 즉, 자신의 방식대로 조금씩, 점진적으로 다가가는 것"이라며, 지금의 퇴직은 "찬물로 샤워하는 것에 가깝다"라고 표현했다.[1] 기업도 점점 이러한 현실에 눈뜨고 있다. 최근 미국의 한 연구에 따르면, 직원들이 정년 후에도 일하길 원한다고 생각하는 고용주는 전체의 약 72%였고, 그중 절반은 직원이 퇴직에 이르기까지 모종의 단계적 전환을 거칠 수 있도록 하는 방안을 구상 중이었다. 문제는 말이 현실의 행동으로 이어지느냐다. 이런 기업 중 고령 직원에게 시간제 일자리를 제안한 곳은 31%에 그쳤다.[2]

퇴직 관행의 개선 방안 중 하나는 선택적 퇴직 경로를 마련하는 것이다. 계속 전업으로 일하거나, 좀 더 유연하고 단계적인 경로를 거쳐 퇴직할 수 있도록 하는 것이다. 이런 제도는 미리미리 설계하고 알려야 한다. 사람이 미래를 계획하려면 향후 예상되는 것들을 관리하는 것이 꼭 필요하기 때문이다. 이를테면, 퇴직을 미루는 것이 가능한지, 유연하게 근무할 수 있는지, 투입하는 시간과 급여는 어떻게 될지 파악할 수 있어야 한다.

이를 발 빠르게 시작한 기업들이 있다. 스위스-스웨덴의 다국적 기업 ABB는 45세가 된 직원을 대상으로 커리어 계발과 앞으로 거치게 될 중요한 단계에 대한 3일간의 세미나를 개최한다. 이를 통해 직원들은 자신에게 주어진 선택지를 미리 살펴보고, 가능한 미래의 진로를 구상하며, 새로운 플랫폼을 계발할 수 있다. 그리고 10년 후, ABB는 이 직원들과 그들의 배우자를 초청하여 직장에서의 나이 듦, 활동적인 삶 설계하기, 노후의 재정과 건강, '세대 차이' 이슈 등의 주제로 간략한 교육을 실시한다. 중요한 직능을 보유한 직원은 60세가 되면 컨설팅업체인 콘제네크Consenec로 자리를 옮길 기회도 제공된다. 콘제네크는 임시 경영진 파견 기업*으로 제네럴일렉트릭, 봄바디어Bombardier, 안살도 에네르자Ansaldo Energia의 경영진 출신들이 각종 프로젝트 전문가로 활동하고 있다.

이와 유사하게 일본의 대기업 미쓰비시가 설립한 미쓰비시중공업도 전통적인 퇴직 연령을 넘긴 직원의 직능을 활용할 목적으로 설립된 독립 회사다. 이 같은 정책이 주로 관리자 직급을 대상으로 하는데 반해, 긱 이코노미는 다양한 계층의 노동자에게 퇴직 재설계의 기회를 제공할 수 있다.

●   조직의 한시적 전환이나 위기를 관리할 전문 경영인을 파견하는 기업.

나이와 급여의 암묵적 연결 고리는 커리어 확장에 커다란 걸림돌이다. 다수의 산업 분야에서 급여는 근무 연수에 비례한다. 이 때문에 나이가 많을수록 기업의 고용 비용이 증가하고, 따라서 경기침체기에 이들은 정리해고 1순위가 되는 경우가 많다. 진정한 사회적 창의성만이 이 문제를 해결할 수 있다. 한 가지 좋은 방법은 근무 시간에 대한 유연한 접근을 통해 유연한 급여 구조를 개발하는 것이다. 연구들에 따르면 60세 이상 노동자 다수는 일을 계속하길 원하지만, 전업을 원하는 경우는 많지 않다. 최근 미국에서 55세 이상 1500명을 대상으로 한 연구에 따르면, 많은 이들이 유연근무를 강하게 선호했고 일부는 이를 위해 급여 삭감도 감수할 의향이 있는 것으로 나타났다. 구체적으로는, 전체 응답자의 약 절반은 유연하게 일할 수 있다면 시급의 10%를, 응답자의 약 20%는 시급의 20%를 덜 받을 용의가 있다고 했다.[3] 바야흐로 나이, 승진, 급여에 대해 터놓고 이야기할 때가 온 듯하다.

▎건강하고 화목한 가정과 인간관계를 지원하라

만족스러운 삶의 핵심은 가족, 더 넓게는 공동체와의 깊은 유대에 있다. 앞서 우리는 미래에 이러한 관계를 형성할 방법을 상상해보았다. 그 방법 대부분은 시간을 필요로 하고, 일부에는 유연성도 요구된다. 문제는 기업의 관행 때문에 이러한 관계에 시간을 투자하기가 상당히 어려워질 수 있다는 것이다.

장수와 기술 발전에 기업의 의제가 어떻게 화답해야 사람들이 일과 가정 생활을 더 쉽게 병행하고 만족스러운 삶을 살 수 있을까? 히로키 같은 남자들이 가정을 꾸리는 행복(과 좌절)을 더 많이 느낄 수 있는, 혹은 마도카 같은 여자들이 커리어와 가정 중 굳이 하나를 선택하지 않아도 되는 방법은 없을까? 또, 고령 인구가 증가하는 오늘날 나이 든 가족을 돌보기에도 적합하도록 일하는 방식을 설계할 수는 없을까?

우리는 이 모든 것이 가능하다고 생각한다. 단, 기업 관행과 기업 문화에 변화가 일어나려면 경영진의 결단이 필요하다.

가정을 꾸리는 것의 경제적 불이익

인간관계와 가족에 투자할 때의 관건은 시간 배분이다. 즉, 긴밀한 파트너십을 위한 헌신과 신뢰를 구축할 시간, 자녀와 함께 보낼 시간, 고령의 부모를 돌보고 공동체를 도울 시간이 필요하다. 하지만 대부분의 직장에서는 휴직을 하기 어렵고, 할 수 있더라도 보통 경제적 불이익이 따른다. 그렇게 휴직을 했다가 쓰린 경험을 한 집단이 있다. 워킹맘들이다. 표6-1 과 같이 영국과 미국에서 모두 첫아이를 낳은 후부터 여성의 소득이 남성보다 적어지기 시작한다. 이 효과는 한때에 그치지 않고 시간이 갈수록 누적되어 10년 후에는 영국과 미국 여성의 소득이 남성보다 각각 44%, 31% 적었다.[4]

이는 단순 인과관계는 아니다. 성별 임금 격차에는 많은 이유가 있다. 하지만 주요 원인 중 하나는 유연한 근무 시간을 요구하고 긴 시간 일할 수 없는 직원이 회사에서 받는 불이익일 것이다. 문제는 급여만이 아니다. 복직한 워킹맘 상당수가 심한 좌절, 일부는 우울증을 겪는다는 연구 결과가 있다. 그밖에도 이들은 직능이 시대에 뒤처진

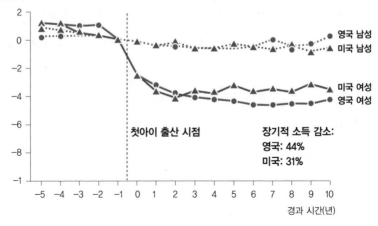

소득 증감분(%)

영국 남성
미국 남성
미국 여성
영국 여성

첫아이 출산 시점

장기적 소득 감소:
영국: 44%
미국: 31%

경과 시간(년)

표 6-1 영국과 미국의 자녀로 인한 소득 불이익

다는 주변의 인식, 휴직 기간을 아무 실질적 가치가 없는 공백기로 여기는 시선, 나이 들어 복직했다는 이유로 받는 불합리한 대우를 토로했다. 그래서 여성이 기존 직장으로 복귀하는 사례가 매우 드문지도 모른다. 많은 여성이 업종과 직무를 바꾸어 재취업한다. 이들은 기업을 떠나 사회 기여 부문social sector●으로 선회하는 경우가 많다. 전통적으로 남성이 주로 하던 직업에서 전통적으로 여성이 주로 하던 직업으로 옮기는 것이다. 사회 기여 부문은 전반적으로 급여가 낮다. 그렇게 성별 소득 격차는 고착화된다.[5]

기업이 엄마들의 직장 경험에 훨씬 큰 관심을 갖고 지원을 확충할 필요가 있음은 자명하다. 지금까지 여성 네트워크의 구축, '진입 램프

● 공공 부문, 민간 부문과 구별되어 사회 발전을 지향하는 비영리 단체, 비정부 기구 등을 말한다.

on-ramp' 프로그램,* 여성 고용 쿼터제와 멘토링 등 수많은 정책이 나왔다. 의미 있는 정책들이었으나 크게 성공하지는 못했다. 그 이유는 시카고경영대학원의 메리앤 버트런드Marianne Bertrand가 실시한 여성과 모성에 대한 연구에서 잘 드러난다.[6] 버트런드는 직장 내 성불평등의 뿌리는 가정 내 성불평등이라는 결론을 얻었다. 여성이 가족을 부양하면 직장에서 불이익을 당하지만, 남성이 가족을 부양하면 제한적이나마 지원을 받는다. 때문에 여성은 커리어를 발전시키는 데 불평등한 부담을 느낀다.

더 강하고 회복력 있는 가족을 만드는 차원에서 아빠들이 더 많은 시간을 가족과 함께 보내도록 하는 것이 좋은 출발점일 수 있다.

아빠를 지원하라

연구들에 따르면 아빠가 가정 생활에 적극적으로 참여할 경우 자녀, 아빠 자신, 가족 전체에 더 나은 결과를 가져온다.[7] 가사와 육아에 더 많이 기여하는 아빠는 이혼할 위험이 적을 뿐 아니라 자신의 삶에 더 만족한다. 그러나 현재 자녀를 양육할 기회를 얻을 수 있거나 그럴 준비가 된 아빠들은 소수에 불과하다.

국가별로 남성의 육아휴직 비율이 다른 이유, 또 그것이 여성의 육아휴직 비율과 커다란 차이를 보이는 이유는 제각각이다. 이는 정부와 기업의 정책, 그리고 그 사회의 지배적인 풍토가 맞물린 결과다. 많은 나라에서 정부가 아빠를 차별한다. 영국에서는 연 평균소득 2만 7천 파운드인 엄마는 출산휴가 첫해에 정부로부터 6주간 주당 466파

● 여성의 재취업을 돕는 프로그램. 직장 생활을 고속도로 주행에 비유하여 여성이 출산을 위해 휴직하는 것을 '진출 램프off-ramp', 복직하는 것을 '진입 램프'라고 부른다.

운드, 이후 33주간 주당 141파운드를 수령하여 총 7449파운드의 출산급여를 받는다. 아빠의 출산급여는 2주간 주당 141파운드, 총 282파운드가 전부다. 즉, 남성의 출산급여는 여성의 1/26로, 성별 급여 격차가 96%에 달한다. 이러한 문제는 기업에서도 똑같이 반복되고 있다. 많은 기업이 여성에게는 법정 하한선보다 더 많은 출산급여를 지급하지만, 남성에게도 그렇게 하는 기업은 전체의 5% 미만이다.[8]

간단한 해결책 중 하나는 정부 정책을 바꾸는 것이다. 스웨덴, 노르웨이, 퀘벡에서는 '아빠 쿼터daddy quotas'로 이 문제를 풀고 있다. '아빠 쿼터'는 부부에게 나누어 쓸 수 있는 소정의 출산휴가를 제공하되, 그중 아빠가 쓰지 않으면 소멸하는 달수의 비율을 정해놓은 것이다.

더 강력한 경제적 인센티브와 더불어 '아빠 쿼터'와 같은 정책은 또 하나의 해묵은 과제, 즉 육아에 있어서 남성의 역할에 대한 사회규범에 실마리를 제공할 수 있을지 모른다. 국가와 문화의 영향도 크다. 영국에서는 절반 이상의 아빠들이 출산휴가를 쓰지 않겠다고 하는 반면, 스웨덴 아빠들은 거의 모두가 쓰겠다고 한다. 이는 스웨덴 정부가 40년 전에 성중립적 출산휴가수당을 도입하여 자녀 한 명당 180일 동안 급여의 90%를 지급하기 때문이다. 이 180일을 부부가 어떻게 나누어 사용할지는 그들이 알아서 결정한다. 그럼에도 아빠들이 이 휴가를 사용하게 되기까지는 많은 세월이 필요했다. 현재는 평균 약 7주의 출산휴가를 아빠들이 사용한다.

기업의 정책도 변하고 있다. 미국의 주요 기술 기업이 남성에게 출산휴가를 제공하기 시작한 것이다. 예컨대, 넷플릭스는 최대 1년까지 유급 출산휴가를 제공하며 해당 기간 동안의 근무 여부는 자유롭게 정할 수 있다. 전자상거래 기업인 엣시Etsy는 26주를 제공하되, 그 중 8주는 첫 6개월 안에 몰아서 사용해야 하고, 나머지 기간은 아이의 생후 또는 입양 후 2년 이내에 분할해서 쓸 수 있다.

돌봄을 지원하라

사람들은 평균적으로 더 건강하게 나이 들고 있지만, 인구구조의 변화로 인해 각 가정은 고령의 가족을 돌봐야 하는 새로운 과제를 안게 되었다. 중국은 한 자녀 정책으로 손주 한 명에 조부모가 네 명인 가정이 많이 생겼다. 이렇게 되면 '부모휴직parental leave'●은 전혀 다른 의미를 갖게 된다. 영국의 경우 이미 8명 중 1명이 유급노동에 종사하면서 무급으로 돌봄 의무를 병행하고 있다.[9] 이러한 돌봄 수요는 개인뿐 아니라 국가 경제에도 부담이다. 영국의 50~64세 인구 가운데 4명 중 1명은 돌봄 의무 때문에 일을 하지 않는 것으로 나타났다. 스페인은 3명 중 1명이다.[10]

앞으로 더 많은 사람이 고령의 가족을 돌보기 위해 휴직이나 유연근무를 원할 것이다. '부모휴직'을 시행하려면 기업과 정부가 모두 나서야 한다. 정부는 '부모휴직'과 유사한 연장선에서 돌봄 휴가를 도입할 수 있다. 중요한 것은 돌봄의 부담이 여성에게 편중되지 않도록 하는 것이다. 세계적으로 여성의 무급 돌봄 노동량이 남성의 2~8배인 것을 감안할 때,[11] 부모 돌봄에서 '아들 쿼터son's quota'의 도입도 필요할 것이다. 여기에는 기업의 역할이 빠질 수 없다. 영국의 에너지 기업 센트리카Centrica는 연령 친화적 기업 정책의 일환으로 1개월간

● 원래 육아휴직을 뜻하지만, 연로한 부모를 돌보기 위한 휴직이라는 의미도 될 수 있다.

의 유급 돌봄휴가를 제공하고 유연근무제를 실시한다. 이는 결과적
으로 결근율과 이직률을 낮추는 데 기여한 매력적인 제안이었다.

유연하게 일하는 문화를 조성하라

대부분의 직장은 노동 시간이 유연하지 못하다. 그러다 보니 살면
서 이런저런 일이 생기다 보면 일하고 싶은 시간과 일할 수 있는 시간
사이에 불일치가 발생한다. 연구들에 따르면, 삶의 어떤 단계에서 이
러한 불일치를 경험한 사람은 다음 단계에서 원하는 것을 얻기 위해
직업을 바꾼다.[12]

기업은 기업대로 유연근무제 시행이 쉽지 않다. 유연근무제는 기
업이 선호하는 표준화된 노동 시간과 운영 절차 등의 체계에 반하기
때문이다. 그래서 노동 시간에 자율성을 갖고 유연하게 일하고 싶은
사람은 보통 보수가 적다. 여기서 일종의 역설이 생긴다. 유연근무제
는 가정을 꾸리거나 부모를 돌보기에 유리하지만, 낮은 시급을 동반
하는 경향이 큰 것이다. 결국, 일과 관계의 정면충돌이 불가피해진다.
이렇게 유연근무제가 희생을 동반한다면 성별 소득 격차는 해소될 수
없다.[13] 하지만 장차 기업이 이 문제의 해결을 위해 노력할 것으로 낙
관할 만한 이유가 있다.

첫번째는 단순히 공급과 수요 때문이다. 더 많은 사람이 다단계
삶에 진입할수록 유연근무제의 수요도 커질 것이다. 이러한 수요는
삶의 여러 시점에서 나타날 것이다. 고령의 직원은 유연하게 일하면
서 퇴직을 준비하길 원할 것이다. 어린 자녀가 있는 직원은 아이들과
더 많은 시간을 보내고 싶을 것이다. 연로한 부모를 모시는 직원은 돌
봄의 책임을 다하고 싶을 것이다. 업무량을 늘리거나 줄이고 싶은 직

원도 유연근무제를 원한다. 이렇게 유연근무제 수요가 늘면 정시 출퇴근을 원하는 사람이 드물어지고, 기업이 채용할 수 있는 유능한 인재도 크게 감소할 것이다. 직원 다수가 전업으로 일하길 원할 때는 유연근무제에 대한 기업의 비용 부담이 크다. 그러나 직원 '모두'가 유연근무제를 원할 때는 오히려 기업 체계의 관리가 수월해진다.

낙관론의 두번째 이유는 주4일 근무제다. 우리는 신기술을 활용한 생산성 향상이 종국에는 주4일 근무제를 정착시킬 가능성이 크다고 믿는다. 주4일 근무제는 직원이 가족과 시간을 보낼 수 있는 여지를 크게 늘리고 유연근무의 새로운 방식을 제공한다.

기술의 영향도 무시할 수 없다. 인공지능과 로봇공학은 일터를 변화시켜 새로운 유연근무 방식뿐 아니라 데이터 관리 및 복잡한 기업 운영 설계에 관한 새로운 방식을 제시한다. 이러한 신기술은 기업의 비용을 낮추고 더 유연한 고용을 가능케 할 것이다.

하버드대학교의 경제학자인 클로디아 골딘Claudia Goldin과 래리 캐츠Larry Katz는 실증연구를 통해 유연근무제로의 전환을 어떻게 달성할 수 있는지, 또 기술이 어떻게 그것을 촉진할 수 있는지 조명했다. 기업이 유연근무제를 실시하기 어려운 까닭은 한 사람이 꾸준히 맡아야 하는 직책이 많기 때문이다. 다시 말해, 직원 한 사람이 다른 직원을 **대체**할 수 없기에 노동의 유연성이 떨어진다. 하지만 기술 덕분에 직원 간 대체가 가능해진 산업이 있다. 골딘과 캐츠는 특히 미국의 제약 산업에 주목했다.[14] 지난 수십 년 동안 이 업계에서는 성별 간 시급뿐 아니라 시간제 노동자와 전업 노동자의 시급이 평등해졌다. 덕분에 직원들은 유연근무제를 더 적극적으로 활용할 수 있게 되었으며, 이를 통해 커리어+커리어 파트너십의 복잡성을 해결할 수 있다. 미국 제약 산업의 평등은 법률이나 의식적 성평등 정책의 결과가 아니라 조직 구조, 기술 투자, 제품 표준화 측면의 중대한 변화로 달성되었다. 우선 조직 구조 측면에서는, 소규모 자영업 형태의 약국들이 대규모 체인점 형태로 통합되어 한 지점에서 다른 지점으로의 직원 이동이 쉬워졌으며, 지점 내에서 한 사람이 일을 쉬는 동안 다른 사람이 나서서 대체하기도 용이해졌다. 기술 측면에서는 제약업계가 기록 보관에 많은 투자를 했다. 덕분에 고객 기록에 대한 접근성이 향상되어 복수의 직원이 시차를 두고 동일한 고객을 응대할 수 있게 되었다. 제품 표준화 측면에서는 여러 점포들의 제품이 표준화됐고, 이 또한 직원 간 대체를 가능케 했다. 확실히 조직 구조와 직무 설계는 유연성 증대에 중요한 역할을 할 수 있다.

20년도 더 전에 영국의 이동통신회사 BT가 실시한 초창기 실험은 유연성과 생산성이 꼭 반비례하지는 않음을 보여주었다. 오히려 유연하게 근무하는 직원이 보통 생산성도 높고 더 오래 근속했다.[15] 이후 유니레버Unilever의 '언제 어디서나Anytime Anywhere' 등 각종 정책이 유연근무제를 지원해왔으며, 오늘날의 운영비 절감 노력에 힘입어 재택근무 및 유연근무의 기회는 더욱 확대될 것이다.

▎ 학습을 장려하라

평생학습은 새로운 장수 시대의 근간이며, 기업은 이를 장려하는 결정적 역할을 한다. 이는 간단한 문제가 아니다. 비정규직 노동자의 업무 비중이 늘어나고 직원의 이동이 잦아지면서 기업의 학습을 장려해야 할 동인은 크게 줄어든다. 고용 자문 회사인 맨파워그룹 ManpowerGroup의 CEO인 요나스 프리싱Jonas Prising은 이렇게 표현했다. "기업은 유능한 사람을 길러내는 곳에서 노동을 소비하는 곳으로 변했다."[16] 평균적인 영국 노동자가 회사에서 1년에 고작 16시간이 조금 넘는 교육을 받는 가운데,[17] 직무 관련 능력 계발의 원동력은 확실히 기업에서 개인 쪽으로 이동했다.

상황이 이렇지만, 기업의 의제에는 학습 환경을 적극적으로 장려하는 것이 포함돼야 한다. 기업 입장에서는 분명한 인센티브가 있는데, 직원을 교육해야 그들이 신기술을 활용할 수 있기 때문이다. 또 다른 인센티브는 디지털 플랫폼이라는 새로운 학습 방식 덕분에 직원 교육비용을 현저히 낮출 수 있다는 것이다. 그뿐만 아니라 디지털 플랫폼은 맞춤화customization가 용이해 평가와 모니터링도 더 쉬워진다.

SNS가 읽고 응용해볼 다양한 콘텐츠를 제공하듯, 기업의 학습 플랫폼은 직원에게 읽을거리나 볼거리를 제공할 수 있다. 이러한 콘텐츠는 직원의 역량 강화를 위해 개인화·맞춤화될 수 있으며, 자신에게 맞는 속도로 학습할 수 있다. 사실상 기업 교육의 '넷플릭스화 Netflixisation'다.[18] 유니레버 직원들은 학습 플랫폼에 로그온하면 읽고 볼 수 있는 다양한 맞춤형 콘텐츠를 만난다. 이 플랫폼상의 콘텐츠는 직원 각자가 스스로 터득한 내용으로 채워진다. 이는 학습 과정의 진정한 민주화를 위한 노력이기도 하다. 우선, 선발된 직원은 회사로부터 컨퍼런스 참석이나 강좌 수강을 위해 최대 1천 달러의 지원금을 받는다. 이 직원은 학습을 마친 후 스스로 학습 자료를 작성하여 다른 직원이 볼 수 있도록 학습 플랫폼에 올린다. 그럼 이런 직원은 어떻게 선발할까? 자신이 플랫폼에 올려 추천한 읽을거리와 볼거리가 다른 직원들의 팔로우를 많이 받으면 선발된다. 이 선발 기준에 대해 유니레버의 글로벌 최고학습책임자 팀 먼든Tim Munden은 이렇게 말했다. "가장 앞서가는 사람은 자신은 물론 다른 사람이 무엇을 배워야 할지 가장 잘 안다."[19]

전 세계 기업이 학습 플랫폼에 유사한 투자를 하고 있다. 인도의 IT 기업인 타타 컨설턴시 서비스Tata Consultancy Services는 '놈Knome' 이라는 사내 플랫폼을 운영한다. 이 플랫폼에서 42만 명이 넘는 직원들은 자신의 직능 계발 이력을 추적할 수 있고 자신이 계발한 직능에 대해 가상의 '배지'를 획득하여 명성을 쌓을 수도 있다.

저가 플랫폼은 호기심 유발 수단에 불과하지만, 일부 기업은 직장생활 전반에서 학습이 이루어지도록 많은 재정을 투자한다. 프랫 앤드 휘트니Pratt & Whitney에 항공기 엔진을 개발하여 공급하는 유나이티드 테크놀로지스United Technologies(UTC)도 거기에 주안점을 둔다. UTC는 1996년에 시간제 학위part-time degree●를 취득하려는 모든 직원에게 최대 1만2천 달러의 등록금을 지급하기로 결정한 이래, 직원의 직능 계발에 대한 투자를 우선해왔다. UTC가 단순히 경쟁사를 의식해 직원을 교육한다고 주장할 수도 있을 것이다. 그러나 UTC의 인적자원 부사장인 게일 잭슨Gail Jackson은 이를 투자로 본다. "우리는 지적 호기심이 풍부한 사람을 원합니다. 교육시키고 떠나보내는 것이 교육시키지 않고 남아 있게 하는 것보다 낫습니다."[20]

변화가 큰 업종에 속하는 기업들도 직원 학습에 투자하고 있다. 변화가 크기 때문에, 이들 기업은 새로운 노동자 코호트를 채용하는

● 성인 학습자가 원하는 시간에 필수 학점 이상을 이수하여 학위를 받는 교육 과정.

대신 기존 인력의 재교육에 투자한다. 미국의 이동통신회사이자 미디어 기업으로 직원수가 30만이 넘는 AT&T의 경우, 지난 10년간 핵심 사업 전략을 기존의 통신 서비스에서 빅데이터와 클라우드 컴퓨팅으로 전환했다. 이러한 사업 전략의 방향 전환과 함께, AT&T는 직원들의 새로운 직능 습득 및 기존 직능의 재교육을 병행했다. 이 교육의 출발점은 직원 개개인이 자신의 커리어 프로필을 작성하고 직능과 교육 이력을 기록하는 것이었다. 이 기록을 토대로 직원들은 '커리어지능career intelligence' 데이터베이스에 접속하여 회사 내에서 지원할 수 있는 직책과 해당 직책을 수행하기 위한 재교육 과정에 대해 알 수 있다. 그 후에는 대규모 온라인 공개강좌MOOC 제공업체인 유다시티 Udacity와 몇 개의 대학이 공동으로 개발한 나노학위nanodegree● 과정을 활용할 수 있다. 대부분 자기주도 학습이지만, 그럼에도 AT&T는 상당한 재정을 지원하고 있다(2015년 기준 총 3천만 달러).

평생학습에 대한 기업의 투자는 전문 인력에만 국한되지 않는다. 스타벅스는 학사 학위가 없는 직원을 대상으로 애리조나주립대학교와 협력하여 온라인 학위 취득을 위한 등록금을 지원한다. 이 프로그램의 목표는 승진 가능성을 높이고 근속을 장려하여 직원의 재정 스트레스를 줄이는 것으로, 지금까지 2400명이 졸업했고 현재 1만8천 명이 등록돼 있다.

● 유다시티에서 온라인 강의를 이수하면 받을 수 있는 학위로 보통 6~12개월이 소요된다.

▍연령차별을 폐지하라

미국은퇴자협회의 조사에 따르면 45~74세 노동자의 2/3가 연령차별을 경험한 적이 있다. 연령차별은 특히 실리콘밸리에서 심각하다. 지난 10년 동안 실리콘밸리의 가장 큰 기업들에서는 인종 편향이나 성별 편향보다 연령 편향 사례가 더 많이 발생했다.[21] 우리 사회의 진짜 문제는 유능한 인재의 부족이 아니라 고령 노동자에게 일자리를 주려는 기업의 부족인 듯하다.

이러한 (얼굴) 차별의 주된 원인은 단순한 편견이다. 많은 기업의 이사회나 인사 부서에는 나이 든 사람이 덜 생산적이고 잘 배우지 못한다는 인식이 팽배하다. 페이스북 CEO 마크 저커버그가 23세 때 한 말처럼 이를 잘 표현한 사례는 없다. "그냥 젊은 사람이 더 똑똑해요." 만약 다른 인구집단에게 이런 말을 했다면 무슨 일이 벌어졌을까? 이는 우리 사회에서 연령차별 발언이 얼마나 용인되고 있는지 보여준다.

하지만 고령 노동자의 앞날이 마냥 어둡지만은 않다. 1998년 이후 미국 고용 증가의 90%를 차지한 것은 55세 이상 노동자였다. 연령차별 정책이 존재할 때도 이런 성과를 거두었으니, 그것을 해소하려 한다면 더 큰 결실을 거둘 수 있다.

기업의 연령차별과 고령 노동자의 생산성이 떨어진다는 믿음은 세 가지 구시대적 전제에서 기인한다. 첫째, 고령 노동자는 앞으로 일할 날이 많지 않으니 새로운 기술 습득에 흥미가 덜할 것이다. 둘째, 교육 수준이 낮으니 생산성도 낮을 것이다. 셋째, 신체의 제약 때문에 일을 할 수 없다.

고령 노동자가 일할 날이 많지 않다는 점에 대해서는, 오늘날의 77세와 1972년의 68세의 기대여명이 같음을 앞서 언급한 바 있다. 커리어가 길어져 더 오래 일해야 한다는 것도 우리는 알고 있다. 이 모두가 고령 노동자가 일을 지속하고 새로운 직능을 습득하는 동기로 작용할 것이다.

노인의 교육 수준이 낮다는 생각도 점차 구시대의 편견이 되어가고 있다. 물론, 1950년대 미국에서는 평균 70세 코호트 중 절반만이 5~19세 사이에 학교를 다닌 것이 맞다. 1950년대라면 그냥 젊은 사람이 더 똑똑하다는 마크 저커버그의 주장도 설득력이 있다. 1980년대만 하더라도 65세 노인 가운데 절대 다수는 대학을 나오지 않았다. 1940년대에 교육을 받았던 이 사람들은 20~24세 인구 중 단지 7%만이 대학에 등록했던 코호트다. 하지만 시대가 바뀌었다. 오늘날의 60대는 어떤 종류든 석사 학위를 갖고 있을 가능성이 훨씬 높다. 그러므로 오늘날 나이에 대한 편견은 나이 그 자체의 반영이 아니라 과거 교육 정책의 반영에 불과하다.

마지막 전제는 고령이 되면 일을 할 수 없다는 것이다. 1960년대 초라면 이 말이 맞을 수도 있다. 당시 미국의 민간 부문 일자리 절반은 최소한 어느 정도의 육체노동을 필요로 했기 때문이다.[22] 하지만 오늘날 이 수치는 20%를 밑도는 데다 빠르게 감소 중이다. 다시 말하면, 고령층이 과거에 비해 평균적으로 건강할 뿐 아니라 육체노동의 비중도 줄어들고 있다. 이러한 흐름은 로봇공학이 육체노동을 보조하고 인공지능이 일종의 '인지 보철물cognitive prosthetic'의 역할을 하게 될 미래에는 더욱 두드러질 것이다.

고령 노동자의 생산성 유지

물론 건설 노동, 스포츠 등 일부 육체노동 직종에서는 나이가 들면 생산성이 저하되기도 한다. 과거보다 늦게, 느리게 일어날 수는 있겠지만 어쨌든 생산성은 떨어질 수밖에 없다. 로저 페더러Roger Federer는 38세에도 여전히 남자 테니스 세계 랭킹 3위를 유지하고 있지만, 그의 오랜 선수 생활도 언젠가 막을 내릴 것이다. 이런 직업은 노년까지 할 수 있는 일도 아니고, 로봇공학의 도움을 받을 수도 없다.

하지만 나이와 생산성이 관계가 있다는 확실한 증거는 이상할 정도로 드물며, 단순 상관관계가 성립하는 사례는 전무하다. 나이의 가변성은 사람마다 건강하게 나이 드는 정도가 다르고, 산업 부문별로 노동자에게 요구되는 것이 다름을 보여준다. 또, 생산성은 단순히 나이뿐 아니라 교육 수준 등 다른 여러 변수에 훨씬 많은 영향을 받는다는 사실도 밝혀졌다. 따라서 업무의 종류를 고려하여 업무 환경을 적절히 구축하는 방안을 마련한다면, 사람들이 더 오래 생산성을 유지하도록 도울 수 있을 것이다.

예컨대, 경험적 지식에 바탕을 둔 직업의 경우 고령 노동자의 결정화된 지능이 매우 유리하게 작용할 수 있다. 이는 독일 BMW 제조 공장에서 실시된 생산성에 관한 한 연구에서 젊은 노동자보다 고령 노동자의 생산성이 높게 나타난 것에서도 분명히 드러난다. 이 연구에 따르면, 실수할 확률은 고령 노동자가 약간 높았지만, 큰 실수를 할 확률은 젊은 노동자가 높았다.[23] 고령 노동자는 경험과 결정화된 지능을 바탕으로 문제를 어떻게 다루고 억제해야 할지 더 잘 아는 듯 보였다. 팀 단위 성과에서도 비슷한 결과가 나왔다. 고령의 팀원이 있으면 팀의 실적이 향상된다는 증거가 일부 기업에서 나타났다. 인내심의 일종인 '근성grit'도 나이가 들수록 강해진다는 증거가 있다.[24]

길어진 커리어를 뒷받침하기 위해 해결해야 할 마지막 과제가 있다. 과거에는 보통 50대에 일을 중단했기 때문에 기업들이 고령자를 염두에 두고 업무를 설계하지 않았다. 이를 극복하는 한 가지 방법은 나이에 대한 편견이 구시대적임을 인정하고, 고령의 노동자가 기존의 방식대로 일을 지속하도록 독려하는 것이다. 그렇게 하면 업무를 재설계할 필요가 없다. 그저 사람들이 더 건강하게 나이 든다는 사실에 의존하면 된다.

다른 방법은 고령의 노동자에 적합하도록 업무를 의도적으로 재설계하는 것이다. 예컨대, 사람이 나이가 들면 생체 리듬이 최고조에 이르는 시간이 저녁(젊은이)에서 아침(고령자)으로 바뀐다는 사실을 활용할 수 있다. 2019년 여름, 맥도날드 레스토랑 체인은 미국은퇴자협회와 제휴하여 25만 개의 일자리를 고령 노동자로 채웠다. 맥도날드는 노동시장 경색으로 인해 특히 아침에 근무할 열의가 있는 사람을 구하지 못해 애를 먹고 있었다. 이러한 상황에서 고령 노동자(와 그들의 아침형 생체 리듬)에게 눈을 돌리는 것은 자연스러운 수순으로 보였다. 미국 맥도날드의 인사 최고책임자 멜리사 커시Melissa Kersey는 이렇게 말했다. "우리는 맥도날드가 삶에서 일하는 기간의 어느 단계에 있는 사람이든 자신이 성장하고 성공하는 모습을 보게 되는 곳이자, 안정성을 제공하고 모든 사람이 새로운 관점을 배울 수 있는 곳이길 지향합니다."[25]

신체 능력의 저하가 생산성에 미치는 영향을 완화하는 방법도 있다. 앞서 언급한 BMW 생산 공장에서는 고령의 직원에게 의자를 제공하고 조립라인을 조금 느린 속도로 가동하고 있다.

새로운 역할을 만들 수도 있다. 호텔리어 겸 작가인 칩 콘리Chip Conley는 이를 '모던 엘더Modern Elder'의 역할이라 부른다. 콘리는 에어비앤비 경영진으로 일했던 경험을 토대로 직원 평균연령이 26세인 회사에서 50대 중반인 자신이 미친 영향을 이야기했다. 콘리는 자신의 경험을 활용하고, 경영진이 한 팀으로 능력을 발휘하도록 만들고, 그들이 실수하지 않도록 돕는 데 전념했다. 이는 신흥 직업들 중에서도 매우 중요한 역할이다. 어쩌면 '모던 엘더'가 새로운 직업의 범주가 될지도 모르겠다.

런던경영대학원의 줄리언 버킨쇼Julian Birkinshaw와 공저자들은 이렇게 고령의 노동자가 직장에서 새로운 종류의 직능을 발휘할 수 있다는 점에 대해 연구했다.[26] 연구팀은 20개국 이상, 1만 명 이상의 21~70세 경영자를 대상으로 그들의 경영 방식을 조사했다. 그 결과, 경영자의 나이가 많을수록 첫인상을 덜 중시했으며, 자신의 행동이 다른 사람에게 미치는 영향을 인식하는 것을 더 중요하게 생각했다. 그들은 기업 전략을 실행할 때도 비즈니스 모델보다는 다른 사람의 감정이 어떻게 반응할지 예상하는 데 역점을 두었다. 연구자들은 일반적으로 고령의 경영자가 협업에 주안점을 둔다는 사실을 발견했다. 그들은 관계를 구축하고, 서로를 지원하는 연합체를 구성하고, 문제와 우려를 예측했다.

충격적이었던 것은, 기술적 변화로 인해 머지않아 노동시장에서 가장 중요한 능력이 될 인간 고유의 능력●에 고령 노동자가 더 뛰어

● 저자는 인문학적 소양과 인간관계 능력을 아우르는 개념으로 '인간 고유의 능력'이라는 말을 사용한다. 7장 교육의 의제 초두에서 자세히 다룬다.

3부 인간 사회

난 경향을 보였다는 점이다. 고령 노동자가 이러한 비교우위를 더 잘 활용할 기회를 얻도록 직무를 재정의할 방법을 찾아야 한다. 이는 길어진 커리어뿐 아니라 기업의 성과 증진에도 중요하다.

▌기업은 왜 변해야 할까

우리가 제시한 기업의 의제는 복잡하고, 비싸고, 혼란을 야기하는 갖가지 개혁을 반드시 수반한다. 이를 정당화하기 위해 우리는 지금까지 다단계 삶과 길어진 커리어를 앞둔 개인의 필요를 주된 근거로 내세웠다. 그렇다면 이런 질문이 나올 수밖에 없다. 왜 기업이 변해야 하는가?

사실 많은 기업은 변하지 않을 것이다. 몇몇 정책을 도입할 수는 있겠지만, 전체적인 탈바꿈에는 비용이 너무 많이 들고 실행도 어렵다고 생각할 것이다. 이러한 상황에서는 정부가 입법과 규제를 통해 기업이 그러한 정책을 도입하도록 강제할 필요도 있다. 하지만 그러한 정책의 도입이 경쟁력을 유지하는 데 꼭 필요한 기업도 많다.

민첩한 노동력의 중요성

최근 경영적 사고와 관련하여 꾸준히 논의돼온 주제는 빠르고 유연한 기업 환경 조성의 필요성이다.[27] 기술적 변화가 가능하려면 작업 방식이 더 유연해져야 하고 직원들의 직무 수행 방법에서 빠른 반응이 요구된다는 것은 기정사실이다. 빠르고 유연하려면, 사람은 동기를 가지고 몰입할 수 있어야 한다. 만일 기업의 문화나 관행 때문에 직원이 탈진하거나, 가족이 걱정되거나, 쉬지 못해 화가 나거나, 학습을 위한 지원 부족에 좌절하거나, 새로운 직능을 충분히 빨리 익히지 못해 조바심을 낸다면, 직원의 성과는 급격히 악화될 것이다. 지금까지 우리가 제시한 방법 다수는 전반적인 '민첩성' 전략의 토대를 제공하고 기술로 얻을 수 있는 이익을 극대화할 것이다.

새로운 '기업연금'의 장점

과거에는 기업연금이 한 회사에 입사하여 근속하는 최고의 매력 중 하나였다. 이러한 기업연금 대부분은 확정급여 형태였다. 즉, 최종 급여액의 일정 비율이 최종 연금액으로 정해졌다. 기본적으로 기업연금은 노동자에 대한 사회적 관심에서 비롯됐다기보다 기업이 인재를 채용하고 그들이 근속하도록 만들기 위한 중요한 보조 수단에 가까웠다. 이는 직원 고용에 드는 비용이 상당하고 그들의 이직에 따른 대가도 컸기 때문이다. 기업연금 덕분에 **미래**의 연금을 대가로 **현재** 더 낮은 급여로 사람을 고용하기가 쉬웠다. 계속 회사에 다닐 경우 연금이 더 빠르게 불어나는 것도 직원의 근속을 북돋는 요인이었다. 하지만 수명과 은퇴 기간이 늘어나면서 기존의 금전적 연금에 점점 많은 비용이 소요됐고, 결국 기업은 이 정책을 포기했다.

그렇다면 무엇이 이를 대체할 수 있을까? 다단계 삶의 중요한 특징은 직원들이 미래를 위한 재정뿐 아니라 덜 가시적인 형태의 자산을 계발하는 데도 관심이 있다는 것이다. 이러한 자산에는 건강, 직능, 진로 전환에 성공할 수 있는 능력이 포함될 수 있다. 그러므로 우리는 이렇게 제안한다. 이제 기업은 연금의 개념을 넓혀 직원이 단순히 미래의 금융자산을 축적하는 것을 넘어 무형자산을 계발할 수 있도록 지원하고 투자해야 하며, 직원에게 커리어 경로를 제시하여 그들이 다단계 삶을 잘 헤쳐나가도록 지원해야 한다. 이 광범위한 기업 연금의 개념에는 커리어 중간의 휴식기, 외부 교육 수강 지원, 일의 비중을 늘리거나 줄일 수 있는 선택지 등이 포함될 수 있다.

직원을 보듯 소비자를 보라

노동자만 연령차별을 겪는 것이 아니다. 소비자도 겪는다. 이는 기업이 시장 데이터를 체계화하기 위해 사용하는 시장 세분화에서 명확히 드러난다. 시장 세분화는 보통 5세 단위로 이루어진다(21~25세, 26~30세 등). 그러나 기업 마케팅에서 65세 이상 연령층은 단 하나의 범주로 묶인다.

이는 가장 빠르게 성장 중인 '신흥시장'인 이른바 '실버경제silver economy'에 대한 안목의 심각한 결핍으로 이어진다. 미국은퇴자협회는 오늘날 미국의 50세 이상 인구의 소비력을 7조6천억 달러로 계산했다. 이 집단만으로 세계 3위의 경제 대국인 셈이다. 고령 소비자는 특히 제약, 보건, 금융 및 소비재(특히 노인 생활용품, 돌봄 용품, 노후 대비 부동산, 노화방지 제품, 여행 및 레저) 부문에서의 소비를 통해 경제 전반을 획기적으로 변화시킬 것이다.[28] 하지만 이를 기업이 활용하기는 쉽지 않을 수 있다. 클라이브는 많은 또래들처럼 고령층을 노골적으로 겨냥하여 홍보하는 상품에는 잘 반응하지 않는다. 그는 '노인'으로 정형화되거나 '65세 이상'이라는 단일 범주에 통째로 묶이고 싶지 않다. 대신, 클라이브는 쉬운 사용, 건강, 위생 등의 제품 특징에 끌린다.

나이에 대한 기업들의 부정적 편견은 그들의 고령 소비자에게 고

스란히 투영된다. MIT의 조지프 코글린의 말처럼 기업은 'F 인자', 즉 '재미fun'를 너무 자주 잊는다. 기업들은 아마 온라인 데이팅 업체 매치닷컴Match.com 회원 1/4이 53~72세라는 사실에 놀랄 것이다. 게다가 이들은 가장 빠르게 성장 중인 세분시장을 대표하는 소비자다.

이 시장의 니즈를 충족하기 위해 부실하게 설립된 회사가 난무하지만, 창의성을 발휘하는 이들도 눈에 띈다. 스티븐 존스턴Stephen Johnston과 케이티 파이크Katy Fike가 '고령화의 가장 큰 도전과 기회에 부응하기 위한 혁신의 가속화'를 목표로 설립한 세계적 조직인 '에이징Aging 2.0'에는 20개국 이상, 4만 명이 넘는 혁신가들이 참여하고 있다. 이들은 인생의 마지막까지 유지하는 참여와 목적의식에 관련된 제품을 만드는 데 협업한다. 기업이 채용과 근속 정책에서 연령차별을 피할 수 있다면 그만큼 고령 소비자의 니즈를 이해하는 직원이 많아질 수 있다.

희소해지는 노동력

55세 이상 인구가 물밀듯 노동시장을 빠져나가고 있으며, 이는 고숙련 노동력의 심각한 공백을 초래할 것이다. 독일의 경우 향후 10년간 15~19세 인구 400만 명이 노동시장에 유입될 것이다. 반면, 600만이 넘는 독일의 55~59세 노동인구 상당수는 3단계 삶의 경로를 밟고 있을 것이며, 가까운 시일 안에 언제든 퇴직할 수 있다.

즉, 기업에 노동력으로 유입되는 세대 코호트보다 유출되는 세대 코호트가 더 많다. 기업은 숙련되고 결정화된 지식crystallised knowledge이 풍부한 수백만이 일터를 떠나는 상황에 직면했으며, 세계적으로 이민자 유입이 줄기 시작하면—그럴 공산이 크다— 상황은 더욱 악화될 것이다. 임금 인상과 직능 손실을 막으려면 기업은 '일할 수 있는 사람'의 범주를 확대하지 않으면 안 된다. 2012년 이후 일본의 생산 가능 인구는 500만 명 이상 감소했지만, 같은 시기에 고용은 450만 명 가까이 증가했다. 이는 여성과 65세 이상 노동자의 고용이 늘었기 때문이다. 이러한 추세로 볼 때, 기존에 고용 우선순위가 아니었던 인력을 채용하거나 유지하는 데 성공한 기업이 고령화 사회에서는 핵심 경쟁 우위를 차지할 것이다.

기술은 기업 운영 방식을 바꾸고 있으며 직무 재설계의 주된 동력이 되고 있다. 장수는 일과 시간의 관계뿐 아니라 무엇을 '일'로 볼 것인지에 대한 개념을 변모시키고 있다. 이러한 흐름은 이미 기업 정책의 뿌리를 바꾸고 있다. 장수와 기술의 결합은 더욱 견고해질 것이다. 따라서 사람이 행복한 번영뿐 아니라 기업 자신의 성공을 위해서라도 기업은 지금 적응하지 않으면 안 된다.

7장

───────── 교육의 의제 ─────────

    교육은 궁극적으로 인생을 준비하는 과정이며, 이는 점점 일할 준비를 한다는 의미로 수렴하게 되었다. 그렇게 된 이유는 노동시장에서 교육과 기술이 서로 경쟁하기 때문이다. 당신의 교육이 기술을 앞서는 한, 당신의 직업과 소득의 전망은 밝다.[1]

    이러한 교육과 기술의 경쟁관계는 19세기 말과 20세기 초에 각국이 초중등교육을 의무교육으로 지정하는 원동력이 되었다. 기술의 발달은 교육 방식도 바꾸어놓았다. 20세기 초, 경영관리 원칙인 '테일러주의Taylorism'가 공장에 뿌리내리면서 공정의 표준화, 업무의 효율화, 상품의 대량생산이 중시됐다. 이 테일러주의가 교육제도와 교과과정 개발에도 도입됐다. 학교는 수업 관행을 통일하고, 교과과정을 전문화했으며, 학생의 성취도를 성적으로 측정했다. 이러한 표준화 덕분에 계속 불어나는 학생을 관리할 수 있었으며, 무엇보다 끊임없이 평가받고, 정해진 시간 동안 오래 앉아 있고, 리더의 지시를 받는 데 익숙해지도록 만듦으로써 학생들을 현대 직장 환경의 요구에 맞게 준비시킬 수 있었다.

이것이 바뀌지 않으면, 우리의 교육제도는 더는 존재하는 않는 삶의 방식, 더는 가질 수 없는 직업을 위해 학생을 준비시키는 꼴이 될 것이다. 확실한 변화가 필요하다. 더 오래 살고 더 오래 일하게 되면, **더 많은** 교육이 필요하다. 그렇게 추가되는 교육은 인생의 앞부분에 몰기보다 인생 전체로 **분산**해야 할 것이다. 교육을 생의 앞부분에 몰지 않아도 된다면, '처음' 배우는 이 시기에는 구체적인 직능이나 지식보다 평생의 배움을 위한 기반을 마련하는 데 초점을 맞추어야 한다. 사회철학자 에릭 호퍼Eric Hoffer는 이렇게 말했다. "급진적 변화의 시대에는 지금 배우는 사람이 미래를 물려받는다. 과거에 배운 사람은 자신이 더는 존재하지 않는 세상에 준비돼 있음을 깨닫는 경우가 많다."[2]

인간 고유의 능력에 집중하라

오늘날의 교육 기반은 지식이 희소하다는 전제에 상당 부분 의존하고 있다. 그래서 교사는 여러 사실을 가르치고, 학생이 그것을 습득했는지 시험한다. 하지만 2018년에 인터넷을 오간 정보가 1.8제타바이트[3]로 추정된다는 것, 혹은 이 수치가 역사를 통틀어 인류가 사용한 모든 단어의 수를 뛰어넘는다는 것을 상기해보자. 지식이 희소한 세상에서 지식이 넘치는 세상으로 바뀐 것이다.

이렇게 세상이 바뀌면 무엇을 어떻게 배울지에도 커다란 변화가 필요하다. 교육 체계는 지식을 습득하는 '학생students' 중심에서 직능을 배우고 그 활용 능력을 습득하는 '학습자learners' 중심으로 바뀌어야 한다. 마이크로소프트의 CEO 사티아 나델라Satya Nadella는 이를 간결하게 표현했다. "장기적으로는 '다 배우는 사람learn it all'이 '다

아는 사람know it all'을 언제나 이길 것이다."[4] 이는 초기 단계부터 교육의 초점이 지식을 찾아내고, 모호함과 불확실성에 대처하고, 문제 해결을 위해 여러 견해를 가늠하고 평가하는 능력에 맞추어져야 함을 의미한다. 이러한 역량이야말로 한스 모라베크가 '인간 능력의 지형'에서 기계가 대체할 가능성이 가장 낮다고 설명한 인간 고유의 능력이다. 일하는 기간이 늘어났음을 고려하면, 지식을 배우고 찾는 **방법**(여기에는 '다시 배우는 방법'도 포함된다) 그 자체를 배우는 것이 더욱 중요해졌다.

게다가, 사회가 교육제도에 요구하는 것은 인간 고유의 비판적 사고력, 가설을 세우고 종합하는 능력만이 아니다. '인간 능력의 지형'의 해수면이 상승하고 있으므로 소통, 팀워크, 인간관계 능력에 붙는 급여 프리미엄도 반드시 상승할 것이다. 애플의 판매 부문 부사장이었던 앤절라 애런츠Angela Ahrendts는 그 중요성을 이렇게 이해한다. "우리 사회가 기술적으로 더욱 발달할수록 우리는 인간관계의 기본으로 돌아가야 한다."[5]

STEM을 넘어

이렇게 인간 고유의 능력에 역점을 두는 것은 STEM(과학Science, 기술Technology, 공학Engineering, 수학Math)에 집중하라고 조언하는 오늘날의 추세에 역행한다. 앞으로 인공지능과 로봇공학에서 발휘될 창의성이 어느 때보다 많은 STEM 일자리를 창출할 것은 자명하다. 영국에서는 2022년까지 디지털 관련 상위 3개 직업에서만 51만8천 명의 추가 노동력이 필요할 것으로 예상된다.[6] 이는 지난 10년간 영국에서 컴퓨터과학을 전공한 대졸자 수의 세 배에 달하는 수치다. 따라서 STEM을 배우면 치열한 구직 시장에서 분명 유리할 것이다. 하지만 컴퓨터과학 전공자의 실업률이 다른 전공 분야에 비해 비교적 높은 것을 보면, 디지털 직능에 집중하는 것만으로는 부족한지 모른다.

디지털 직능이 꼭 필요하지만 충분치는 않다면, 어떤 다른 능력으로 차별화할 수 있을까? 구글의 한 팀에서 최고관리자층 1만 명(대부분은 높은 수준의 STEM 능력을 보유했을 것이다) 이상의 성과 데이터를 분석하여 관리자의 어떤 성질이 조직의 내부 성장을 견인하는지 알아보았다.[7] 그 결과 회사에 가장 많은 기여를 하는 사람은 인간 고유의 능력에 뛰어났다. 그들은 좋은 코치이고, 남에게 힘을 실어주고, 팀의 행복을 중시하고, 전달력이 뛰어나고 경청할 줄 알며, 명확한 비전과 전략을 가지고 있었다.

따라서 디지털 직능과 컴퓨터 다루는 능력이 없으면 앞으로 더 불리하겠지만, 그런 직능에만 주력하는 것이 적절하다고도 볼 수 없다. 대신, 그것과 인간 고유의 능력의 결합이야말로 매우 가치 있을 것이다. STEM에 대한 중고등학교와 대학의 관심이 커지는 이유도 여기에 있다. '인문학Arts'이 포함되면 과학은 더욱 강화된다.

오로지 STEM에만 주력하면 기술적·인지적 지식의 수동적 흡수가 지나치게 강조될 위험이 있다. 실험하고 위험을 감수하는 능력, 경험을 통해 학습하고 협업하는 능력, 창의적 문제 해결 능력을 복합적으로 갖추는 것이 훨씬 중요하다. 이는 과학적 방법의 대표적 특징, 즉 호기심을 품고, 가설을 세우고, 실험하고, 분석하고, 결과를 성찰하고, 더 나은 이해를 향해 나아가는 것과 정확히 일치한다.

▍증가할 수밖에 없는 성인교육

기업을 대상으로 평생학습 플랫폼을 제공하는 교육 기술 기업 디그리드Degreed의 데이비드 블레이크David Blake와 켈리 파머Kelly Palmer는 재미있는 관점을 제시한다. 누군가에게 현재 본인이 건강하다고 생각하는지 물었을 때, 그 사람이 20년 전에 마라톤에서 달린 적이 있다고 대답하면, 우리는 그 대답을 이상하고 정보의 가치가 없는 답변으로 여길 것이다. 그러나 누군가에게 교육을 얼마나 받았는지 물었을 때, 그가 20년 전에 경제학을 공부했다고 대답하면, 우리는 그것을 적절하고 정보의 가치가 있는 답변으로 받아들인다.[8]

우리는 건강을 삶의 모든 단계에서 점검하고 투자해야 할 대상으로 여긴다. 이는 이제 교육도 마찬가지다. 기술과 교육의 경쟁 관계가 새로운 국면에 접어들었기 때문이다. 산업혁명기에 초중등교육이 급격히 성장했듯, 향후 수십 년간 성인교육이 급격히 성장할 것이다.

'성인교육adult education'이라는 개념은 새롭지 않다. 기업 교육, 야간학교, 학업 재개, 원격학습 등의 분야에서 이미 사용되고 있다. 하지만 앞으로 성인교육은 지금보다 훨씬 크게 확대되고 교육제도에서 더욱 중추적인 역할을 할 것이다. 성인교육은 성인의 실제 니즈에 더 집중해야 하고, 훨씬 시간적으로 유연해져야 하고, 학습자의 연령을 어느 정도 고려해야 하고, 학위 과정과 차별화되어야 한다.

성인에 초점을 맞춘 교육

탐구하고, 배우고, 변하는 능력이야말로 사람이 행복한 번영의 초석이다. 이는 성인이 되어서도 배워야 한다는 의미이다. 이러한 성인의 니즈를 충족하려면 먼저 **어떻게, 누가, 무엇을** 가르칠 것인지에 변화가 필요하다.

성인교육의 방법론과 실제(다른 말로 '안드라고지andragogy')에 관한 전문가인 맬컴 놀스Malcolm Knowles에 따르면, 성인학습의 방법에는 몇 가지 특징이 있다. 우선, 학습의 계획과 평가에 학습자가 반드시 참여할 수 있어야 한다. 또, 직접 해보면서 배울 수 있도록 경험적이어야 한다. 실생활의 경험과 연동되도록 문제들을 중심으로 이루어져야 한다. 마지막으로, 학습자의 직업이나 개인 생활에 직접 적용할 수 있어야 한다.

물론 이러한 조건들도 교육이 모든 연령을 위한 것으로 진화하는 데 중요하다. 그러나 성인교육의 두드러진 특징 하나는 모든 학습자가 배우는 동시에 일하거나, 가정을 꾸리거나, 고령의 가족을 돌보는 등 다른 삶의 요구와 씨름한다는 것이다. 학습자는 또 학습과 구직에 대한 부담, 혹은 늦은 나이에 다시 학교로 돌아가는 사회적 개척자의 태도를 취하는 것만으로 불안이 고조되는 것을 경험할 수 있다. 이 모든 특징은 성인교육을 다른 교육과 차별화하고, 누가 그 교육을 제공할지에도 영향을 미친다.

기존의 교육기관이 성인교육의 증가하는 수요를 감당하려면 교육 과정과 수업 방식을 모두 바꾸거나 대체해야 할 것이다. 특히, 교육기관은 학습자의 취업 문제, 그리고 개개인의 니즈와 상황에 더 집중할 필요가 있다. 잉은 시간을 쪼개어 새로운 직능을 익혀두지 않은 것을 후회한다. 디지털 회계 직능을 어느 정도 배워두었더라면 그녀는 직장을 계속 다니고 있었을지 모른다. 잉에게는 놀스가 제시한 조건에 부합하는 교육법이 필요하다. 그녀에게는 사실 중심 학습, 실습을 통한 직능 획득, 기존 지식을 토대로 한 학습이 필요하다.

그러나 성인학습은 단순히 직무 관련 기술을 습득하는 것에 그치지 않고 학습자가 전환을 거치는 동안 그를 지원하는 역할도 해야 한다. 이는 직능을 익혀 미용사 자격을 취득하려는 에스텔에게 특히 중요하다. 이는 그녀에게 중요한 전환의 일부고, 따라서 정체성의 변화를 거치는 동안 자신을 지지해줄 사람이 필요하다. 그런 에스텔에게 성인학습 공동체는 커다란 힘이 되어줄 것이다. 그녀와 비슷한 도전과 투쟁을 경험하는 이들과 소통할 수 있기 때문이다.

이는 성인교육이 어떻게 진화해야 할지에 관한 또 하나의 두드러진 특징으로 연결된다. 다단계 삶의 핵심 요소인 자기 인식은 자신의 가치와 목적, 그리고 행동을 일으키는 원동력을 주기적으로 재평가하는 과정을 통해 이루어진다. 청소년기와 성년기 초기에 다니는 중고등학교와 대학은 형성적 경험formative experience●의 장이자 평생의 우정을 쌓고 인격과 가치가 모습을 갖추는 장소였다. 이제 길어진 삶을 맞아 평생학습자도 그와 동등한 형성적 경험을 통해 진정한 도움을 받을 수 있어야 한다. 20대 초반에 교육을 통해 추진력과 방향성을 얻을 수 있다면, 40, 50, 60대라고 그러지 말라는 법이 있을까? 이미 대학은 성인으로서 독립하는 법을 배우고 본가를 떠나 직업인으로 전환을 경험하는 이들을 위한 공동체를 제공한다. 다단계 삶이 만들어 내는 성년기의 전환을 뒷받침하기 위해서도 그와 유사한 공동체가 구축되어야 한다.

● 다양한 일상에서 자신을 발견하고 세상을 살아가는 법을 익히게 되는 경험.

유연하고 계획하는 삶

앞서 제시된 도표들과 그 안의 경로들을 보면, 우리는 삶의 모든 시점에서 중요한 선택에 직면하고 가능자아를 탐색한다는 것을 알 수 있다. 학습자는 자신이 직면한 서로 다른 경로들 간의 연결 고리를 계획하고 창출함으로써 많은 것을 얻을 수 있다. 아울러 교육기관은 학습자들이 초기에 배우는 것들과 앞으로 그것을 발판 삼아 쌓아갈 수 있는 것들 사이의 연결 고리를 명확하게 보여줌으로써 학습자를 도울 수 있다. 3단계 삶에서 교육기관은 커리어를 쌓을 수 있는 플랫폼을 제공했다. 하지만 다양한 진로와 가능자아가 포진해 있는 다단계 삶에서 교육은 개개인의 커리어에 따라 훨씬 더 유연하게 적용될 필요가 있다.

이는 교육기관의 교육 초점에 중요한 영향을 미친다. 미국 조지아공과대학교의 운영진으로 구성된 위원회는 '다음을 창조하기Creating the Next'라는 제목의 보고서를 작성했다.[9] 위원회는 조지아공대의 학생 대다수가 현재 18~24세 코호트에서 평생학습자로 바뀔 것에 대비해야 한다고 예측했다. 이러한 대비의 필요성은 이 학교의 다양한 평생학습 강좌에 등록한 3만3천 명의 '비전통' 학습자를 보더라도 명백하다. 캘리포니아대학교 어바인캠퍼스의 직업·진로 담당 부서도 평생학습자를 매우 중요하게 생각한다. 이 부서는 재학 중인 학생뿐 아니라 졸업한 동문에게도 진로 지원을 제공한다. 이들 대학은 평생학습 기관이 되겠다는 약속을 지키려면 미리 준비가 필요하며, 현재 커리어를 밟고 있는 모든 연령대의 학습자에게 동일한 서비스를 제공할 수 있어야 한다고 굳게 믿는다. 이렇게 평생학습으로의 전환이 일어나면 필연적으로 재학생과 졸업생의 구분이 모호해진다.

이 '교육 얼리어답터'들은 학위 기반 프로그램을 제공하는 것에서 학습 서비스를 개발하는 쪽으로 근본적인 변화를 꾀하고 있으며, 거기에는 코칭과 상담뿐 아니라 기업에서 요구되는 인간 고유의 능력을 함양하는 것이 포함된다. 또, 배우고 익히는 순서를 학습자 스스로 정할 수 있는 기회도 많아져야 한다. 어떤 사람은 처음에 4년이 아닌 2년만 학교를 다니고 나중에 돌아와 나머지 2년을 다니려고 할 것이다. 그와 더불어, 기업에도 여러 진입점이 필요하듯, 교육기관에도 다양한 진입점과 진출점이 마련돼야 할 것이다. 이러한 유연성은 필연적으로 교육 과정 설계에 커다란 영향을 미치게 된다. 특히 모듈성 modularity●이 증대될 것이며, 학위보다는 세분화된 자격 취득을 중심으로 과정이 개편될 것이다. 단기 교육 과정을 통해 학습자는 '학습 근육'을 단련할 수 있고, 기술의 변화에 직면했을 때 새로운 직능을 익힐 수 있으며, 일과 가정 모두에 헌신하기가 좀 더 쉬워진다.

이러한 진전은 성인교육을 더욱 다양하고 유연하게 만들 것이다. 현재 3년이나 4년으로 표준화된 교육 과정으로는 학습자가 원하는 만큼의 유연성을 확보할 수 없음이 자명하다. 따라서 기업의 의제와 마찬가지로, 교육의 의제에서도 3단계 삶을 뒷받침하는 표준화되고 구조화된 제도적 프로세스와 다단계 삶이 요구하는 보다 유연하고 맞춤화된 프로세스 간의 충돌이 불가피할 것으로 예상된다.

나이를 잊는다

3단계 삶의 모델에서는 연령대별로 교육기관이 극단적으로 나누

● 전체를 구성하는 요소들을 분리하거나 재결합할 수 있는 성질.

어졌다. 그러나 앞으로 평생학습은 단순히 더 많은 연령대에 교육을 제공하는 것을 넘어 그들을 **혼합**하는 역할을 할 것이다.

세대 간 섞임이 모든 당사자에게 유익하다는 증거는 많다. 직무 관련 기술 및 지식을 배양하는 훈련은 다른 연령의 사람끼리 자연스레 어울리기 좋은 기회이다. 이들은 취업이라는 공통의 목표를 공유하며, 나이 든 사람의 직무 경험은 젊은 학습자에게 긍정적인 파급 효과를 줄 수 있다.

이러한 프로그램은 이미 등장하기 시작했다. 스탠퍼드의대 학장을 지낸 필립 피조Philip Pizzo는 2015년에 스탠퍼드 우수 커리어 교육원Distinguished Career Institute(DCI)을 설립했다. DCI는 "성공한 커리어를 달성한 중년의 사람들이 목적의식을 재건하고, 새로운 공동체를 형성하고, 건강을 회복하고, 사회적 영향력을 발휘하는 새 역할을 위해 스스로를 변화시킬 기회를 제공"하는 1년짜리 프로그램을 운영한다.[10] 중요한 것은, 이 프로그램의 참여자가 자신의 교육 과정을 소화하는 동시에 젊은 학생들과 학부 과정을 공유한다는 점이다. 피조는 이러한 세대의 뒤섞임을 프로그램의 부산물이 아닌 핵심 요소로 본다. 그는 세대 간 교류가 학습 경험을 확장시킬 뿐 아니라 DCI 참여자가 삶의 활력을 되찾고 새로운 목적을 얻는 데 기여한다는 확고한 신념을 갖고 있다. 게다가 참여자들은 풍부한 커리어 경험을 바탕으로 학부생의 멘토 역할도 한다. 성인학습이 이러한 방향으로 확장되면 나이의 장벽이 허물어지고 연령대가 다른 사람들이 서로 도울 수 있는 훌륭한 기회가 만들어진다.

학위에 덜 의존한다

과거에는 대학에 등록하고 졸업장을 따는 것이 똑똑한 선택이었다. 미국의 경험을 예로 들어보자. 1982년부터 2001년까지 미국 대졸 노동자의 평균 임금은 30% 상승했다. 하지만 같은 기간 고졸 노동자의 평균 임금은 제자리였다. 실업률 분석에 따르면, 보통 학력이 높으면 실업률은 낮다. 그러나 최근 수십 년 동안 대학 졸업장의 평균 프리미엄은 계속 떨어졌다.[11] '스펙'을 낮추어 취직하는 대졸자가 꾸준히 늘고 있다. 전문 직종의 신규 또는 취업 가능 일자리 수보다 대졸자 수가 훨씬 많아졌기 때문이다. 2016년 영국의 경우 대졸자 절반은 학사 학위가 필요치 않다고 명시된 직책에서 일하고 있다.[12] 그러다 보니 학위의 가치는 점점 전공 분야, 보유 직능, 해당 학위를 수여한 교육기관의 명성에 의존하게 되었다.

게다가 대학 졸업장은 비싸져만 간다. 미국의 경우 1988~2018년 4년제 공립 대학교의 학위 취득 비용 상승폭은 동 기간 물가상승률의 200%가 넘는다. 이러한 상승이 일으킨 심각한 연쇄 반응의 결과 오늘날 미국의 학자금 대출액이 1조5천억 달러가 넘는다. 이는 신용카드 부채나 자동차 대출금보다 많은 액수다. 영국의 경우 1998년까지는 대학 등록금이 무료였으나, 현재는 최대 연 9250파운드에 달한다. 학자금 대출 총액은 1천억 파운드를 돌파했으며 빠르게 상승 중이다. 이는 학자금 대출의 채무불이행 비율 증가로 이어질 수밖에 없다. 미국의 경우 학자금 대출의 약 11%가 채무불이행 상태이며 영국은 학생 중 17% 정도만이 학자금 대출을 전액 상환할 수 있을 것이다. 이는 대학을 나온 사람 대부분은 40~50대까지 갚아야 한다는 의미다.[13]

이러한 추세 때문에 교육시장의 성장은 비학위 부문에 편중될 것이다. 미국 대학생은 평균 3만 7천 달러, 영국 대학생은 평균 5만 파운드의 빚을 안고 졸업한다. 이렇게 처음 학위를 취득하는 비용에 평생교육 비용이 포함되지 않는다면, 사람들은 나이가 들어서는 더 짧고 저렴한 교육 과정에 의존할 수밖에 없다. 게다가 처음 취득한 학위의 가치가 불확실한 상황에서는 쌓아올릴 수 있고 추후에 증강할 수 있는 더 작은 단위의 모듈식 자격증●을 취득하는 것이 합리적일 수 있다.

기술적 창의성은 이러한 교육 과정 개설에 박차를 가하고 있다. 에듀테크 기업●●인 유다시티의 나노학위를 예로 들어보자. 유다시티 학습자는 6~12개월 동안 주당 10~20시간을 학습하면 초급 기술직 취업에 필요한 교육을 이수하고 직능을 습득할 수 있다. 이 단기 과정은 새로운 직능을 배울 수 있고 미래의 선택 폭을 넓히기에 성인 학습자에게 인기가 많다.

다행인 것은, 100년 넘게 꾸준히 발전해온 교육제도의 성장이 계속될 전망이라는 점이다. 우려스러운 것은, 향후 이러한 성장이 오늘날 사회에서 푸대접 받는 성인교육, 직능 및 취업 중심 교육, 단기간·모듈식·누적식 교육●●● 과정에 집중되리라는 점이다.[14] 이러한 교육 형태가 신뢰를 얻고, 자격을 갖추고, 포용성을 확립하고, 기술의 도입을 가속화하려면 진정한 창의성이 요구된다.

●　특정 과목을 이수하면 해당 직능에 대한 자격 요건을 부여받는 것.
●●　IT기술을 활용하여 교육 서비스를 제공하는 기업.
●●●　누적식 교육에 대해서는 242쪽 참조.

구매자가 조심해야 한다

교육을 받는 가장 기본적인 목적은 모르는 것을 배우기 위함이다. 이것이 문제가 될 수 있다. 즉, 아직 모르기 때문에 그들이 제안하는 교육이 정말 좋은지 판단하기 어렵다. 예컨대, 톰이 구글에 '코딩 교육'을 검색하면 다양한 가격으로 온라인이나 대면 교육을 제안하는 '학교'가 무수히 나열된다. 그는 어떤 곳을 골라야 할까?

톰은 전형적인 정보 비대칭의 문제, 즉 합리적 선택을 위한 충분한 안목을 갖지 못한 상황에 직면했다. 보통 이런 상황에서는 자신이 이미 알고 있거나 남들이 알고 있는 업체의 교육 과정에 등록해버린다. 스스로 교육 과정을 구성할 '노하우'가 충분치 않다고 생각하기 때문이다.

이는 교육 부문의 의제에서 중요하게 다루어야 할 이슈다. 평생학습에서 비학위 과정이 차지하는 비중은 점점 늘어나고, 그러한 과정들이 내세우는 기준과 검증 방식도 더 다양해질 것이다. 아울러 새로운 교육기관의 수도 크게 늘어나고, 개중에는 수익만을 목적으로 설립된 곳도 있을 것이다. 결국, 교육 과정과 제공업체를 판단할 때의 불확실성은 더욱 커질 수밖에 없다. 사람들은 과장해서 홍보하는 교육 상품에 돈을 낭비할 위험이 있다. 더 많은 사람이 자기주도 학습을 계획할수록 이러한 위험도 커진다. 의제는 명확하다. 다양한 규제를 통해 금융 서비스를 검증하듯 교육 분야의 투자 대비 효과에 관한 홍보에 대해서도 규제를 강화해야 한다. 이를 위해 교육 서비스 업계가 자체적으로 연맹을 결성하고 표준을 확립하여 업계에서 제공하는 교육 과정을 학습자가 신뢰할 수 있도록 해야 한다. 과정을 수료한 학습자들의 신뢰할 만한 취업률 데이터도 중요한 기준이 될 수 있다. 어떤 교육 과정이 얼마나 효과적인지에 대한 투명하고 미더우며 통일된 기준 없이는 금융 부문에서 흔히 발생하는 불완전 판매*의 위험이 교육 부문에도 상존하게 된다.

누적과 통용이 가능한 자격 취득하기

이러한 정보 비대칭의 문제를 해결하려면 고용주와 학습자 모두가 쉽게 알아볼 수 있는 신뢰할 수 있는 자격 증명을 만들 필요가 있다. 평생학습이 더 짧고 빈번한 교육으로 이루어진다면, 이를 통해 습득한 직능은 '누적성stackable', 즉 측정 가능한 방식으로 누적할 수 있어야 하고, '통용성portable', 즉 그 자격의 가치를 여러 회사와 부문에서 인정받을 수 있어야 한다.

자격을 어떻게 증명할 것인지는 평생교육의 핵심 의제다. 현재는 학위 등 자격증이 근거가 된다. 학위는 말 그대로 종이 한 장이며, 이 종이를 취득하는 것이 상당한 경제적 이익으로 이어질 수 있다. 하지만 그 사람이 유용한 직능을 축적해왔다는 사실을 학위가 증명할 수 있을까? 만약 그랬다면, 기업은 수강 과목과 학점이 기록된 성적증명서의 세부 사항에 지금보다 훨씬 큰 관심을 보일 것이다.

학위와 직능의 연관성을 설명하는 또 하나의 방법은 마이클 스펜스Michael Spence의 **신호 이론**Signalling Theory이다. 이 이론으로 스펜스는 노벨 경제학상을 받았다. 그의 주장은 다음과 같다. 대부분의 기업은 유능한 사람을 채용하길 원한다. 그러려면 누가 유능한지 판단할 방법이 필요하다. 한편, 학위 취득에는 (등록금과 소득 손실의 측

● 금융 상품의 특징이나 장단점, 운용 방법, 위험 요소 등을 충분히 안내하지 않고 판매하는 행위.

면에서) 비용이 많이 들지만, 쓸모 있는 직능은 가르치지 않는다고 할 수 있다. 하지만 그 학위를 유능한 사람만 딸 수 있다면, 이는 고용주에게 그 학위 보유자가 유능하다는 일종의 신호로 작용한다. 왜냐하면 덜 유능한 사람은 직능을 배워 생산성이 오르는 것도 아니요, 졸업할 확률도 낮기 때문에, 애초부터 그 학위 과정에 등록하지 않을 것이기 때문이다. 결국, 학위가 덜 유능한 사람을 솎아내는 거름망 역할을 하는 것이다.

데이비드 블레이크와 켈리 파머는 '전문성 경제expertise economy'에 대한 그들의 저서*에서 이런 질문을 던진다. "당신은 하버드대학교에서 교육을 받되 학위는 받지 못하는 것과 출석은 하지 않고 학위만 받는 것 중 어느 쪽을 택하겠는가?"[15] 이 질문에 대한 대답은 교육이 생산성을 높이는지, 혹은 단지 신호 역할만 하는지에 대한 당신의 견해를 말해준다.

기업이 정말로 원하는 것은 개인이 보유한 직능에 대한 정보와 가장 우수한 지원자를 선별하는 방법이다. 그러한 지원자를 선별하기에 학위, 추천서, 면접 성적 등은 불완전한 근거다. 의제는 명확하다. 학교를 다니던 사람이든, 일을 하던 사람이든, 개인이 습득한 모든 것의 자격을 입증할 수 있는 더 좋은 방법, 그리고 기관에서 발행한 자격 증명을 실용적인 기준으로 평가할 수 있는 더 쉬운 방법이 필요하다.

빅데이터와 인공지능은 검증 가능한 방식으로 교육 수준과 전문성을 측정하는 데 중요한 역할을 할 수 있을 것이다. 넷플릭스 플랫폼의 머신러닝이 사용자의 시청 패턴을 이해하고 예측하듯, 직능에 대

● 데이비드 블레이크와 켈리 파머가 2018년에 지은 책의 제목으로, 기업이 학습과 직능을 활용하는 방법을 다룬다.

해서도 머신러닝을 적용할 수 있을 것이다. 인공지능으로 개인의 여러 학습 활동(직무 및 여타 경험, 독서 등)을 모니터링하여 그에 관한 다층적인 직능 프로필을 만들 수 있다. 이 프로필은 현재 보유한 지식과 미래에 필요할 지식 간의 격차를 확인하는 데 사용된다. 또, 그 격차를 메우고 직능을 평가하는 데 필요한 교육 과정 추천 알고리듬도 제공된다. 향후 인공지능이 교육에 줄 수 있는 가장 큰 선물은 학습을 위한 플랫폼이 아니라, 개인의 행동과 성과로부터 그 사람이 보유한 지식을 측정하고, 모니터링하고, 인증할 수 있는 방법을 제공하는 것일 수 있다.

그렇게 되었을 때의 관건은 기술적 전환의 시대가 필요로 하는 중요한 인간 고유의 능력, 즉 '소프트 스킬soft skill'이 될 것이다. 1980~2012년 미국 전체 노동시장에서 높은 수준의 사회적 상호작용이 필요한 일자리는 12% 가까이 늘어난 반면, 수학 능력이 많이 필요한 일자리는 오히려 감소했다.[16] 온라인 환경에서 성공적으로 발전한 단기 강좌 중 상당수는 코딩을 비롯한 기술적 직능에 집중돼 있다. 문제는 어떻게 공감, 판단, 협업 등 인간 고유의 능력에 중점을 둔 교육 과정을 고용 친화적으로 확대할 것인가이다.[17] 우리는 특히 가상현실 등의 신기술이 대면 상호작용을 활성화하고 지원하여 그것을 달성할 수 있을 거라 기대하고 있다.[18]

가장 큰 문제는 인간 고유의 능력에 중점을 둔 교육 과정이 인정받고 발전할 수 있느냐다. 기업이 이 새로운 자격을 인정하기까지 시간이 얼마나 소요될 것인가? 또 교육기관, 사교육업계, 기업, 규제 당국은 이를 어떻게 발전시켜나갈 것인가? 이 문제를 해결하려면 무엇보다 규제 당국이나 교육기관이 자발적 표준을 확립하기 위해 체계적으로 움직일 필요가 있다. 그러지 못하면 장수 시대의 핵심 지지대인 성인교육이 제구실을 하지 못할 것이다.

포용적 학습 체계 구축

평생학습 기회는 실업자, 회사의 지원이 미미한 직업 또는 소득이 생계유지에 충분치 않은 직업을 가진 사람을 포함해 누구나 활용할 수 있어야 한다. 이는 사회정의에 관한 주장이기도 하다. 모든 사람은 진화하는 세상과 함께 번영할 권리를 가진다. 더욱이, 우리가 기술과 장수가 주는 경제적 이익을 취하고 생산성 향상의 과실을 수확하려면 성인교육의 대규모 공급이 필수적이다. 총 60년에 걸쳐 40년만 열심히 일하고 20년은 무직이나 저임금으로 스마트 머신을 모니터링하며 소일한다면, 이는 경제적 기회 손실이자 사회문제가 될 것이다.

포용적 학습 체계 구축은 정부의 핵심 의제가 되어야 한다. 이를 구축하지 못하면 성인교육은 부유층의 전유물로 남을 가능성이 크다. 그러지 않아도 현재 성인교육의 최대 이용층은 고학력자다.[19] 때문에 더더욱 정부는 성인교육의 접근성을 높여야 한다. 직능이 부족한 사람이 기술의 영향에 더 취약하기 때문이다. 일부 국가는 행동에 나섰다. 싱가포르 정부는 2016년 1월부터 25세 이상 모든 국민에게 500싱가포르달러(미화 345달러)의 1차 '스킬스퓨처SkillsFuture' 크레딧을 지원하여 직능 향상과 재교육을 장려하고 있으며, 주기적인 추가 지원의 가능성도 열어두고 있다. 이 크레딧은 대학, 대규모 온라인 공개강좌 등 500개 공인 기관이 제공하는 교육에 사용할 수 있다. 싱가포르 정부는 '스킬스퓨처'에 2016년 연 6억 싱가포르달러의 예산을 배정했고, 2019년까지 이를 10억 싱가포르달러로 확대할 계획이다.

또 하나 생각해볼 수 있는 방법은 국가 지원이다. 공인된 직업 관련 교육을 받는다는 조건으로 모든 국민에게 생애 중 총 12개월 동안 급여를 지원하는 것이다. 이런 제도가 있으면 에스텔은 자신이 원하는 미용 강좌를 수강하는 동안 생계 지원을 받을 수 있다. 또, 정부가 기업을 규제하여 일정 기간 이상 근속한 직원이 정해진 기간 동안 학습 휴가를 가질 수 있는 법적 권리를 부여하고, 그동안 (출산휴가처럼) 그들의 자리를 비워두도록 할 수도 있다. 미국, 싱가포르 등 일부 국가는 학습에 대해서는 이미 평생 세액공제를 실시하고 있다. 물론 지원 범위와 액수는 더욱 확대되어야 한다.

'개인별 학습 계좌' 개설을 장려하는 것도 유력한 방안이다. 이는 미래의 교육적 필요를 위해 해당 계좌에 입금된 돈에 대해 일정 한도 내에서 세금 감면을 청구하는 제도다. 연금에 대한 세금 혜택과 유사하다. 정부는 또 기업이 직원 채용 시 그의 개인 학습 계좌에 일정 금액을 지급하도록 하거나, 그러한 계좌에 입금된 정리해고 수당에 대해 보다 넉넉한 세금 혜택을 제공할 수도 있다.

일부 교육기관은 학습자에게 '소득 공유 계약income share agreement'을 알선한다. 이는 일반적인 학자금 대출 운용 방식과 달리, 교육 제공자가 학습자에게 공동 출자하는 것에 가깝다. 학습자의 수업료는 우선 교육기관이 충당하고, 나중에 학습자의 급여가 일정 수준 이상이 되면 학습자가 상환을 시작한다. 수업료는 정해진 기간 동안 고정된 비율로 인출된다. 다단계 삶에서는 교육이 날로 중요해지는 만큼 평생학습을 재정적으로 뒷받침할 수 있는 점점 더 혁신적인 장치를 만드는 데 사회적 창의성이 발휘되길 기대한다.

하지만 지원책을 마련한다고 해도 교육비 자체가 너무 비싸면 교육은 포용적일 수 없다. 앞에서 소개한 스탠퍼드대학교의 우수 커리어 교육원은 등록금만 약 7만 달러이다. 확실히 절대 다수는 감당할 수 없는 금액이다. 그와 비슷하면서도 가격은 낮아서 누구나 참여할 수 있는 과정을 개발할 수는 없을까? 우리는 할 수 있다는 희망을 품고 있다. 우리의 낙관론은 '배리언의 규칙Varian's Rule'[20]에 근거한다. 배리언은 "간단히 미래를 예측하는 방법 하나는 현재 부유층이 가진 것을 보면 된다. 중산층은 10년 후에 그와 동등한 무언가를 갖게 되고, 빈곤층은 20년 후에 갖게 될 것"이라고 했다. 삶의 중요한 기로에 선 사람이 인생의 계획과 목표를 검토할 수 있도록 지원하는 저비용, 대규모 프로그램을 개발하는 데 사회적 창의성을 집중해야 한다.

이미 이 방면에서 참신한 실험 결과가 나오고 있다. 이를테면, 2017년에 영국 정부가 후원한 '국가연금 수급 연령에 관한 크리들랜드 리뷰Cridland Review of the State Pension Age'가 발표됐다. 이 보고서는 개인의 직능, 재정, 건강, 인간관계를 검토하고 미래의 진로와 목표를 평가하여 그 사람의 라이프스타일을 종합적으로 점검하는 '중년의 MOT'[21] 제도의 확립을 권고했다. 같은 시사점을 지닌 실험이 여러 조직에서 진행 중이다. 보험회사 아비바Aviva와 리걸 앤드 제너럴Legal & General, 정부기관인 연금상담서비스the Pension Advisory Service, 인적자본 자문 기업인 머서Mercer도 시범 제도를 운영하고 있다. 교육 부문에서는 더블린시립대학교가 '고령 친화적 대학교Age Friendly University(AFU)'를 자처하며 "생의 다음 단계를 역대 최고의 시기로 만드는 데 필요한 도구, 자원, 학습, 성찰의 시간" 제공을 목표로 하는 '고급 전환 프로그램Advanced Transitions'을 운영하고 있다. 더

블린시립대학교는 전 세계 고령 친화적 대학교 네트워크의 일부다.

평생학습의 중요성에 대한 인식이 높아지고 있지만, 많은 국가에서 성인교육, 특히 시간제, 비학위 과정은 활성화에 어려움을 겪는다. 영국의 경우 대학의 학부 과정은 크게 확대된 반면, 2004~2016년 성인학습자 수는 절반 가까이 줄었다. 특히 시간제 과정 부문의 타격이 컸다. 이 추세를 뒤집는 것이 우선 의제가 돼야 한다. 2017년 맥킨지글로벌연구소의 한 보고서에는 이렇게 단적으로 쓰여 있다. "이를 위해서는 지속적인 투자, 새로운 교육 모델, 노동자 전환● 연착륙 프로그램, 소득 지원, 공공 부문과 민간 부문 간 협업을 포함하는 마셜 플랜●● 규모의 정책이 필요할 수 있다."[22]

기술을 최대한 활용하라

필요한 만큼의 교육을 적절한 가격에 제공하는 데는 온라인 디지털 강좌가 큰 역할을 할 것으로 기대된다. 코세라Coursera●●●와 일리노이대학교 어바나–샴페인 분교가 공동으로 개설한 온라인 MBA(iMBA)가 좋은 예다. 이 과정에 드는 비용은 2만 2천 달러로, 이는 같은 대학 오프라인 MBA에 드는 비용의 1/3이다. 그러나 초기의 성장세에도 불구하고 온라인 학위 개발은 현재 조심스러운 모양새이며 주로 석사 과정에 국한돼 있다. 대부분의 대학이 비용 측면에서 절감은커녕 큰 폭의 상승을 경험한 것으로 보인다. 디지털 콘텐츠와 전통적인 방식의 자료를 모두 제작해야 하기 때문이다.

● 　회사의 폐업이나 정리해고로 실직한 노동자가 새로운 직업을 탐색하는 것.
●● 　2차대전이 끝난 후 미국이 서유럽 국가들에 대해 실시한 대규모 경제 원조 정책.
●●● 미국의 온라인 강의 제공업체.

그럼에도 향후 수십 년간 온라인 강좌에 더 많은 투자가 이루어질 것이다. 그 이유 중 하나는 교실 기반 강의에는 없는 요소가 디지털 기반 강의에는 있기 때문이다. 우선, 디지털 강의는 학습의 '게임화gamification'(수업과 평가를 컴퓨터 게임과 유사한 경험적 과정으로 결합하여 학습을 즐겁게 만드는 것)로 교육적 이점을 제공할 수 있다. 또, 개인 맞춤형 교육이 더 용이할 뿐 아니라 빅데이터를 활용해 어떤 교수법이 더 나은 효과를 발휘하는지에 관한 훌륭한 식견을 얻을 수 있다.

기술은 교육을 혁신할 수 있는 엄청난 잠재력을 가지고 있다. 그러나 우리는 미국의 사회학자 트레시 맥밀런 코텀Tressie McMillan Cottom의 말도 새겨들어야 한다. "기술이 고등교육의 모든 병폐에 대한 해답이라고 믿는다면, 아마 기술도, 고등교육도 이해하지 못한 것이다."[23]

기술 기반 교육 기업 유다시티가 새너제이주립대학교와 협업했을 때 겪었던 난관을 예로 들어보자. 이 협업의 목표는 새너제이주립대학교와 여러 커뮤니티칼리지* 학생들에게 대수학, 수학 보충 과정, 기초 통계 등 3개 과정을 제공하는 것이었다. 이 협업에 관한 후속 연구에서는 유다시티에서 수강한 학생들의 학습 성과와 전통적인 대면 교육을 받은 학생들의 성과를 비교했다. 그 결과, 대면 그룹의 과정 합격률은 약 80%였지만, 온라인 그룹의 합격률은 30% 미만이었다.

그렇다고 온라인 강좌에 절망적인 결함이 있거나 시간이 지나도 개선될 수 없다는 뜻은 아니다. 이렇게 실망스러운 결과가 나온 원인

● 미국에서 성인교육의 확충을 목표로 대학에 병설한 단기 교육기관.

은 반드시 이해되고 개선될 수 있다. 이 사례에서 분명히 드러난 것은, 학생의 종류가 다양하다 보니 그중에는 심각한 학습 장벽을 경험한 학생들이 있었다는 점이다. 컴퓨터나 기기를 항시 사용할 수 없는 사람, 다른 삶의 요구와 학습을 병행하는 데 문제가 있는 사람, 또 기존의 지식을 확장하는 데 어려움이 있는 사람도 있었다. 이러한 어려움들은 평생학습 제공이라는 난제가 기술에만 의존해서는 풀리지 않음을 시사한다. 물론 기술은 강력한 도구다. 에스텔은 단기 온라인 강좌를 들을 수 있어 훨씬 유연한 방법으로 학습할 수 있는 선택권을 갖게 됐다. 그러나 에스텔이 새로운 직능을 습득할 때 맞닥뜨리는 어려움은 그저 학습이 유연해진다고 해결되지 않는다.

▌새로운 교육 제도

이미 교육 제도에서는 변화가 일어나고 있으나, 아직은 초기 단계다. 이는 고등교육기관들이 여전히 18~21세 학생들에게 초점을 맞추고 있기 때문인 이유도 있다. 하지만 앞으로는 평생학습을 지원하고 고령 학습자의 니즈와 동기에 부응하는 데 주력해야 한다. 시장의 상대적 규모를 생각할 때 교육기관의 잠재적 이익은 막대하다. 영국의 경우 전통적인 교육 연령층인 20~24세 인구는 현재 420만 명이지만, 평생학습 연령층인 25세 이상 인구는 4600만 명이 넘는다. 일본도 전통적 교육 연령층은 630만 명에 불과하지만 평생학습 연령층인 25~70세 인구는 7300만 명이 넘는다.

평생학습 연령층의 영향력은 이미 체감되고 있다. 2018년에 하버드대학교 평생교육원Harvard Extension School에는 나머지 하버드대학교 학생을 모두 합친 것보다 많은 사람이 입학했다. 이것이 의미하는 엄청난 상업적 기회를 고려할 때, 투자자들이 통 큰 베팅에 나서고 있는 것도 당연하다. 2010년에 벤처캐피털의 교육 부문 투자액은 약 7억 달러였다. 2018년에 이는 70억 달러로 상승했다. 더욱이, 교육 투자 기업 GSV자산운용의 공동창업자 마이클 모Michael Moe에 따르면, 2018년까지 8개의 교육 관련 '유니콘 기업'(10억 달러의 기업 가치를 달성한 기술 스타트업)이 탄생했다.

하지만 이 투자 관련 수치 너머에 사회적 창의성의 가장 중요한 요건 중 하나가 있다. 우리 사회는 확장성과 포용성을 둘 다 지닌 가운데 역동적으로 진행되는 평생학습을 절실히 필요로 한다. 하버드대학교 평생교육원 학장 헌팅턴 램버트Huntington Lambert는 이렇게 표현했다. "지금 내 유일한 열정은 평생교육 제공자 모두를 북돋아, 지식경제에 참여하기 위해 재교육이 필요한 2천만 미국인과 20억 세계인에게 기여하게 하는 것이다."[24]

평생교육의 의제는 방대하다.

8장

정부의 의제

정부는 사람이 행복한 번영을 향한 우리의 여정에 추동력 역할을 해야 한다. 정부는 지금 행동에 나서야 한다. 국민 모두가 사회적 개척자가 될 수 있도록, 또 되고 싶도록 하는 플랫폼을 제공해야 하며, 전환의 과정에서 타격을 입는 이들에게 안전망과 지원을 제공해야 한다.

이 역할은 매우 중요하다. 정부는 세금, 보조금과 혜택 신설, 입법, 규제, 조정 등 다른 기관은 갖고 있지 못한 권한으로 변화를 일으킬 수 있기 때문이다. 정부의 의제는 광범위할 수밖에 없지만, 이 장에서는 지금까지 이 책 전반에서 살펴본 직업, 커리어, 교육, 인간관계 등의 요소에 초점을 맞추기로 한다.

이러한 요소들의 관점에서 볼 때 오늘날 정부 정책의 토대가 시대착오적임은 명백하다. 너무 많은 정부 정책이 3단계 삶, 70세 수명에 기초하고 있다. 이러한 정책은 여전히 기업의 핵심 자산이 기계 설비와 부동산 등 물리적 자본이고, 여전히 사람들이 한 회사에 뿌리를 내리고 전업으로 일하며 커리어의 대부분을 보낸다고 전제한다. 이제 정부는 기업의 가치가 유형자산보다 무형자산에서 더 많이 비롯되며, 업무의 상당 부분이 유연하게 일하는 사람들을 통해 이루어지는 다단계 100세 인생 시대의 현실을 마주해야 한다. 여기에는 부정적 결과를 최소화하고 긍정적 결과를 유도할 수 있도록 기존의 기관, 정책, 규정을 재편하는 것도 포함된다.

부정적 결과를 최소화하려면 정부는 국민 모두가 미래에 대비하고 투자하는 것이 왜 꼭 필요한지 납득시켜야 한다. 이는 어려운 일이다. 과거에는 정부와 기업이 부담하던 리스크의 상당 부분이 지난 수십 년간 개인에게 전가됐기 때문이다. 예컨대, 장수 관련 리스크를 생각해보자. 대부분의 정부는 국가 연금 지급액을 줄였을 뿐 아니라 기업이 운용하는 확정급여형DB 연금 제도마저 그 수가 줄었다. 이는 우리가 매우 길 수도 있는 퇴직 기간을 자신의 저축에 의존해서 보내야 함을 의미한다. 기술적 변화와 관련된 리스크는 또 어떤가. 이 중요한 전환의 시기에 정부와 기업의 몫이었던 직무 훈련의 책임은 노동자에게 전가되었다. 결국, 노동자 스스로가 교육에 투자하지 않으면 일자리를 잃을 확률도 높아졌다. 마지막으로 직업 관련 리스크를 생각해보자. 기존의 꾸준한 전업 일자리에서는 어느 정도 안정적인 소득이 확보됐지만, 업무 일정이 들쭉날쭉한 긱 이코노미에서는 더는 그것을 기대할 수 없다. 이렇게 정부에서 개인으로 리스크의 이동이 이루어진 만큼 정부가 미래 대비의 필요성을 최대한 많은 국민에게 인식시키는 것이 매우 중요해졌다.

부정적 결과를 최소화하는 것도 중요하지만, 좋은 결과가 생기도록 지원하는 것도 정부의 역할이다. 이를 위해 정부는 에스텔, 톰, 잉 같은 사람들이 커리어의 기로에서 올바른 방향으로 나아갈 수 있도록 미래를 위한 서사를 만들어줄 수 있다. 노동시장과 직능에 대한 정부의 식견에 힘입어 국민은 다음 진로를 계획하고, 보다 생산적이고 시장성 있는 직능을 배울 수 있을 것이다. 정부는 혁신의 촉진자 역할도 해야 한다. 이를테면, 규제와 법률을 설계하여 잉 같은 사람이 더 오래 일할 수 있도록 하고, 자원을 제공하여 에스텔 같은 사람이 평생학습을 시작하도록 할 수 있다.

▌부정적 결과 방지하기

우리 모두는 일상에서 다양한 리스크를 안고 산다. 예를 들어, 혹시 집에 불이 날까 염려될 수 있다. 그럴 때는 연기 탐지기를 설치하고 보험에 가입해서 화재 리스크를 줄일 수 있다. 그러나 기술과 장수가 만드는 불확실한 미래에 대해서는 이야기가 다르다. 앞으로 일어날 수 있는 변화의 속도, 규모, 예측 불가능성까지 고려해야 하기 때문이다. 우리는 기술이 고용에 미칠 최종적인 영향이나 장수 시대에 유리한 인생 경로가 무엇인지 알 수 없다. 이런 리스크는 대처하기 어렵다. 게다가 화재 보험과 달리 그런 리스크에 대비할 수 있는 간단한 보험은 팔지도 않는다. 예상되는 리스크의 규모, 영향권에 있는 사람들의 수를 생각하면 이는 정부의 핵심 의제가 될 수밖에 없다. 정부는 실업, 질 낮은 일자리, 금융 불안, 건강 악화 등의 주요 리스크로부터 국민을 보호해야 하기 때문이다.

일자리 말고 사람을 지키라
정부는 기술 변화의 영향으로부터 노동자를 보호하는 방향으로 행동할 수 있다. 이를테면, 신기술 도입을 늦추는 규제안을 도입할 수 있다. 정부는 새로운 운송 플랫폼이 출현했을 때 택시 기사 등 기존 사업자를 대신하여 개입하거나, 안전 기준을 강화하여 자율주행 트럭의 출시를 늦출 수도 있다. 또, 기업이 정부의 허가 없이 노동자를 해고할 수 없도록 규제를 도입하거나 모든 종류의 정리해고에 높은 세금을 부과하는 법을 제정할 수도 있다.

일견 이러한 일자리 보호 정책은 리스크를 줄이는 좋은 방법인 듯 보인다. 하지만 여기에는 문제가 있다. 무엇보다 신기술을 규제하면 높아진 생산성이 경제 전반으로 확산되지 못하는 경향이 있다. 그렇게 되면 소비자는 가격 하락과 신제품 출시에 따른 혜택을 누릴 수 없을 뿐 아니라 경제가 저임금-저생산성의 늪에 빠질 위험이 있다. 또한 노동자의 해고를 어렵게 하면 그에 대한 연쇄 반응으로 기업은 고용을 꺼리게 된다. 고용을 꺼리는 효과가 충분히 커지면 오히려 실업률이 증가할 수 있다. 기술 변화에 맞서 고용률을 유지하려면 정부는 **일자리 소멸**을 막는 데 집중하기보다 **일자리 창출**에 전력해야 한다.

이것이 덴마크의 '유연안전성flexicurity'• 모델의 역점이다. 유연안전성 모델에서는 고용과 해고가 모두 쉽다. 실직자에게는 많은 지원책과 교육 기회가 주어지며, 재교육 과정은 성공적인 재취업으로 이어진다. 달리 말하면, 이 접근법은 일자리 보호가 아닌 노동자 보호 정책이다. 이렇게 고용의 유연성과 안정성의 결합하면 신기술을 통한 생산성 향상뿐 아니라 고임금 경제로의 전환을 꾀할 수 있다. 이 모델은 진로를 전환 중인 노동자의 복지를 적극적으로 지원하기도 한다.

● 고용의 유연성flexibility과 안정성security을 결합한 단어.

기술의 변화로 인한 일자리 손실 속도가 감당할 수 없을 만큼 빠른 경우에만 그러한 조류를 늦추는 정부 정책이 사용되어야 한다.

불평등을 넘어

불평등의 심화는 많은 나라에서 정치 문제로 부상했으며, 이러한 추세는 계속될 것으로 보인다. 독일의 사례를 분석한 연구 결과에 의하면, 노동자의 교육 수준과 자동화로 인한 실직 가능성 간에는 강한 반비례 관계가 성립했다. 별도의 직업 교육이 필요치 않은 일자리 중 절반 이상은 자동화로 인해 70%의 확률로 소멸할 것으로 예측된다. 이는 대졸자의 일자리 소멸 확률이 15%인 것과 대조적이다.[1] 자원과 '슬랙'이 가장 부족한 사람들은 자신들의 직업이 자동화될 때 마지못해 진로를 전환하게 될 가능성이 매우 높다. 정부는 그러한 에스텔과 같은 사람을 어떻게 도울 수 있을까?

최근 주목받는 정책 중 하나는 보편적 기본소득universal basic income(UBI)이다. 이미 미국, 핀란드, 케냐, 네덜란드, 스위스 등이 소규모 프로젝트를 통해 실험을 실시했다. 기본소득의 가장 순수한 형태는 연령, 재산, 고용 여부에 관계없이 사회 구성원 모두에게 일정 금액을 지급하는 것이다. 이는 방식에 구애받지 않고 사용할 수 있는 시민 소득citizen's income •으로, 그 금액은 노동을 하지 않고도 생계유지가 가능한 수준으로 책정된다. 이 제도의 옹호자들은 그것이 '로봇에 의한 종말'에 대비해 인간다운 삶을 보장할 수 있는 확실한 방법이라 주장한다. 보편적 기본소득은 현존하는 갖가지 제도적 미봉책들

● 보편적 기본소득UBI의 유의어.

의 조합보다 그 체계가 단순하고 부작용이 적으면서도 보편적 사회보장을 제공할 수 있는 수단이 될 수 있다.

어떤 이들에게는 보편적 기본소득이 단순히 실직자 보호를 넘어 좀 더 목적이 있는 일에 집중할 수 있도록 인간을 해방시키는 수단이다. 또, 최소한의 소득이 보장되기 때문에 리스크를 감수할 자원을 가진 사람뿐 아니라 누구라도 기업가로서의 재능을 펼칠 수 있다. 그렇게 된다면, 에스텔도 드디어 미용사 자격 취득에 필요한 학습에 집중할 수 있고, 미용실 창업을 위한 준비에 착수할 수 있다. 생계를 위한 노동에서 해방되면 지역 공동체는 어느 때보다 풍성한 봉사 활동과 투자의 혜택을 입게 될 것이다. 다시 말해, 보편적 기본소득은 사람들이 더 큰 성취감을 얻는 일을 하도록 지원할 것이다.

한편, 반대자들은 인간 행동의 바람직하지 못한 특성에 주목한다. 이들은 소득이 보장되는 상황에서 보수의 유무를 떠나 사람들이 어떤 형태의 직업도 갖지 않으려고 할 것을 우려한다. 물론, 기술이 인간의 모든 일자리를 대체한 세상이라면 기본소득으로 인한 노동 의욕 저하는 문제될 것이 없다. 그러나 아직 인간이 해야 할 일이 남아 있는 세상에서, 현 체계를 유지하는 것보다 노동 의욕이 더 많이 저하될지 여부는 중요한 쟁점이다.

보편적 기본소득에 소요되는 비용에도 우려의 목소리가 있다. 전 국민에게 지급한다는 특성상 예산 소모가 많고, 가장 필요한 이들에게 집중되는 것도 아니다. 가장 순수한 형태의 기본소득은 기존의 모든 사회보장 제도(실업급여, 사회신용social credit,* 연금, 소득공제

● 은행이 아닌 정부가 국민에게 무이자 혹은 초저금리로 돈을 빌려주는 것.

등)를 대체한다. 그러니까, 기존의 사회보장 제도에 쓸 예산이 UBI에 투입된다. 이는 보편적 기본소득에 소요되는 총비용이, 한 국가의 현존하는 사회보장 혜택이 얼마나 적재적소에 지원되고 있는지에 따라 달라진다는 의미다.[2] 일부 국가는 이 제도를 도입하면 예산을 더 써야 할 것으로 예상된다.[3] 영국은 약 440억 파운드, 프랑스는 약 27억 유로가 더 소요된다. 반면, 이탈리아와 핀란드는 각각 약 410억 유로, 15억 유로를 절약할 것으로 예상된다.

이보다 더 어려운 과제는 보편적 기본소득이 새로운 직업으로 전환하려는 이들을 도울 수 있는지 여부다. 이에 대해서는 결과가 나뉜다. 2019년, 핀란드 정부는 2년간의 시범 운영을 종료했다. 시범 운영 참가자에는 2천 명의 실직자도 포함돼 있었다. 시범 운영 막바지에 참가자들은 더 건강하고 마음이 편하며 자신감이 상승했다고 느꼈으며, 기본소득의 덜 관료적이고 덜 개입적인 속성을 호평했다. 그러나 구직에 성공할 확률은 이와 무관했다. 또한 다른 사회보장 제도와 견주어 그들의 동기를 강화시키지도, 의욕을 약화시키지 않았다.

어떤 사회보장 제도를 시행하든, 그것은 진로 전환 중인 이들을 지원하는 **동시에** 새로운 일자리 창출 가능성도 높일 수 있어야 한다. 이를 위해서는 실직 중인 사람에게는 기간을 막론하고 직무 훈련과 교육에 대한 지원이 있어야 한다. 또, 그 기간에 소득 지원이 이루어져야 하며, 재취업에 성공했을 경우 이 소득 지원이 임금 보조금*으로 전환될 수 있어야 한다. 한편 일자리 창출을 촉진하려면, 정부는 일의 개념이 넓어지고 있으며 새로운 일자리가 비단 정규직에만 국한

● 노동자의 임금 일부를 정부가 지원하는 것.

되지 않음을 인식하는 것이 중요하다. 따라서 자영업자에게는 스타트 업 보조금의 형태로 사회보장을 실시하고, 실직자에게는 지역 공동체 사업과 사회적기업 창업을 독려해야 한다.

정부가 일자리 창출에 기여할 방법은 또 있다. 교육, 새로운 직능 습득이 취업 가능성을 높이는 데 큰 역할을 하는 것은 분명하나, 전문 직종에 노동 수요가 집중되면 다수는 취업에 성공하기 어렵다. 이럴 때 정부의 역할이 있다. 자동화될 가능성이 적고 다양한 인간 고유의 능력을 필요로 하는 중소기업 일자리를 지원하는 것이다. 다시 말해, 정부의 산업 정책은 거대 기술 기업뿐 아니라 소규모 기업에도 초점 을 맞추어야 한다. 예컨대, 에스텔의 미용실 창업을 지원하는 정책은 진로 전환 기간에 고용률을 유지하는 중요한 수단이 될 것이다.

'질 낮은 일자리'로부터 노동자를 보호하라

더 많은 사람이 비정규직으로 일하게 되면 불안한 일자리가 많아 질 수 있다. 특히, 긱 이코노미 환경에서 계약자나 프리랜서에게 그런 일이 생길 수 있다. 물론 이런 일자리에도 장점이 있다. 라디카는 프 리랜서라서 누릴 수 있는 자율성과 자유로움을 사랑한다. 하지만 (어 쩌면 미래의 라디카를 포함해) '0시간 계약zero-hour contract'●으로 일 하는 많은 이들에게 불확실성과 회사 차원의 지원 부재가 리스크와 스트레스의 주원인이 될 수 있다. 이 새로운 형태의 직업 상당수는 직 무 교육도, 연금 지원도, 휴가도, 병가 급여도 받지 못한다. 이는 불안 감, 미래에 대비하지 못하고 있다는 느낌을 가중시킬 수 있다.

● 정해진 노동 기간이나 시간에 대한 계약 없이 고용주의 필요에 따라 일한 만큼의 시급만을 받는 노동 계약.

정부가 총대를 메고 비정규직 노동자들 스스로 연금, 교육, 보건 관련 니즈를 충족할 수 있도록 세금 혜택을 제공해야 할까? 아니면 기업이 더 넓은 범위의 일자리를 책임지도록 정부가 새로운 고용법을 제정해야 할까? 이에 대해서는 법원도 역할을 하고 있다. 2018년 12월, 영국 법원은 영국독립노동자연합IWGB의 손을 들어주며 이 문제에 대한 이정표를 제시했다. 법원은 우버가 운전기사를 노동자가 아닌 독립 계약자로 분류한 것은 위법이라고 판결했다. 그럼으로써 우버가 그들의 최저임금, 주휴수당 등의 기본권을 침해했다는 것이다. 앞으로도 유사한 판결이 이어질 것으로 예상된다.

우리는 이 책 전반에서 유연근무의 역할이 매우 중요하다는 주장을 펼쳤다. 삶에서 일하는 기간이 늘어나면 사람들은 일과 다른 것들, 이를테면 자녀나 연로한 부모 돌봄, 학습, 재충전 등과의 균형을 추구하기 때문이다. 직원을 소중히 여기는 회사라면 유연한 근무 환경을 노동 계약에 포함시킬 것이다. 하지만 그렇지 않은 회사도 있을 것이다. 정부의 의제에는 남성 육아휴직이나 연로한 부모 돌봄 등에 대한 좀 더 보편적인 '청구권'을 법제화할지 등도 포함된다.

마지막으로, 양질의 일자리와 그렇지 않은 일자리의 비율을 논하는 데 있어 기술이 어쩔 수 없는 운명은 아니라는 것을 인식하는 것도 중요하다. 우리는 노동자가 기술의 전환에 직면했을 때, 기존의 직능을 향상시키고 새로운 직능을 배우도록 정부가 정책적으로 지원해야 한다고 믿는다. 이러한 정책은 기업의 기술 투자가 인간을 **대체**하기보다 인간 고유의 능력을 **증강**하는 방향으로 이루어지도록 유도한다. 반대로, 노동자가 교육을 제대로 받지 못하고, 기업의 자본 투자에 대한 조세 감면을 늘려주면, 결국 기업은 비효율적인 인공지능으로 인간 노동력을 대체하려 들 것이다. 인공지능이 기술적으로 더 뛰어나서가 아니라 더 저렴하기 때문에. 이러한 시나리오는 결국 소비자 불만, 형편없는 고용률로 이어질 뿐이다.

최저임금, 사업장 안전규정 및 그와 유사한 노동자 보호 정책을 통해 정부는 더 많은 '좋은' 일자리 창출에 기여할 수 있다. MIT 교수인 대런 애서모글루는 이렇게 표현했다. "그러한 정책은 흔히 고용의 숨통을 조인다고 비난받는다. 하지만 그 정책이 오히려 성장의 선순환을 이루어낼 수 있다. 노동 비용의 하한선은 기업으로 하여금 경영을 합리화하고 생산 공정을 개선할 동기를 부여한다. 그렇게 되면 생산성이 향상되고, 이는 수요 증가로 이어진다. 마찬가지로, 정부는 제품 시장의 경쟁 체제를 유지시킴으로써 기업이 독점 가격을 부과하고 굳이 노동자를 추가로 고용하지 않아도 더 큰 이익을 거두는 것을 방지할 수 있다."[4]

재정 악화를 방지하라

미래를 충분히 준비하지 못한 이들에게는 심각한 리스크가 존재한다. 특히, 오래 살게 되면 저축이 바닥날 위험이 있다. 보험 시장에는 연금의 형태로 이러한 리스크를 완화하는 상품이 이미 존재한다. 개인이 일시불을 납입하면 보험사는 피보험자가 몇 살까지 생존하든 정해진 금액의 소득을 평생 제공하는 방식이다. 물론 피보험자에게 일시불로 투자할 돈이 있다는 가정하에서다. 그러나 또 다른 어려움이 있다. 이러한 종류의 보험은 역선택*에 취약하다. 간단히 말하면,

---

● 　보험사와 피보험자의 정보의 비대칭으로 인해 경제적 손실이 발생하는 것.

자신이 오래 살 거라 생각하는 사람이 몇 년 못 살 거라 생각하는 사람보다 이 보험에 가입할 확률이 훨씬 높다. 때문에 보험사는 고객의 건강 상태가 평균 이상이라고 전제하고 이 연금 보험의 가격을 책정한다. 이렇게 되면 연금보험의 지급 비율은 많은 피보험자에게 매력적이지 못한 금액이 되고 만다.[5]

　게다가 확정급여DB형 기업연금이 줄어들면서 장수의 리스크는 더욱 커졌다. 확정급여형 연금이란 노동자의 근속연수와 연봉에 따라 고용주가 해마다 일정 금액의 연금을 평생 지급하는 방식이다. 하지만 기대여명의 증가로 확정급여에 필요한 비용이 증가하면서, 대부분의 기업은 확정급여를 포기하고 확정기여DC형 연금으로 전환했다. 확정기여형 연금은 개인과 고용주가 투자한 액수, 금융 시장의 성과와 기대여명에 따라 금액이 변한다. 이러한 확정기여형 연금으로의 전환은 개인의 행동과 노력에 더 큰 무게를 싣는 것으로, 개인은 더 큰 장수 리스크에 노출된다. 이러한 리스크를 줄일 수 있는 방법 하나는 정부가 국민의 노후에 사회보장 혜택을 제공하는 것이다. 다만, 개인의 소득이 높을수록 사회보장 제도가 제공하는 보험은 줄어든다. 따라서 정부는 국민이 노후 연금을 최대한 연금보험의 형태로 설계할 수 있도록 그에 대한 세금 혜택을 늘릴 필요가 있다.

　정부가 저축을 장려하는 것도 국민을 돕는 방법이다. 미국 국립노후보장연구소National Institute on Retirement Security는 55~64세 미국인의 은퇴 대비 저축액의 중간값을 0으로 추산했다. 은퇴 계좌를 보유한 사람조차 평균 잔액은 8만8천 달러에 불과했다. 현재 이자율을 기준으로 하면 이는 연 소득 2천 달러에도 미치지 못한다. 은퇴에 대비하여 저축액을 늘릴 수 있는 좋은 방편 중 하나는 1992년에 호주 정부가 도입한 연금 자동가입 제도다. 연금 자동가입 제도하에서는 직원이 '연금 냄비pension pot'(퇴직연금superannuation 보장 계좌를 뜻하는 것으로 '슈퍼스Supers'라고도 부른다)에 불입하는 액수의 3% 이상을 고용주가 부담해야 한다. 해를 거듭하면서 이 기여율은 상승하여 2019년에는 9%까지 오를 계획이다. 슈퍼스가 효과를 발휘할 수 있는 이유는 사람들의 행동에 '넛지'를 활용하기 때문이다. 개인과 기업이 자발적으로 연금 냄비에 돈을 불입하고 기여하도록 설득하기는 어렵다. 하지만 자동가입 제도는 옵트인이 아닌 옵트아웃 방식이기에 힘을 발휘한다. 사람들은 보통 연금에 적극적으로 가입하려 하지 않지만, 같은 원리로 이미 가입된 연금에서 적극적으로 탈퇴하려고도 하지 않는다. 노동자를 위한 자동가입 제도는 비교적 수월하게 시행됐지만, 노동시장 구조의 변화로 인해 이 제도에도 다시 한번 사각지대가 생기고 있다. 어떻게 하면 자동가입 제도를 확대하여 더 많은 리스크에 노출된 비정규직 노동자를 보호할 수 있을까?

이른 나이에 신체적 능력을 상실한 상태로 오래 사는 것도 문제가 된다. 60세에 치매 진단을 받은 사람이 90세까지 산다고 생각해보자. 이는 개인뿐 아니라 가족에게 커다란 경제적·정서적 부담을 안긴다. 이런 리스크에 대한 비용은 누가 감당할 것인가? 사람들이 자신을 돌볼 만큼 어느 정도까지 저축하리라는 합리적인 기대는 할 수 있다. 그러나 아주 오랜 기간 많은 비용이 소모되는 돌봄을 감당할 만큼 충분히 저축하리라 전제하는 것도 합리적일까? 정부에게 이 문제는 점점 중요해지고 있다. 2011년, 영국 정부는 딜놋 보고서Dilnot Report*를

● 영국 정부의 의뢰로 경제학자 앤드루 딜놋이 이끄는 딜놋 위원회Dilnot Commission가 2011년에 발간한 보고서. 노인과 장애인을 위한 사회적 돌봄 재원 마련 방안을 담고 있다.

3부 인간 사회

의뢰했다. 딜놋 보고서는 개인이 자신을 위한 사회적 돌봄 비용에 평생 최대 3만5천 파운드까지 기여하되, 여기에 적격성 검증 과정을 도입하여 소득이 낮은 사람은 기여하지 않고, 자산 규모에 따라 개인의 기여도를 증가시킬 것을 제안했다. 나이 듦의 양상이 다양해짐에 따라 이러한 '꼬리 위험tail risk'•을 보장할 수 있는 사회보험을 제공하는 것이 중요하다.

유병 기간을 줄이라

클라이브는 자신의 장기적인 건강(유병 기간)이 걱정이다. 특히, 생의 막바지에 오랜 기간 병치레를 할까 염려가 많다. 클라이브는 아마도 자신이 아버지보다는 오래 살겠지만, 그 기간 내내 건강하리라는 보장은 없다는 것을 안다. 그에게 좋은 소식이 있다. 1990~2015년 195개국에서 진행된 연구에 따르면 "건강하지 못한 상태로 산 기간의 **비율**은 1990년 이래 비교적 일정하게 유지되었다."[6] 이는 사람들이 삶의 대부분을 건강하게 산다는 뜻이고, 따라서 **추가**된 삶의 기간 대부분도 건강할 것이라는 의미이다. 단, 건강하지 못한 상태로 산 기간의 **비율**은 증가하지 않았지만, 그렇게 보낸 **실제 기간**은 증가했다. 이렇게 생각해보자. 수명의 70%를 건강하게 산다고 하면, 기대여명이 10년 늘어날 경우에 7년은 건강하지만 3년은 아프다는 뜻이다.

따라서 정부는 유병 기간[7]의 단축을 우선 과제로 삼아 건강하지 못한 채 보내는 생의 막바지 기간을 줄여야 한다. 이는 클라이브와 같

● 발생 빈도는 적으나 한번 일어나면 피해가 큰 위험 요소.

은 사람들에게 중요한 문제이며, 표1-3 에 나타난 보건비의 급증을 늦추기 위해서도 중요하다. 다시 말해, 시카고 일리노이대학교의 제이 올샌스키Jay Olshansky가 '레드존red zone'이라고 부르는, 노쇠와 병마를 특징으로 하는 인생의 마지막 기간에 집중해야 한다는 뜻이다.[8]

그러기 위해서는 나이의 **가변성**을 고려하는 것이 방법일 수 있다. 즉, 나이 듦의 과정이 한 가지로 정해져 있지 않음을 인식하는 것이다. 표1-3 은 사회가 고령화되면 보건비가 상승할 수밖에 없음을 보여준다. 이는 우려스러운 일이다. 하지만 이러한 현상 때문에 우리는 이른바 '레드헤링 효과red herring effect'[9]*에 빠지게 된다. 다시 말해, 생활연령을 건강을 예측하는 핵심 변수로 착각하게 되는 것이다. 그러는 사이 정작 중요한 생물학적 연령을 놓치게 된다. 따라서 정부는 이제 사람들이 더 건강하게 나이 들도록 하는 데 집중하여 고령화 사회가 보건비 지출과 정부 부채에 미치는 영향을 줄여나가야 할 것이다.

어떻게 해야 사람들이 더 건강하게 나이 들도록 할 수 있을까? 우선 기술적 측면에서 노화 연구에 지원과 투자가 이루어져야 한다. 구글의 생명공학 부문 계열사인 캘리코Calico는 이미 1400억 달러를 투자하고 있다. 올샌스키는 이렇게 말했다. "만약 생물학적 노화 과정을 늦출 수 있다면, 심지어 아주 조금이라도 나이를 먹는 속도를 늦출 방법이 있다면, 노쇠, 장애, 사망을 유발하는 질환이 문자 그대로 전부 개선된다."[10] 노화 연구는 언젠가 생물학적 노화 과정의 비밀을 밝혀

● 어떤 근거가 잘못된 결론에 이르게 하는 현상. '레드헤링'은 강한 냄새를 지닌 '훈제 청어'라는 뜻으로 사냥개 훈련 중 후각을 교란시키기 위해 사용됐다는 설이 있다.

낼 수 있을 것이다.

하지만 현재로서는 보건제도의 초점을 건강이 악화되었을 때 **개입**하는 것에서 건강 수명을 연장할 수 있는 **예방**적 조치로 옮기는 것이 가장 효과가 클 것이다. 이는 어려운 일이다. 전통적인 보건제도는 젊은 사람을 치료하기에 적합하도록 설계돼 있기 때문이다. 즉, 젊은 사람이 아플 경우 개입하여 병상에서 집중적으로 치료하는 방식 위주다. 이는 인구가 젊을 때는 합리적인 방식이지만, 인구가 고령화하고 비전염성 질환의 질병 부담이 커지는 상황에서는 비싸고 비효율적이다. 영국 보건부 장관 맷 행콕Matt Hancock의 말처럼 국가 **병원**제도에서 국가 **보건**체계로의 전환이 요구된다. 이는 보건 서비스가 사람들이 자립을 유지하도록 지원하고, 동반질환의 발병을 늦추며, 발병할 경우 병을 다스리며 병과 함께 살아가도록 돕는 것을 목표한다는 뜻이다. 한 마디로, 질병보다 건강에 집중해야 한다.

이러한 변화가 일어나려면 연령차별적 전제들도 바뀌어야 한다. 나이가 많을수록 예방의학 분야에서 지원받을 수 있는 의료 자원이 적다는 연구 결과가 있다. 다소 역설적이긴 하지만, 고령화로 인한 의료비용의 증가를 억제하려면 의료 자원의 혜택이 연령에 관계없이 주어져야 한다. 고령 환자의 치료를 거부하는 것은 나이의 가변성에 대한 무지의 산물이다. 연령에 따른 보건비 지출의 증가 속도는 정해져 있지 않으며, 외부 개입을 통해 모든 연령에서 줄어들 수 있다. 이는 고령에서도 예외가 아니다.

더 나은 예방적 수단의 개발을 위한 기술적 창의성은 이미 발휘되기 시작했다. 정부 보건제도에 축적된 방대한 데이터를 통해 여러 알고리듬을 시험해볼 수 있으며, 이는 예방에 관한 더 나은 통찰을 제시한다. 여기에 개인의 건강 상태를 추적할 수 있는 생체지표biomarker●가 결합되면 예방의학이 개인별로 구체적인 건강 문제를 다룰 수 있을 것이다. 또, 인공지능을 활용해 원격진단을 실시하고 의사나 여타 전문 의료진과 소통함으로써 건강 상태를 수시로 점검하는 것도 가능해진다.

기술 발전에 따른 여러 장밋빛 전망에도 불구하고 예방의학에 가장 크게 기여할 수 있는 기술은 아직 기초 단계에 머물고 있지만, 종국에는 큰 힘을 발휘할 것이다. 벅 노화연구소Buck Institute for Research on Aging 소장 겸 CEO이자 노화방지 전문가인 에릭 버딘Eric Verdin은 이렇게 표현했다. "앞으로도 오랫동안 [노화 방지를 위한] 최고의 개입은 운동과 식습관일 것이다."[11]

각국은 이미 흡연량과 알코올 소비량을 줄이기 위해 세금을 부과함으로써 이러한 흐름에 가세했으며, 이제 당류로 눈을 돌리고 있다. 2011년에 헝가리가 처음으로 설탕세sugar tax를 도입한 이래 프랑스, 영국, 사우디아라비아, 태국, 그리고 인구 70%가 비만으로 추정되는 멕시코가 그 뒤를 이었다.

국민이 건강한 몸을 유지하고 활동적인 삶을 영위하도록 장려하는 것은 각국의 중요한 의제로 부상할 수밖에 없다. 더욱이 유럽 전체 인구 중 약 1/3은 신체 활동이 부족하고, 이로 인한 심장 질환, 당뇨병, 대장암으로 사망하는 사람이 연간 사망자 수의 10%로 추산되는 현재, 이러한 의제가 요구되는 것은 당연하다.[12] 일부 지방 정부도 행동에 나섰다. 이를테면, 도시계획가와 협력하여 보행자와 자전거 이

● 질병이나 노화 등 생물학적 변화의 증거가 되는 지표.

용자에게 매력적인 도시를 설계하고, 공공녹지를 확충하며, 도시 전체에 다니기 쉬운 길을 내는 것 등이다.

▌좋은 결과를 이끌어내기

정부가 좋은 결과를 이끌어내려면 세 가지가 중요하다. 사람들에게 미래에 유용한 직능을 습득할 경로를 제공해야 하고, 건강하게 나이 들 수 있도록 지원해야 하고, 장수 경제longevity economy를 창출해야 한다.

미래에 유용한 직능의 습득을 지원하라

정부는 국민이 자신의 커리어를 스스로 만들어가길 바란다. 그러려면 노동자는 지금 종사하는 직업에 앞으로 무슨 일이 일어날지 내다볼 수 있어야 하고, 미래를 계획할 때 향후 어떤 직업이 더 가치 있을지 알 수 있어야 한다. 여기에는 교육기관과 기업의 역할도 분명히 있다. 다만, 이들의 시각은 편파적이고 왜곡될 수 있기에 정부의 역할이 중요해진다. 정부의 역할은 다양한 자원과 이해당사자(중고등학교 및 대학교, 교육 담당자, 취업정보회사, 고용주, 정부 고용센터)로부터 데이터를 취합하고, 이를 바탕으로 특정 직업 및 직능에 대한 현재와 미래의 수요를 나타내는 지도를 제시함으로써 공공선을 실현하는 것이다. 일례로, 독일 연방 노동사회부는 2030년 직업의 미래에 대한 다양한 이해당사자 간 대화를 2년 동안 개최하여 이를 실행했다.

이렇게 현재와 미래의 직업 및 직능에 관한 지도를 작성하는 것도 중요하지만, 그러한 정보를 가장 필요한 사람에게 전하는 것이야말로 정말 어려운 일이다. 독일 정부는 그 점을 우선했다. 독일 정부는 우선 다양한 직무 교육기관과 제휴를 맺고 미래에 유용할 직능에 관한 데이터를 제공하여 그들의 교육 과정이 미래 직업의 니즈에 부합하도록 만들었다. 그다음에는 고용 지원 네트워크를 통해 미래의 직능에 관한 지도를 국민에게 배포했고, 사람들은 이 지도를 활용해 현재 종사하고 있는 직업의 전망과 앞으로의 적응 방안에 대한 상담을 받았다. 마지막으로 독일 정부는 기업 및 해당 기업의 노사 협의회와 긴밀히 협력하여 새로운 방식의 일과 학습을 시험해볼 수 있는 혁신 공간을 만들도록 독려했다.

한편, 영국에서는 정부의 지원을 받는 혁신 재단 네스타Nesta가 '열린 일자리Open Jobs' 프로젝트를 운영 중이다. 구직자는 '열린 일자리'를 활용하여 거주 중인 도시나 지역의 구인광고를 실시간으로 검색할 수 있을 뿐 아니라 다양한 직능과 직업의 2030년 전망을 탐색할 수 있다. 이러한 정책은 결국 기업과 교육기관이 미래의 직업 정보에 접근하도록 하여 그에 맞는 직무 교육을 설계하고 공급하도록 유도하기 위함이다. 이런 정보가 있다면 에스텔도 자동화에 대한 두려움과 계산원이라는 현 직업에 대한 불안이 과연 타당한지 검토해볼 수 있고, 이는 미용 기술을 배울 동기로 작용할 수 있다.

이 같은 정책을 수립할 때는 중앙정부와 지방정부 프로젝트 간의 균형이 매우 중요하다. 중앙정부의 역할도 크지만, 앞으로 시, 구, 지역 단위에서도 더 많은 혁신이 일어나고 사회적기업가 정신이 부흥할 것이다. 왜냐하면 장수와 기술의 영향이 지역에 따라 편차가 클 것이기 때문이다. 따라서 중앙정부의 정책만으로는 충분치 않다. 그뿐 아니라 지방정부의 정책은 사회적 개척자가 자신이 속한 지역 공동체에 무엇이 가장 주효한지 실험하고 이해할 수 있는 여지를 더 많이 제공한다.

건강한 나이 듦을 장려하라

정부는 여러 수단, 그중에서도 보건 및 의료 개입을 통해 국민 건강이 악화되는 결과를 줄일 수 있다. 노화의 **순환성**은 이 책의 중요한 주제 중 하나였다. 오늘의 젊은이는 미래의 노인이다. 오늘 그들의 행동이 미래에 그들의 나이 듦에 영향을 미친다. 노인층의 건강 격차는 약 1/4이 유전적 요인에서 기인하지만, 나머지는 건강 관련 행동 양식과 보건 불평등이 생애 전반에 누적된 효과가 크게 작용한 것이다.[13] 이는 단순히 보건, 의료, 운동에 대한 논의를 뛰어넘는 국가적 의제이다. 이 의제에는 대기오염, 스트레스가 심한 직업, 경제적 불안, 외로움, 인간관계의 빈곤이 현재와 미래의 건강에 미치는 영향이 포함된다.

정부는 또 고령화 사회에 대한 비관적인 목소리를 다스리는 데 긍정적이고 주도적인 여러 역할을 할 수 있다. 일본의 아베 총리는 2017년에 '인생 100세 시대 구상 회의'를 설립하여 이러한 움직임에 가세했다. 이 위원회의 목표는 핵심 이해당사자(장관, 노동조합, 교육 관계자 등) 간 협의체를 구성하고 더 길어진 미래에 투자하는 방법에 관한 국민의 인식을 제고하는 것이다. 위원회는 또 미래의 변화에 대처할 수 있는 광범위한 정책적 해결책을 설계하기도 했다.

또한, 정부는 보다 현실적인 장수 데이터를 수집해야 한다. 현재 각국이 내놓는 기대여명 데이터는 국민이 자신의 기대여명을 과소평가하도록 만들고, 따라서 미래를 부족하게 대비하게 된다. 이는 각국이 기대여명을 기간 방법period measures으로 추산하기 때문이다. 예컨대, 영국 정부가 기간 방법으로 계산한 영국인의 평균 기대수명은 남자 79.2년, 여자 82.9년이다. 정부가 발표하는 이러한 장수 관련 수치는 중요하다. 각종 매체에 회자되고 정부 간행물에도 부각되기 때문이다. 국민 대다수도 그렇게 알고 있게 된다. 하지만 이는 아주 정확한 수치는 아니다. 사실, 평균 기대수명 계산에는 코호트 방법이 훨씬 유용하다. 코호트 방법으로 측정하면 현재 영국의 평균 기대수명은 여자가 92.2년, 남자가 89.6년이다. 이렇게 발표하면 사람들도 10년을 추가로 대비할 것이다.

왜 수치에 차이가 있을까? 기간 방법은 2019년에 태어난 신생아가 2019년의 기대수명을 기준으로 평생을 산다고 가정한다. 즉, 이들이 65세가 되는 2084년에 66세까지 생존할 확률과 2019년에 65세인 사람이 66세까지 생존할 확률이 같다고 가정하는 것이다. 의학 발전의 역사를 고려할 때 이는 보수적인 가정이다. 하지만 코호트 방법은 미래에 사망률이 개선될 것을 염두에 두고, 2019년의 65세가 66세까지 생존할 확률보다 2084년의 65세가 66세까지 생존할 확률이 높다는 점을 계산에 반영한다. 정부가 국민에게 건강한 나이 듦의 서사를 제시하고 싶다면, 코호트 방법으로 계산된 기대여명에 더욱 중점을 두어야 한다. 그러지 않으면 국민이 장기적 안목을 갖지 못하고 미래에 충분히 투자하지 않을 위험이 있다.

장수 경제를 조성하라

정부가 국민을 건강하게 장수하도록 만드는 데 성공할수록 '장수 경제' 조성의 중요성도 더욱 중요해진다. 장수 경제를 조성할 수 있으면 사람들이 더 오래 살고 일할수록 경제는 (침체되지 않고) 성장한다. 이를 실현하려면 사람들이 단순히 오래 사는 것을 넘어 오래 일할 수 있도록 각종 제도와 정책을 정비해야 한다. 이것이 가장 어렵다. 현재 정부 정책의 근간은 생활연령과 3단계 삶에 크게 의존하고 있기 때문이다. 이는 '연령 고착age stickiness'으로 이어질 수밖에 없다. 생활연령에 고착된 나머지 경제가 생물학적 연령 개선에 따른 결실을 거두지 못하게 되는 것이다.

장수 경제 건설은 올바른 척도와 올바른 데이터에서 출발한다. 고령화 사회를 설명할 때 사용되는 주요 척도 중 하나는 고령 인구 부양비율old-age dependency ratio(OADR)이다. 이는 생산 가능 인구(16~64세) 대비 (전통적 퇴직 연령인) 65세 이상 인구 비율을 뜻한다. 고령 인구 부양비율은 일하는 사람 한 명이 연금 수급자(65세 이상) 몇 명을 부양해야 하는지 보여주는 대략적 지표다.

현재 전 세계 고령 인구 부양비율은 대략 0.25다. 일하는 네 명이 연금 수급자 한 명을 부양한다. 2100년에는 이 수치가 0.5로 상승하고 (일본 등) 일부 선진국에서는 1에 도달할 것이다. 즉, 모든 생산 가능 인구가 수급자를 한 명씩 부양해야 한다. 고령화 사회의 서사와 불가피한 경제성장률 감소 및 정부 부채 증가에 대한 두려움의 밑바닥에는 바로 이 고령 인구 부양비율의 증가가 있다.

우리는 이 비율을 더는 경제 분석의 도구로 사용하지 말아야 한다고 믿는다. 이유는 세 가지이다. 첫째, 고령 인구 부양비율은 65세 미만은 모두 일하고 65세 이상은 모두 일하지 않는다고 전제한다. 이는 명백히 부정확하다. 둘째, 노인이 젊은이에게 '의존'한다는 개념은 사실을 오도하고 있다. 이러한 개념은 새로운 일자리가 고령층의 지출을 의미하는 '실버 달러silver dollar'의 경제력에 점점 더 의존하고 있음을 간과한 것이다. 셋째, 사회 내 자연스러운 의존의 순환 고리, 즉 고령 인구가 과거에 낸 세금이 오늘날 생산 가능인구의 교육과 보건의 재원이었다는 점을 간과했다. 이는 중요한 이슈들이다. 고령 인구 부양비율은 65세 이상 인구가 젊은이들에게 의존한다고 전제함으로써 세대 갈등에 기름을 붓고, 복합적인 세대 간 합의가 작동하고 있다는 측면을 인식하지 못하게 만들기 때문이다.

하지만 더 근본적인 문제는 65세 이상을 '노인'으로 정의하는 데 있다. 이렇게 생활연령에 입각한 접근 방식은 나이의 가변성이라는 개념을 완전히 간과하게 되고, 따라서 장수 경제의 존재도 부정하게 된다. 나이의 가변성을 이해하려면 먼저 '연령 인플레이션'이라는 개념을 도입해야 한다. 연령 인플레이션이란 생물학적 연령의 개선에 맞추어 생활연령을 조정하는 것이다. 이러한 조정을 거치면(1950년 당시 65세 인구의 사망률을 기준으로 '노인'을 정의했다고 할 때), 예컨대 미국의 고령 인구 부양비율은 크게 달라진다. 이를 표 8-1 에 제시한다. 65세 이상을 노인으로 규정하는 기존 정의에 따르면 고령 인구 부양비율은 시간이 갈수록 증가한다. 이는 생산 가능 인구가 감소하고 연금 및 보건비 지출이 증가하는 경제의 서사이다. 그러나 연령 인플레이션을 적용해 조정하면 고령 인구 부양비율은 오히려 감소한다. 이제 경제의 서사는 사람들이 더 건강하게 나이들고 잠재적 노동 인구가 증가하는 것으로 바뀌게 된다. 이는 경제에 나쁜 소식이

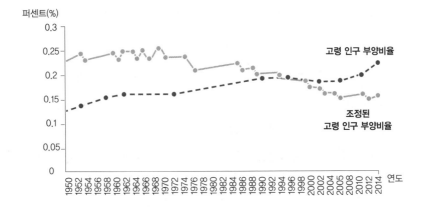

퍼센트(%)

고령 인구 부양비율

조정된
고령 인구 부양비율

연도

표 8-1 기존 정의에 따랐을 때와 연령 인플레이션을 적용했을 때의 고령 인구 부양
비율OADR 비교

아니라 좋은 소식임이 분명하다. 65세 이상 노동 인구 비율의 증가는 거시경제에 지대한 영향을 미친다. 영국의 경우 퇴직 연령이 1년 늦춰지면 GDP가 1% 증가할 것으로 추정된다.[14] 사람들이 더 건강해지고 오래 일한다면 경기가 부양되고, 적절한 정책이 뒷받침된다면 그 효과는 상당할 것이다.

이러한 장수 경제의 이익을 취하려면 정부는 모든 수단을 동원해 사람들이 더 오래 일하도록 장려하고 지원해야 한다. 이미 여러 나라에서 정년을 연장하고 있다. 당연한 수순이다. 하지만 그것만으로는 부족하다. '연령 고착'은 비단 퇴직 연령뿐 아니라 보건 정책, 교육 등 정부와 기업의 관행에 광범위하게 퍼져 있다. 만약 정부가 생산성 향상을 위한 추가 조치 없이 정년만 연장한다면 정말 위험할 수 있다. 이는 노인 실업률만 증가시킬 것이다. 정년 연장은 단지 더 오래 일하는 것이 아닌, 더 오래 생산적으로 일하도록 지원하는 광범위한 정책을 동반해야 한다.

정부 정책은 기대여명에 심각한 불평등이 존재하며 모두가 건강하게 나이 들지 않는다는 점 또한 인정해야 한다. 정년만 대폭 연장하게 되면 실질적으로 은퇴 자체를 경험하지 못하는 사람이 생길 수 있다. 정부는 세금과 복지 체계를 유기적으로 운용하여 더 일할 수 있는 사람에게는 인센티브를 제공하되 건강이 악화된 사람은 합리적인 수준의 소득이 확보된 상태에서 퇴직하도록 해야 한다. (일본 정부가 시행하듯) 더 오래 일할수록 국가가 더 많은 연금을 제공하는 방안은 퇴직을 오늘날처럼 '찬물로 샤워하기'에서 '따뜻한 물로 목욕하기'로 바꾸는 데 도움이 될 수 있다.

65세가 넘어도 일할 수 있도록 지원하는 정부 정책에 반대하는 쪽에서는 젊은이들이 일자리를 뺏길까 우려한다. 일견 맞는 말 같지만, 실상은 매우 다르다. 60대 이상 노동력이 취업 시장에 유입되는 경우 경제가 어떻게 재편될지 이해하려면, 20세기에 여성 노동 인구가 증가했던 사례를 보면 된다. 1950년에 미국 전체 노동력 중 15세 이상 여성의 비율은 34%(1700만 명)에 불과했다. 2017년에는 57%(7100만 명)이다. 하지만 남성이 일자리를 빼앗기지는 않았다. 같은 기간에 남성의 일자리도 4100만 개 증가했기 때문이다.

미국은 어떻게 남성 일자리를 희생시키지 않고도 새로운 여성 일자리를 이렇게 많이 만들었을까? 여성이 일을 하면서 가계소득이 증가했고, 따라서 지출이 늘었다. 결과적으로, 미국 경제의 생산량이 증가했고 이는 더 많은 일자리 수요로 이어졌다. 65세 이상 노동 인구가 증가하는 경우에도 이와 유사한 순환 고리를 예상할 수 있다. 65세 이상 인구의 소득이 증가하고, 지출이 증가하고, 결국 이는 경기 부양

3부 인간 사회

으로 이어질 것이다. 세대별로 정해진 일자리 할당량 같은 것은 존재하지 않는다. 따라서 전체적인 시각으로 보면 일자리를 둘러싼 세대 간 충돌도 없다.

오늘날의 미국 경제를 보며 65세 이상 인구가 일을 한다는 것이 어떤 의미인지 생각해보자. 미국의 65~74세 인구 중 27%만이 일을 하고 있다. 이에 비해 55~64세는 64%이다. 그렇다면 현재 55~64세 인구가 일하는 비율만큼 2050년에 65~74세 인구가 일을 하려면 새로운 일자리가 얼마나 필요할까?

2050년에 미국의 65~74세 인구는 3900만 명으로 예측된다. 그 중 64%가 일하기를 원한다면 2500만 개의 일자리가 필요하다. 이는 현재 65~74세에 가용한 일자리보다 1750만 개가 많다. 이 정도의 증가폭을 감당하려면 미국 경제는 지금부터 2050년까지 매년 50만 개 이상의 일자리를 창출해야 한다. 많은 수로 들리겠지만, 이는 여성이 노동시장에 진출했을 당시 필요했던 신규 일자리 수보다 훨씬 적다. 최근 미국의 일자리 창출 속도에 비해서도 낮은 수치다. 2000년 이후 미국에서는 연평균 97만5천 개의 일자리가 새로 생겼다. 이는 장수 경제를 포용하기 위해 노동시장이 무언가 대단한 것을 하지 않아도 된다는 뜻이다.

▌ 포용적 의제

사회가 기술과 장수의 이점을 활용하여 미래를 성공적으로 건설해가려면 다양한 의견을 경청해야 한다. 신기술의 활용 방법이 기업의 경제적 관심사에 좌우되거나, 장수 시대의 대처가 고령화와 공적 재원에 대한 정부의 우려에 내맡겨지면 심각한 위험이 초래될 수 있다. 사회적 창의성이 성공을 거두려면 우리 모두의 개별적인 목소리가 필요하다.

이 책 전체에서 우리는 미래를 준비하는 데 있어 자립의 필요성을 강조했다. 또, 개인에 대한 정부와 기업의 의무에 관해서도 논했다. 그러나 가장 깊은 곳에 자리 잡은 권리와 의무의 그물은 사회 구성원 개개인 간에 존재한다. 산업혁명 당시를 떠올려보자. 노동조합과 노동운동은 지역 공동체와 노동자의 요구를 대변하는 핵심 역할을 했으며, 자선단체와 공제회●는 사회운동의 중요한 주체였다. 이들은 단순한 압력단체가 아닌 회원제 단체였으며, 회원들에게는 서로를 지원하고 의무를 다할 것이 요구되거나 기대되었다. 21세기에 정부의 서사가 형태를 갖추고 더욱 확대되려면 그와 유사한 사회운동의 점화가 꼭 필요하다.

GDP를 넘어 생각하기

정부의 서사는 정부가 무엇을 측정하고, 그 측정치를 어떤 방식으로 표현하는지에 따라 결정되는 측면이 있다. 정부가 기대여명을 (기간 방법이 아닌 코호트 방법으로) 다르게 예상해야 하고, 고령 인구 부양비율 예측 방식을 (연령 인플레이션을 적용해서) 조정해야 한다고 우리가 강조한 이유도 거기에 있다.

하지만 가장 많은 주목을 받는 지표는 국내총생산GDP이다. 이 개

● 공동의 이익을 증진하기 위해 결성된 조합의 일종. 회비를 적립하여 조합원의 관혼상제나 예기치 못한 어려움을 당했을 때의 재정 부담을 덜어주었다.

넘을 1934년에 처음 공식적으로 정의한 사람은 하버드대학교의 사이먼 쿠즈네츠Simon Kuznets였다.[15] GDP는 대부분에게 친숙하며, 그상승과 하락은 그 사회의 성공을 가늠하는 대용물로 인식되고 있다. GDP는 한 국가 경제가 생산하는 재화와 용역의 총량을 나타내는 지표로, 널리 쓰이는 만큼이나 그에 대한 비판과 오해도 크다. GDP는 '저지름의 죄'(당초 측정하려던 것을 제대로 측정하지 못함)와 '빼먹음의 죄'(우리에게 정말 중요한 것을 측정하지 않음) 둘 다로 비판받는다.

정부가 바람직한 정책을 유도하기 위해서는 다른 변수를 사용해야 할까? 이를테면, 국민의 복지와 행복 같은 대체 지표를 사용해야 할까? 아랍에미리트는 2018년에 행복부 장관을 임명했고, 뉴질랜드의 재정부 장관 그랜트 로버트슨Grant Robertson은 '행복' 예산을 최초로 도입했다. 로버트슨 장관은 시정 연설에서 이렇게 말했다. "국민의 행복 수준을 향상시키는 데 집중하려면 다른 접근, 다른 성공 지표가 필요합니다… 우리는 성공에 관한 더 넓은 안목을 가지고 GDP와 같은 단순한 지표를 뛰어넘으려 합니다. GDP는 경제 산출량을 나타내는 중요한 지표이지만, 국민 행복의 모든 것을 말해주지 않습니다."[16]

이는 매우 중요한 문제다. 특히, 우리가 전환의 시기라고 언급한 오늘날 지표와 서사를 바로 잡는 일은 더더욱 중요할 것이다. 물론, 경제 및 재정 정책의 참고 지표로서 GDP와 고용률 데이터는 여전히 중요하다. 그러나 '엥겔스의 정체'가 말해주듯 GDP의 증가가 반드시 개인의 삶의 질을 향상시키지는 않는다. 따라서 각국이 국민 개개인의 경험을 바탕으로 더 정확한 서사를 구성하려면, 정부 정책이 개인의 전환을 어떻게 돕는지 측정할 수 있는 보다 광범위한 지표를 도입해야 한다. 이 광범위한 지표에는 전환에 따른 심리적·사회적 비용도 포함시켜 개인과 지역 공동체가 받는 영향을 더 잘 이해할 수 있어야 한다.

이러한 심리적·사회적 비용에는 양질의 일자리와 그렇지 않은 일자리의 비율, 그리고 사람들이 자발적으로 비정규직으로 이동했는지, 그것이 어쩔 수 없는 종착지인지 여부 등이 포함된다. 이러한 지표를 활용하면 지역 공동체가 얼마나 건강하고 역동적인지도 측정할 수 있을 것이다. 다시 말해, 정부는 경제의 전체 규모뿐 아니라 전환의 질적인 측면에도 주목할 필요가 있다.

정치제도의 재편

기술은 '노동'과 '자본'의 개념을 근본적으로 바꾸고 있으며 그에 따라 정부도 새로운 과세, 재분배, 규제 방안을 마련해야 한다. 고용이라는 개념을 예로 들어보자. 과거에는 빈곤의 가장 큰 원인이 미취업이나 실직으로 인한 무직 상태였다. 그 때문에 많은 나라가 개인의 직업 유무에 근거하여 복지제도를 발전시켰다. 그러나 긱 이코노미에서는 빈곤과 실업의 관계가 더욱 복잡해졌다. 에스텔은 직업이 있지만 급여가 적다. 또, 그녀의 근무 시간이 가변적이라는 것은 경제적 궁핍을 자주 경험한다는 의미이다.

과연 긱 이코노미에서 '일'은 어떤 의미일까? '직업'이라는 개념은 여전히 유효할까? 게다가 일, 노동의 개념 못지않게 자본의 개념도 바뀌었다. 우버는 자신들이 교통수단을 소유하지 않기 때문에 운송회사가 아니라고 주장한다. 페이스북은 미디어 콘텐츠를 생산하지 않기 때문에 언론사가 아니라고 한다. 이베이와 알리바바는 유명 판매업체이지만 재고를 두지 않는다. 기업 가치가 힐튼호텔의 두 배인 에어비앤비는 부동산을 소유하거나 운영하지 않는다. 이들 기업, 또 그 외에 수많은 기업의 가치는 유형자산(공장, 기계 설비, 사무실 등)보다는 무형자산(브랜드에 대한 투자, 연구개발, 지적재산권, 디자인)에 기반하고 있다. 이러한 자본과 직업의 의미, 노동 방식의 근본적인 변화는 커다란 사회적 긴장을 유발한다. 왜냐하면 기존의 조세제도와 복지제도가 원래의 목표를 달성하지 못하기 때문이다.

이러한 변화는 정치 과정에도 영향을 미친다. 이는 정당들의 정치 지형이 전통적인 노동과 자본의 개념을 근거로 형성되었기 때문인 측면이 있다. 하지만 이러한 전통적인 개념은 현대 사회를 효과적으로 설명하지 못하게 되었다. 따라서 기존 정당들이 현대 사회의 우려에 발맞추지 못하게 되고, 그에 따라 비전통적 정당과 지도자가 출현하고 있다. 즉, 자본, 직업, 노동 방식의 변화가 정당 지형을 뒤흔들고 있는 것이다.

장수는 민주주의의 각종 제도에도 압박을 가하고 있다. 고령화, 장수 시대에 사회는 누구의 목소리를 들어야 할지 다시 생각해야 한다. 훨씬 길어진 미래를 준비해야 하는 오늘날, 노인의 목소리만큼이나 젊은이의 목소리에도 귀를 기울여야 할까? 케임브리지대학교의 데이비드 런시먼David Runciman은 그렇다고 생각한다. 런시먼은 여섯 살부터 투표할 수 있어야 한다고 주장한다. 그러지 않으면 고령화 시대에 민주주의는 위기를 맞고 정부의 장기 계획에는 왜곡이 발생한다고 그는 믿는다. 런시먼은 현재 많은 나라의 역피라미드형 인구구조에서는 투표를 하지 못하는 18세 이하 인구가 남은 평생을 투표할 수 있는 노인들보다 훨씬 적다는 점을 지적한다.

물론, 여섯 살 아이보다 노인이 미래지향적이지 못할 것이라는 생각은 연령차별적 전제일 것이다. 그럼에도 런시먼의 주장에는 일리가 있다. 장수와 신기술에 적응해야 하는 세상에서 이러한 세대 평등의 문제는 분명 중요하다. 지금 일어나는 변화는 고령층보다 젊은이들에게 훨씬 오래 영향을 미칠 것이며, 따라서 젊은이의 목소리가 꼭 반영되어야 한다.

우리 모두는 각자의 삶, 각자가 속한 사회를 재설계해야 하며, 보다 인간적인 미래를 만들어가려면 세대의 어우러짐이 반드시 필요하다.

이 책 전반에서 우리는 개인의 탐색과 개척이 얼마나 중요한지 밝혔다. 그에 못지않게 정부의 탐색과 개척도 중요하다. 우리가 이 전환을 성공으로 이끌고 기술과 장수가 일으킬 변화에 효과적으로 대처하려면 사회와 정부 **모두**의 창의성이 필요하다.

덧붙이는 말 — 미래로 나아가기

우리 모두는 개인이자 사회 구성원으로서 삶의 설계 방식과 행복하게 번영하는 방법이 격변을 일으키는 초기 단계에 와 있다. 머지않아 우리는 인간 창의성의 놀라운 사례들을 전해들을 뿐 아니라 두 눈으로 직접 보게 될 것이다. 인공지능과 로봇공학에서 경이로운 혁신이 일어나고, 더 건강하게 나이 들고, 더 많은 고령화 사회의 징표가 나타나고, 가족과 공동체를 구성하는 방식은 한없이 다양해질 것이다.

미래를 대비하려면 우리 모두가 이러한 발전상에 관한 안목과 호기심을 가져야 한다. 하지만 가장 중요한 것은 우리의 행동과 관련된 것들이다. 즉, 사람이 행복한 번영에 필요한 전제들을 어떻게 시험할지, 사회적 개척자로 변모할 용기를 어떻게 끌어모을지, 놀라운 전환이 만들어내는 기회를 어떻게 잡을지가 관건이다.

우리의 열망에 정부, 기업, 교육 등의 제도가 미치지 못하는 건 분명 실망스러운 일이다. 그러나 역설적으로, 제도가 고착되지 않은 지금이야말로 자신을 표현하고 공동의 행동에 나설 수 있는 여지가 크다. 그러므로 제도가 주도하기를 기다리기보다 사회에서 일어나는 흥미로운 행동의 혁신을 지속적으로 살피는 편이 현명할 것이다. 그렇게 탄생한 새로운 삶의 방식은 매우 중요하다. 우리 모두는 필연적으로 과거 세대와 다르게 생각하고 행동할 것이기 때문이다. 만약 당신이 과거와 다르게 생각하고 행동하지 않고 있다면, 이미 변했으며 지금도 변하고 있는 세상에 적응하고 있다고 말하기 어렵다.

이 책의 핵심 메시지는, 삶의 서사는 길어졌지만 더 잦은 전환으로 인해 이 서사를 구성하는 다양한 단계와 시기는 짧아졌다는 것이다. 우리는 이 책 전반에 걸쳐 새로운 장수 시대가 어떤 결과들을 가져올지를 기술했다. 이 결과들은 당신이 다섯 가지의 간단한 행동에 참여할 것을 한목소리로 요구하고 있다.

선제적으로 행동하라. 우리는 격변의 시기를 보내고 있으며, 변화의 영향은 모두에게 미칠 것이다. 그러한 변화를 헤쳐나갈 책임은 당신에게 넘어오고 있으며, 그 책임은 점점 커질 것이다. 그러므로 당신은 지금 행동에 나서야 한다.

시선을 미래로 향하라. 현재 나이에 관계없이 당신은 과거 세대보다 더 긴 여생을 앞두고 있다. 그러므로 미래를 내다보며 시간이 갈수록 성과가 누적되는 투자를 신중히 고려하면 유리하다.

가능자아를 인식하라. 삶이 길어지고 전환이 잦아지면 가능자아의 선택의 폭은 더욱 넓어진다. 이를 최대로 활용하려면 여러 가능자아를 탐색하고 선택의 가능성을 더 오래 열어두어야 한다.

가변성과 순환성에 주목하라. 나이도, 삶에서 시간을 배치하고 분배하는 방식도, 더욱 가변적이 되었다. 이는 지금 당신의 행동이 당신의 건강한 나이 듦, 또 미래의 선택지와 결정에 영향을 미친다는 뜻이다.

전환을 받아들이라. 삶의 중대한 변화는 자의든 타의든 받아들이기 어렵다. 이러한 전환은 필연적으로 더욱 빈번해질 것이며, 다단계 삶의 여러 경로를 한데 묶는 매듭이 될 것이다.

이상은 개개인을 위한 가이드라인이다. 그러나 당신이 인생 전반에서 행복하게 번영할 수 있는지 여부는 기본적으로 타인과의 관계에 달렸다. 고립되어서는 사회적 개척자가 될 수 없다. 견고하고 깊은 유대는 소속감과 안정감의 중요한 원천이다. 이는 저절로 생기지 않는다. 상대에게 헌신하고, 서로를 신뢰하며 허심탄회하게 대화해야 한다.

하지만 그것만으로는 부족하다. 우리는 가족과 공동체 내에서 세대 간 유대를 다지는 데 투자해야 하고, 길고 자주 전환하는 삶 속에서 일생을 함께할 관계를 구축하기 위해 노력해야 한다. 따라서 공동체에 참여하기 위한 새로운 방법을 모색하는 데 중점을 두어야 한다. 이것이 꼭 필요한 이유는, 우리 삶을 좌우하는 각종 제도는 공동의 목소리만을 경청하기 때문이다. 제도는 사회적 창의성을 절실히 필요로 하며, 제도의 변화는 피할 수 없는 의제이다. 하지만 우리가 공동의 목소리를 내지 않으면 제도는 인간의 열망에 끊임없이 뒤처질 것이다.

변화는 쉽지 않을 것이다. 또, 기술적 창의성과 사회적 창의성 간 격차의 확대가 위험을 수반하는 것도 자명하다. 그러나 우리에게는 더 오래 살면서 더 큰 자유를 누리고 더 다양한 선택을 할 수 있는 엄청난 기회가 다가오고 있다. 새로운 선택을 마주하면 불안하기 마련이다. 하지만 우리가 개인적으로, 사회적으로 현명한 결정을 내릴 수 있다면 더 건강하게, 더 오래, 더 만족스러운 삶을 살 수 있다. 사회규범이 무너진 빈자리에서 우리는 길고 새로운 인생의 여러 가능성을 꿈꾸어볼 절호의 기회를 맞이했다.

바로 이 새로운 장수 시대에 관한 담론에 도움이 되기를 바라며 이 책을 썼다. 우리의 홈페이지 www.thenewlonglife.com에는 책에 관한 더 많은 정보, 당신의 생각과 계획에 도움이 될 추가 자료, 당신만의 이야기와 통찰을 나눌 수 있는 장이 마련돼 있다. 우리는 연구, 교육, 저술, 자문을 통해 이 주제를 계속 다룰 것이다. 이러한 우리의 노력에 관한 새로운 소식은 개인 홈페이지 www.ProfAndrewJScott.com과 www.lyndagratton.com을 방문하거나 트위터 @ProfAndrewScott과 @LyndaGratton을 팔로우하면 접할 수 있다.

사회적 개척자로서 첫발을 내딛는 당신의 성공을 기원하며, 미래로 나아가는 당신의 이야기를 들을 수 있길 고대한다.

주석

들어가는 말

1 https://www.bbc.co.uk/news/world-us-canada-42170100.

2 https://www.bloomberg.com/graphics/2017-job-risk/.

3 https://www.newyorker.com/magazine/2019/05/20/can-we-live-longer-but-stay-younger.

1장 인간의 진보

1 『은하수를 여행하는 히치하이커를 위한 안내서』를 지은 더글러스 애덤스의 말을 빌리자면 "기술이란 아직은 작동되지 않는 무언가를 설명할 때 쓰는 말이다." https://www.azquotes.com/quote/343497

2 구체적으로 말하면, 집적회로에 심을 수 있는 트랜지스터의 수가 두 배로 증가한다.

3 https://www.statista.com/statistics/499431/global-ip-data-traffic-forecast/.

4 우스갯소리로 우리도 '그래튼-스콧의 법칙' 하나 만들어볼까. "기술의 진보를 설명하기 위해 필요한 '법칙'의 수는 해당 주제에 쏟아지는 관심에 기하급수로 증가한다."

5 R. Baldwin, *The Globotics Upheaval: globalization, robotics and the future of work*, London: Weidenfeld and Nicolson, 2019.

6 'Jobs lost, jobs gained: workforce transitions in a time of automation'. McKinsey Global Institute, December 2017.

7 하지만 재미있게도, 완전 자동화로 당초 원했던 생산 목표를 달성하지 못하자 머스크는 이렇게 말했다. "테슬라의 과도한 자동화는 실수였다. 정확히는 내 실수다. 인간을 과소평가했다." https://www.cnbc.com/2018/04/13/elon-musk-admits-humans-are-sometimes-superior-to-robots.html

8 일론 머스크의 에일리언 드레드노트처럼 헨나 호텔도 자만심의 산물이었으며, 2019년에 폐업했다. 로봇이 모든 일을 할 수는 없었으며, 과업을 수행하고 로봇을 감독하기 위해 오히려 더 많은 인력이 필요했다.

9 물론 로봇이 당신을 정서적으로 '돌볼' 수 있다는 의미는 아니다.

10 데이터를 공급하면 자신의 형태를 수정하여 (원래 대상의 복사본을 숫자의 형태로 만들어내어) 현실 세계를 모방하는 수학적 형태의 일종.

11 D. Silver, J. Schrittwieser, K. Simonyan, I. Antonoglou, A. Huang, A. Guez, T. Hubert, L. Bakter, M. Lai, A. Bolton, Y. Chen, T. Lillicrap, F. Hui, L. Sifre, G. vanden Driessche,

T. Graepel, D. Hassabis, 'Mastering the game of Go without human knowledge',
Nature, 19 October 2017, Vol. 550, 354-9.

12 다음을 보라. https://www.npr.org/sections/money/2017/05/17/528807590/episode
-606-spreadsheets?t=1533803451907.

13 데카르트는 이미 17세기에 이 문제에 대해 사유하며 다음과 같이 썼다. "그러한 기계가
무언가를 우리만큼, 심지어 우리보다 잘할 수 있다 하더라도, 다른 것은 필연적으로 그렇
게 하지 못할 것이다. 이는 그 기계가 이해를 수반하지 않고 작동한다는 사실을 드러낼 것
이다." 『방법서설』, 1637년.

14 캡차CAPTCHA는 '컴퓨터와 인간을 구별하기 위한 완전 자동화 공개 튜링 테스트Completely
Automated Public Turing test to tell Computers and Humans Apart'의 약자로, 인터
넷상에서 자동차 등의 물체가 보이는 사진을 모두 고르라고 하는 등의 요청을 말한다. 인
간과 온라인 '봇bot'의 구별을 위해 사용된다.

15 M. Tegmark, *Life 3.0: Being Human in the Age of Artificial Intelligence*, London:
Allen Lane, 2017, p. 42.

16 이는 2018년에 출생한 일본 여성이 2018년에 평생을 산다고 가정한 '기간'의 척도이다.
즉, 향후 87년간의 추가적인 기대여명 개선은 염두에 두지 않는다. 따라서 평균 기대여명
을 과소추정할 가능성이 크다.

17 J. Oeppen, and J. Vaupel, 'Broken Limits to Life Expectancy', *Science*, May 2002,
Vol. 296, 5570, 1029-31.

18 A. Case, and A. Deaton, 'Rising morbidity and mortality in mid-life among
white non-Hispanic Americans in the 21st century', *Proceedings of the National
Academy of Sciences in the United States of America*, Vol. 112, 49, 15078-83.

19 N. Kassebaum, et al, 'Global, regional and national disability adjusted life years for
315 diseases and injuries and healthy life expectancy, 1990-2015: A systematic
analysis for the Global Burden of Disease Study 2015', *The Lancet*, 2016; Vol. 388,
10053, 1603-58.

20 A. Kingston, A. Comas-Herrera, and C. Jagger, 'Forecasting the care needs of the
older population in England over the next 20 years: estimates from the Population
Aging and Care Simulation (PACSim) modelling study', *The Lancet Public Health*,
2018; Vol. 3, 9, e447-55.

21 이 진술이 현재 태어나는 모든 아이에게 적용되지 않음을 감안할 때, 국가 내, 국가 간 양
극화는 더욱 분명히 드러난다. 우연히 어디에서 태어나는지가 기대여명에 지대한 영향을
미친다.

22 이를테면, 다음을 보라. the Academy for Health and Lifespan Research: https://
www.ahlresearch.org/vision

23 David Sinclair, with Matthew D. LaPlante, *Lifespan: why we age and why we don't
have to*, London: Thorson's, 2019; and Chalabi, and J. Mellon, *Juvenescence:*

Investing in the age of Longevity, Douglas, Isle of Man: Fruitful Publications, 2017.

24 장수 과학에 관심이 있는 사람이라면 조만간 '예쁜꼬마선충C. elegans'이라 불리는 길이 1mm의 회충에 매우 익숙해질 것이다. 이 회충의 유전자 구조와 짧은 수명은 연구에 적합하다.

25 S. Harper, *How Population Change will Transform Our World*, Oxford: Oxford University Press, 2019.

26 모든 데이터의 출처는 'United Nations World Population Prospects, 2017', https://esa.un.org/unpd/wpp/DataQuery/.

27 https://fullfact.org/economy/poverty-uk-guide-facts-and-figures/.

28 D. McCarthy, J. Sefton, and M. Weale, 'Generational Accounts for the United Kingdom', National Institute of Economic and Social Research Discussion Paper 377, January 2011, http://www.niesr.ac.uk/sites/default/files/publications/150311_171852.pdf.

2장 사람이 행복한 번영

1 '경계성'을 보다 깊이 이해하려면 다음을 보라. A. van Gennep et al, *The Rites of Passage*, Chicago: University of Chicago Press, 1960, and V. Turner, 'Betwixt and Between: The Liminal Period in Rites de Passage', in *The Forest of Symbols*, Ithaca: Cornell University Press, 1967.

2 http://www.bradford-delong.com/2014/05/estimates-of-world-gdp-one-million-bc-present-1998-my-view-as-of-1998-the-honest-broker-for-the-week-of-may-24-2014.html

3 M. Huberman, and C. Minns, 'The times they are not changin': days and hours of work in Old and New Worlds, 1870-2000', *Explorations in Economics History*, Vol. 44 (200710), 538-67.

4 W.Scheidel, *The Great Leveler: violence and the history of inequality from the Stone Age to the twenty-first century*, Princeton: Princeton University Press, 2018.

5 R. Chetty, M. Stepner, S. Abraham, S. Lin, B. Scuderi, N. Turner, A. Bergeron, D. Cutler, 'The association between income and life expectancy in the US', *Journal of American Medical Association*, 2016, Vol. 315 (20160426), 1750-66.

6 H. Markus, and P. Nurius, 'Possible Selves', *American Psychologist*, 1986, Vol. 4 (9), 954-69.

7 J. Panksepp, *Affective Neuroscience: the foundations of human and animal emotions*, New York: Oxford University Press, 1998.

8 D. Cable, *Alive at Work: the neuroscience of helping your people love what they do*, Boston: Harvard Business Review Press, 2018.

9 G. Vaillant, *Triumph of Experience*, Boston: Harvard University Press, 2012.

10 다음에서 인용. Garry Kasparov, https://www.verdict.co.uk/garry-kasparov-humans-

technology/ 'Garry Kasparov: We need better humans, not less technology',
Verdict, Robert Scammell, 19 February 2019.

3장 설계하기 — 나만의 인생 이야기를 만들라

1   K. Thomas, *Age and Authority in Early Modern England*, London: British Academy,
    1976.

2   P. Zweifel, S. Felder, and M. Meiers, 'Aging of population and health care
    expenditure: a red herring?', *Health Economics*, 1999, Vol. 8 (6) 485-96.

3   M. E. Levine, and E. M. Crimmins, 'Is 60 the new 50?: examining changes in biological
    age over the past two decades', *Demography*, 2018, 55, 2, 387-402.

4   J. B. Shoven, G. S. Goda, 'Adjusting government policies for age inflation', National
    Bureau of Economic Research (NBER), Working Paper, 14231, 2008.

5   J. Beard, and D. Bloom, 'Towards a comprehensive public health response to
    population aging', *The Lancet*, 2015; 385, 658-61.

6   B. Levy, et al, 'Longevity increased by positive self-perceptions of aging', *Journal
    of Personality and Social Psychology*, 2002; Vol. 83, 2, 261-70.

7   https://www.aging-better.org.uk/sites/default/files/2018-11/ELSA-analysis.pdf.

8   P. Thane, *Old Age in English History*, Oxford: Oxford University Press, 2011.

9   https://www.youtube.com/watch?reload=9&v=lYdNjrUs4NM.

10 T. O'Donoghue, and M. Rabin, 'Doing it now or later', *American Economic Review*,
    Vol. 89, 1 March 1999, 103-24.

11 할인율은 금융 분야의 기초 개념이다. 당신에게 오늘의 100달러와 1년 후의 110달러의
    가치가 동일하다면, 당신의 할인율은 10%이다. 다시 말해, 1년 후의 110달러에 당신의
    할인율 10%가 적용되어 현재의 100달러의 가치와 동일해지는 것이다. 할인율이 적을수
    록 당신은 인내심이 강하다. 할인율이 0%이면 당신에게는 오늘의 100달러와 1년 후의
    100달러와 무차별하다. 다시 말해, 당신은 '새의 눈' 관점을 가지고 있다.

12 C.Mogilner, H. E. Hershfield, J. Aaker, 'Rethinking time: implications for well-
    being', *Consumer Psychology Review*, 2018, Vol. 1, Issue 1, 41-53.

13 D. Blanchflower, and A. Oswald, 'Is well-being u-shaped over the life cycle?',
    Social Science and Medicine, 2008, Vol. 66 (8), 1733-49. 다음도 보라. J. Rauch,
    The Happiness Curve, New York: St Martin's Press, 2018.

14 J. Etkin, and C. Mogilner, 'Does variety among activities increase happiness?',
    Journal of Consumer Research, 2016, 43 (2), 210-29.

15 S. Mullainathan, and E. Shafir, *Scarcity*, London: Penguin, 2014.

16 D. Kamerade, S. Wang, B. Burchell, S. Balderson, and A. Coutts, 'A shorter working
    week for everyone: how much paid work is needed for mental health and well-
    being?', *Social Science and Medicine*, 2019, in press 11253.

17 M. Aguiar, and E. Hurst, 'The increase in leisure inequality', NBER Working Paper, 13837, 2008.

18 H. E. Hershfield, C. Mogilner, and U. Barnea, 'People who choose time over money are happier', *Social Psychological and Personality Science*, 2016, Vol. 7 (7), 607-706.

19 https://www.nytimes.com/2016/09/11/opinion/sunday/what-should-you-choose-time-or-money.html.

20 McKinsey Global Institute, 'Jobs lost, jobs gained: workforce transitions in a time of automation', December 2017.

21 https://www.nytimes.com/2013/06/14/opinion/krugman-sympathy-for-the-luddites.html.

22 인류 역사 전반에서 기술이 사회와 노동자에게 미친 영향에 대한 분석은 다음을 보라. C. Frey, The Technology Trap: capital, labor, and power in the age of automation, Princeton: Princeton University Press, 2019.

23 https://www.bls.gov/news.release/archives/jolts_03152019.htm.

24 https://www.bloomberg.com/news/articles/2018-08-01/how-a-trucking-shortage-is-fueling-u-s-inflation-quicktake.

25 McKinsey Digital. Chui, M., Manyika, J. and Miremadi, M., 'Where machines could replace humans –and where they can't (yet)' July 2016.

26 http://www.pewresearch.org/wp-content/uploads/sites/9/2014/08/Future-of-AI-Robotics-and-Jobs.pdf.

27 https://economics.mit.edu/files/14641.

28 McKinsey Global Institute. 'Jobs lost, Jobs gained: workforce transitions in a time of automation', December 2017.

29 J. E. Bessen, 'How computer automation affects occupations: technology, jobs and skills', Boston University School of Law, Law and Economics Research Paper, 2016, No. 15-4.

30 Bessen, 'How computer automation affects occupations'.

31 https://sloanreview.mit.edu/article/will-ai-create-as-many-jobs-as-it-eliminates/.

32 McKinsey Global Institute, 'Jobs lost, jobs gained: workforce transitions in a time of automation', December 2017.

33 L. Gratton, and A. Scott, *The 100-Year Life: living and working in an age of longevity*, London: Bloomsbury, 2016.

34 C. Wu, M. C. Odden, G. G. Fisher, and R. S. Stawski, 'Association of retirement age with mortality: a population based longitudinal study among older adults in the USA', *Journal of Epidemiology and Community Health*, September 2016, 70 (9), 917-23.

35 https://www.manchester.ac.uk/discover/news/unretirement/.

36 높은 임금이 반드시 더 많은 여가를 의미하지는 않는다. 일에서도 대체효과가 발생한다. 임금이 높은 사람은 값비싼 여가를 즐기고, 이는 이들이 더 오래 일하도록 부추긴다. 여가 시간은 이러한 힘들의 균형에 의해 좌우된다. 지금까지는 시간이 갈수록 소득효과(더 많은 여가를 원하는 것)가 우세했고, 이는 평균 노동시간의 하락으로 이어졌다.

37 Huberman and Minns, 'The times they are not changin''.

38 https://www.bbc.co.uk/news/business-48125411.

39 https://www.bls.gov/news.release/conemp.nr0.htm.

40 McKinsey Global Institute, 'Independent Work: choices, necessity and the gig economy', Manyika, J., Lund, S., Bughin, J., Robinson, K., Mischke, J. and Mahajan, D., October 2016.

41 D. Weil, *The Fissured Workplace: why work became so bad for so many and what can be done to improve it*, Boston: Harvard University Press, 2019.

42 철학자 아르투어 쇼펜하우어는 이를 더 다채롭게 표현했다. "돈은 바닷물과 같다. 마실수록 목마르다."

43 D. Kahneman, and A. Deaton, 'High income improves evaluation of life but not emotional well-being', *Proceedings of the National Academy of Sciences of the United States of America*, 21 September 2010, Vol. 107 (38), 16489-493.

44 이 연구에 영감을 받은 그래비티 페이먼트Gravity Payments의 CEO 댄 프라이스Dan Price는 자신의 연봉 100만 달러에서 7만 달러로 삭감하고 모든 직원에게 7만 달러를 연봉으로 주었다. 이 일이 프라이스의 행복에 어떤 영향을 미쳤는지에 관한 기사는 찾지 못했다.

4장 탐색하기 — 학습하고 전환하라

1 J. J. Arnett, 'Emerging adulthood: a theory of development from the late teens through the twenties', *American Psychologist*, 2000, Vol. 55 (5) 469-80.

2 E. Goffman, *Relations in Public*, London: Allen Lane, 1971.

3 J. Hartshorne, and L. Germine, 'When does cognitive functioning peak? The asynchronous rise and fall of different cognitive abilities across the lifespan', *Psychological Science*, April 2015, 26 (4), 433-43.

4 J. Hartshorne, and L. Germine, 'When does cognitive functioning peak? The asynchronous rise and fall of different cognitive abil-ities across the lifespan', *Psychological Science*, April 2015, 26 (4), 433-43.

5 이그나시 몬레알과의 인터뷰, *FT Weekend*, 3 March 2017.

6 J. Mogensen, 'Cognitive recovery and rehabilitation after brain injury: mechanisms, challenges and support', *Brain Injury: Functional Aspects, Rehabilitation and Prevention*, Croatia: In Tech Open Access, 2 March 2012, pp. 121-50, intechopen.

com.

7 E. Karle, and C. Pittman, *Rewire Your Anxious Brain: how to use the neuroscience of fear to end anxiety, panic, and worry*, Oakland, CA: New Harbinger Publications, Inc., 2015.

8 S. C. Davies, 'Chief medical officer's summary', in N. Metha, ed., *Annual report of the chief medical officer 2013, public mental health priorities: Investing in the evidence*, [online], London: Department of Health, pp. 11–9; J. Foster, 'Mental health problems are very common in the workplace – so why don't we talk about it more?,' *Computershare Salary Extras*, 25 November 2015.

9 World Health Organization, *Global burden of mental disorders and the need for a comprehensive, coordinated response from health and social sectors at the country level*, 1 December 2011.

10 E. L. Deci, and R. M. Ryan, 'The "what" and "why" of goal pursuits: human needs and the self-determination of behaviour', *Psychological Inquiry*, 2000, 11: 319–38.

11 Towards Maturity Report, *Preparing for the Future of Learning*. April 2016.

12 G. Petriglieri, S. Ashford, and A. Wrzesniewski, 'Thriving in the Gig Economy', *Harvard Business Review*, March–April 2018.

13 R. Florida, *The Rise of the Creative Class*, New York: Basic Books, 2011.

14 H.Ibarra,*Working Identity: Unconventional Strategies for Reinventing Your Career*, Boston: Harvard Business School Press, 2003.

15 J. E. Marcia, 'Development and validation of ego identity status', *Journal of Personality and Social Psychology*, May 1966, 3 (5), 551–8.

16 E.Wenger,and W.M.Snyder,'Communities of Practice: the organizational frontier', *Harvard Business Review*, January–February 2000.

17 이를테면 Rauch, *The Happiness Curve* 요약부를 보라.

18 D. Neumark, I. Burn, and P. Button, 'Is it harder for older workers to find jobs? New and improved evidence from a field experiment', NBER Working Paper, 21669, 2016.

19 'How secure is employment at old ages', Urban Institute, December 2018: https://www.urban.org/research/publication/how-secure-employment-older-ages.

20 https://blog.aarp.org/2018/01/05/unemployment-rate-for-those-ages-55-increases-in-december.

21 P. Azowlay, B. Jones, J. Daniel Kim and J. Miranda, 'Age and high-growth entrepreneurship', NBER Working Paper No. 24489, April 2018.

22 M. Nussbaum, and S. Levmore, *Aging Thoughtfully: conversations about retirement, romance, wrinkles and regrets*, Oxford: Oxford University Press, 2017.

23 Nussbaum and Levmore, *Aging Thoughtfully*.

24 D. Kahneman, B. L. Fredrickson, C. A. Schreiber and D. A. Redelmeier, 'When more pain is preferred to less: adding a better end', *Psychological Science*, November 1993, Vol. 4 (6), 401-5.

25 이는 아툴 가완디Atul Gawande의 아름답고 인간적인 저서 『어떻게 죽을 것인가』의 지배적인 정서와 일맥상통한다.

26 L. Carstensen, 'Social and emotional patterns in adulthood: support for socioemotional selectivity theory', *Psychology and Aging*, September 1992, Vol. 7 (3), 331-8.

5장 관계 맺기 — 깊은 유대를 형성하라

1   P. Seabright, *The Company of Strangers: a natural history of economic life*, Princeton: Princeton University Press, 2004.

2   https://www.census.gov/data/tables/time-series/demo/families/marital.html.

3   https://www.japantimes.co.jp/news/2017/04/05/national/1-4-japanese-men-still-unmarried-age-50-report/.

4   B. DePaulo, *Singled Out: how singles are stereotyped, stigmatized, and ignored, and still live happily ever after*, New York: St Martin's Griffin, 2006.

5   Lundberg and Pollak, 'The American family and family economics', *Journal of Economic Perspectives*, Vol. 21 (2), 3-26.

6   https://www.nytimes.com/2006/11/02/fashion/02parents.html.

7   https://www.msn.com/en-us/lifestyle/lifestyle-buzz/seven-best-friends-in-china-bought-and-renovated-a-mansion-where-they-intend-to-grow-old-together/ar-AADUaIh?li=BBnb7Kz.

8   표 5-1 출처: https://www.brookings.edu/research/lessons-from-the-rise-of-womens-labor-force-participation-in-japan.

9   A. Wolf, *The XX Factor: how working women are creating a new society*, London: Profile Books, 2013.

10 남성 생산 가능 인구의 15%가 일하지 않고 있다. 이 중 실업자는 5%, 비경제활동 인구는 10%이다.

11 다음에서 인용. 'Why are so many American men not working?', Alison Burke, https://www.brookings.edu/blog/brookings-now/2017/03/06/ why-are-so-many-american-men-not-working/, March 6, 2017

12 K. Gerson, *Hard Choices: how women decide about work, career and motherhood*, California: University of California Press, 1986.

13 A. Giddens, *Modernity and Self-Identity: self and society in the Late Modern Age*, Stanford: Stanford University Press, 1991.

14 J. Stacey, *Brave New Families*, New York: Basic Books, 1990.

15 Stacey, *Brave New Families*.

16 http://www.pewresearch.org/fact-tank/2018/06/13/fathers-day-facts/ft_16-06-14_fathersday_stayathomerising.

17 https://www.oecd.org/dev/development-gender/Unpaid_care_work.pdf.

18 R. Ely, P. Stone, and C. Ammerman, 'Rethink what you "know" about high-achieving women', *Harvard Business Review*, December 2014, 92 (12), 100-09.

19 J. Petriglieri, and O. Obodaru, 'Secure base relationships as drivers of professional identity co-construction in dual career couples', INSEAD Working Paper Series, 2016/04/OBH; and also J. Petriglieri, *Couples that Work: how to thrive in love and work*, Boston: Harvard Business School Press, 2019.

20 M. Strober, *Sharing the Work: what my family and career taught me about breaking through (and holding the door open for others)*, Boston: MIT Press, 2017, p.203

21 N. Ferguson, and E. Freymann, 'The coming generation war', *The Atlantic*, 2019, https://www.theatlantic.com/ideas/archive/2019/05/coming-generation-war/588670.

22 'The French Revolution as it appeared to enthusiasts at its commencement'. William Wordsworth, *The Major Works*, (ed) Stephen Gill, Oxford World's Classics, Oxford, July 2008

23 https://www.resolutionfoundation.org/publications/home-affront-housing-across-the-generations.

24 https://www.ft.com/content/b1369286-60f4-11e9-a27a-fdd51850994c.

25 Ipsos Global Trends Survey 2017. https://www.ipsosglobaltrends.com/megatrends-long-term-trends-shaping-the-world-in-2017-and-beyond/.

26 https://www.gsb.stanford.edu/faculty-research/publications/beyond-gdp-welfare-across-countries-time.

27 https://voxeu.org/article/how-represent-interests-future-generations-now.

28 N. Howe, and W. Strauss, *Generations*, New York: William Morrow/Quill, 1998.

29 K. Mannheim, 'The problem of generations', *Essays on the Sociology of Knowledge*, London: Routledge and Kegan Paul, 1928/1952, pp. 276-320.

30 D. Costanza, J. Badger, R. Fraser, J. Severt, and P. Gade, 'Generational differences in work-related attitudes: a meta-analysis', *Journal of Business and Psychology*, 2012, Vol. 27, 375-94.

31 L. Gratton, and A. Scott, 'Our assumptions about old and young workers are wrong', *Harvard Business Review*, November 2016: https://hbr.org/2016/11/our-assumptions-about-old-and-young-workers-are-wrong.

32 https://www.pewresearch.org/fact-tank/2018/05/02/millennials-stand-out-for-their-technology-use-but-older-generations-also-embrace-digital-life.

33 R. Luhmann, and L. C. Hawkley, 'Age differences in loneliness from late adolescence to oldest old age', *Developmental Psychology*, 2016, 52 (6), 943-59.

34 다음에서 인용. Brendtro (2006) 'The vision of Urie Bronfenbreenner: Adults who are crazy about kids, Reclaiming Children and Youth: The Journal of Strength-based interventions'.

35 Marc Freedman 'Let's make the most of the intergenerational opportunity', Next Avenue, July 5, 2016, https://www.nextavenue.org/lets-make-intergenerational-opportunity/.

36 https://www.marketwatch.com/story/people-spend-more-time-with-facebook-friends-than-with-actual-friends-2016-04-27.

37 https://web.stanford.edu/~mrosenfe/Rosenfeld_et_al_Disintermediating_Friends.pdf.

38 '14th Annual Demographia International Housing Affordability Survey: 2018', http://demographia.com/dhi.pdf.

39 T. Tammaru, M. van Ham, S. Marcinczak, and S. Musterd (eds), 'Socio-Economic Segregation in European Capital Cities', IZA Discussion Paper 9603, December 2015.

40 휴게실에 관한 자세한 내용은 다음을 보라. https://www.ageofnoretirement.org/thecommonroom.

41 Marc Freedman 'How to Live Forever: The Enduring Power of Connecting the Generations' Public Affairs, November 20, 2018.

42 J. Wilson, 'Volunteering', *Annual Review of Sociology*, Vol. 26, 2000, 215-40.

43 A. Steptoe, A. Shankar, P. Demakakos, and J. Wardle, 'Social isola-tion, loneliness, and all-cause mortality in older men and women', *Proceedings of the National Academy of Sciences*, 2013, 110, 5797-801.

44 P. Boyle, A. Buchman, L. Barnes, and D. Bennett, 'Effect of a purpose in life on risk of incident Alzheimer disease and mild cognitive impairment in community-dwelling older persons', *Archives of General Psychiatry*, 2010, 67, 304-10.

45 P. Boyle, L. Barnes, A. Buchman, D. Bennett, 'Purpose in life is associated with mortality among community-dwelling older persons', *Psychosomatic Medicine*, 2009, 71 (5), 574-9.

46 *A Habit of Service. 2017* Jubilee Centre for Character and Virtues: University of Birmingham. https://www.jubileecentre.ac.uk/1581/projects/current-projects/a-habit-of-service.

47 M. J. Sandel, *What Money Can't Buy, the moral limits of markets*, New York:

Farrar, Straus and Giroux, 2012, p. 103.

48 John Rawls, *A Theory of Justice*, Harvard: Harvard University Press, 1971.

49 OECD (2017) 'Preventing Ageing Unequally', OECD Publishing, Paris, 2017.

6장 기업의 의제

1 J.Gotbaum,and B. Wolfe,2018,'Help people work longer by phasing retirement', https:www.brookings.edu/opinions/help-people-work-longer-by-phasing-retirement.

2 '18th Annual Transamerica Retirement Survey', https://www. transamericacenter. org/retirement-research/18th-annual-retirement-survey.

3 J. Ameriks, J. Briggs, A. Caplin, M. Lee, M. D. Shapiro, and C. Tonetti, 'Older Americans would work longer if jobs were flexible', *American Economic Journal: Macroeconomics*, forthcoming.

4 H. Kleven, C. Landais, J. Posch, A. Steinhauer, and J. Zweimüller, 'Child Penalties Across Countries: Evidence and Explanations', May 2019, AEA Papers and Proceedings, 109, 122-26.

5 C. Goldin, 'A Grand Gender Convergence: its last chapter', *American Economic Review*, 2014, Vol. 104 (4), 1091-119.

6 M. Bertrand, 'The Glass Ceiling', *Economica*, 2018, Vol. 85 (338), 205-31.

7 M. C. Huerta, W. Adema, J. Baxter, H. Wen-Jui, M. Lausten, L. RaeHyuck, and J. Waldfogel, 'Fathers' leave and fathers' involvement: evidence from four OECD countries', *European Journal of Social Security*, 2014, Vol. 16 (4), 308-46.

8 https://www.personneltoday.com/hr/enhancing-family-friendly-pay-pros-cons.

9 Business in the Community 'Supporting Carers at Work': https://age.bitc.org.uk/ sites/default/files/supporting_carers_at_work.pdf.

10 https://www.ft.com/content/6b625a64-9697-11e9-8cfb-30c211dcd229.

11 https://www.oecd.org/dev/development-gender/Unpaid_care_work.pdf.

12 M. Knaus and S. Otterbach, 'Work hour mismatch and job mobility: adjustment channels and resolution rates'. *Economic Inquiry 57*: 227-242.

13 M. Bertrand, 'The Glass Ceiling'.

14 C. Goldin, and L. F. Katz,'The most egalitarian of professions: pharmacy and the evolution of a family-friendly occupation'. *Journal of Labor Economics*, 2016; 34 (3): 705-45.

15 L. Gratton, *The Shift: the future of work is already here*, London: HarperCollins, 2011.

16 McKinsey & Company. 'Coordinating workforce development across stakeholders: An interview with ManpowerGroup CEO Jonas Prising'. Cheng,W.L, Dohrmann,T.

and Law, J. October 2018.

17 Bersin by Deloitte : UK learning and development organizations spend less on external training providers, even as budgets rebound. Jan 28th 2016.UK Corporate Learning Factbook 2016 : Benchmarks, Trends, and Anaysis of the UK Training Market. Bercon.com

18 https://www.ft.com/content/4fcd2360-8e91-11e8-bb8f-a6a2f7bca546.

19 저자들과의 대화에서.

20 F. Gino, 'The Business Case for Curiosity', *Harvard Business Review*, Sept-Oct. 2018.

21 C. Conley, *Wisdom at Work : the making of a modern elder*, London, Portfolio Penguin, 2018.

22 T. S. Church, D. M. Thomas, C. Tudor-Locke, P. T. Katzmarzyk, C. P. Earnest, R. Q. Rodarte, C. K. Martin, S. N. Blair, and C. Bouchard, 'Trends over 5 decades in US occupation-related physical activities and their associations with obesity', *PlosOne*, 2011, Vol. 6 (5), e196571.

23 A. Borsch-Supan, and M. Weiss, 'Productivity and age : evidence from work teams at the assembly line', *Journal of the Economics of Aging*, 2016, Vol. 7, C, 30–42.

24 A. Duckworth, C. Peterson, M. Matthews, and D. Kelly, 'Grit : perseverance and passion for long-term goals', *Journal of Personality and Social Psychology*, 2007, Vol. 92 (6), 1087–101.

25 https://www.aarp.org/work/job-search/info-2019/mcdonalds-partners-with-aarp.html.

26 J. Birkinshaw, J. Manktelow, V. D'Amato, E. Tosca, and F. Macchi, 'Older and Wise?: how management style varies with age', *MIT Sloan Management Review*, 2019, Vol. 60, 1532–9194.

27 https://www.pwc.com/gx/en/people-organisation/pdf/pwc-preparing-for-tomorrows-workforce-today.pdf.

28 예시로 다음을 보라. the Bank of America Merrill Lynch report, 'The Silver Dollar – longevity revolution primer': http://www.longfinance.net/programmes/london-accord/la-reports. html?view=report&id=452.

7장 교육의 의제

1 C. Goldin, and L. Katz, *The Race Between Education and Technology*, Harvard: Harvard University Press, 2010.

2 E. Hoffer, 'Reflections on the Human Condition', Hopewell Publications, 2006.

3 https://www.statista.com/statistics/499431/global-ip-data-traffic-forecast/.

4 'Satya Nadella Talks Microsoft at Middle Age' interview with Dina Bass https://www.bloomberg.com/features/2016-satya-nadella-interview-issue/ August 4,

2016.

5   Angela Ahrendts Quotes. (n.d.). BrainyQuote.com. Retrieved August 13, 2019,
    from BrainyQuote.com Website: https://www.brainyquote.com/quotes/angela_
    ahrendts_852654

6   J. Shadbolt, 'Shadbolt Review of Computer Sciences Degree Accreditation and
    Graduate Employability', https://assets.publishing.service.gov.uk/government/
    uploads/system/uploads/attachment_data/file/518575/ind-16-5-shadbolt-review-
    computer-science-graduate-employability.pdf.

7   C. Davidson, *The New Education: how to revolutionize the university to prepare
    students for a world in flux*, New York: Basic Books, 2017.

8   K. Palmer, and D. Blake, *The Expertise Economy: how the smartest companies
    use learning to engage, compete and succeed*, Nicholas Brealey Publishing,
    Boston and London, 2018, p.147.

9   https://pe.gatech.edu/blog/creating-the-next-report.

10 https://dci.stanford.edu.

11 P. Beaudry, D. Green, and B. Sand, 'The great reversal in the demand for skill and
    cognitive tasks', *Journal of Labor Economics*, 2016, Vol. 34 S1(2), S199–247.

12 http://www.cipd.co.uk/publicpolicy/policy-reports/overqualification-skills-
    mismatch-graduate-labour-market.aspx.

13 Institute for Fiscal Studies, https://www.ifs.org.uk/uploads/publications/bns/
    BN217.pdfpage=3.

14 A. Scott, 'Education, Age and the Machine', in C. Dede, and J. Richards (eds), *The
    60 Year Curriculum: new models for lifelong learning in the digital economy*,
    forthcoming Routledge, 2020.

15 K. Palmer and D. Blake, *The Expertise Economy: How the smartest companies
    use learning to engage, compete and succeed*, Nicholas Brealey Publishing,
    Boston and London, 2018, p.147.

16 D. Deming, 'The growing importance of social skills in the labour market',
    Quarterly Journal of Economics 2017, Vol. 132, 4, 1593–640.

17 L. Gratton, 'The challenges of scaling soft skills', *MIT Sloan Management Review*,
    6 August 2018.

18 L. Gratton, 'New frontiers in re-skilling and up-skilling', *MIT Sloan Management
    Review*, 8 July 2019.

19 https://www.gov.uk/government/publications/adult-participation-in-learning-
    survey-2017.

20 구글의 수석경제학자인 핼 배리언의 이름을 땀. https://en.wikipedia.org/wiki/Varian_
    Rule.

21 영국에서 MOT(원래 교통부를 뜻함) 검사란 차령이 3년이 넘은 차량의 정기 점검을 말한다. 차량의 상태, 주행에 적합한지와 고장이 있는 경우 정비가 필요한지 여부를 검사한다. MOT를 받지 않은 차량은 주행이 법으로 금지된다.

22 McKinsey Global Institute Report, 2017, 'Jobs lost, jobs gained', https://www.mckinsey.com/featured-insights/future-of-work/jobs-lost-jobs-gained-what-the-future-of-work-will-mean-for-jobs-skills-and-wages.

23 다음에서 인용. C. Davidson, *The New Education: how to revolutionize the university to prepare students for a world in flux*, New York: Basic Books, 2017, p. 127.

24 'Harvard's dean of continuing education pushes educational frontier', Nancy Duvergne Smith, MIT Technology Review, 21 October, 2014, https://www.technologyreview.com/s/531381/huntington-lambert-sm-85/.

8장 정부의 의제

1   L. Nedelkoska and G. Quintini (2018), 'Automation, skills use and training', OECD Social, Employment and Migration Working Papers No. 202, OECD Publishing, Paris.

2   OECD, 'Basic Income as a Policy Option', May 2017, OECD Social, Employment and Migration Working Papers No. 202, OECD Publishing, Paris.

3   OECD, 'Basic Income as a Policy Option'.

4   https://www.weforum.org/agenda/2019/04/where-do-good-jobs-come-from/.

5   O. Mitchell, J. Poterba, M. Warshawsky, and J. Brown, 'New Evidence on the Money's Worth of Individual', *Annuities American Economic Review*, 1999, 89(5), 1299 – 318.

6   N. Kassebaum, et al, 'Global, regional and national disability adjusted life years for 315 diseases and injuries and healthy life expectancy, 1990 – 2015: a systematic analysis for the Global Burden of Disease Study', 2015, *The Lancet*, 2016; 388, 10053, P1603 – 658.

7   James Fries of Stanford University, http://aramis.stanford.edu/downloads/1980FriesNEJM130.pdf.

8   S. Jay Olshansky, 'From lifespan to healthspan', *Journal of American Medical Association*, October 2018, 320(13): 1323 – 1324.

9   https://voxeu.org/article/does-aging-really-affect-health-expenditures-if-so-why.

10 https://www.kvpr.org/post/delaying-aging-may-have-bigger-payoff-fighting-disease.

11 The Longevity Forum, November 2018, London에서 발언한 내용.

12 'Towards more physical activity: transforming public spaces to promote physical activity – a key contributor to achieving the Sustainable Development Goals in Europe', World Health Organisation, 2017.

13 J. Beard, and D. Bloom, 'Towards a comprehensive public health response to population aging', The Lancet, 2015, Vol. 385 (9968), 658-61.

14 R. Barrell, S. Kirby, and A. Orazgani, 'The macroeconomic impact from extending working lives', Department for Work and Pensions Working Paper, 95, 2011.

15 GDP의 역사와 평가에 관해 매우 잘 읽히는 책이 필요하면 다음을 보라. D. Coyle, GDP: a brief but affectionate history, Princeton: Princeton University Press, 2014.

16 https://www.nzherald.co.nz/business/news/article.cfm?c_id=3&objectid= 11993716.

표, 그림 출처

표 1-1 영국 통계청.

표 1-2 세계의 고령화An Aging World, 미국 인구조사국, 2015.

표 1-3 OECD 보건 통계.

그림 3-1 저자 작업.

표 3-2 저자 계산.

그림 3-3 저자 작업.

그림 3-4 저자 작업.

그림 4-1 저자 작업.

표 4-2 미국 노동통계국Bureau of Labor Statistics.

표 4-3 "나이 그리고 고성장 기업가들Age and High-Growth Entrepreneurship", P. Azoulay, B. Jones, D. Kim, J. Miranda, NBER Working Paper No.24489, 2018년 4월.

표 5-1 The Hamilton Project at Brookings, https://www.brookings.edu/research/lessons-from-the-rise-of-womens-labor-force-participation-in-japan(accessed on 20 March 2020).

그림 5-2 저자 작업.

표 6-1 "Child Penalties Across Countries: Evidence and Explanations", Kleven, Landais, Posch, Steinhauer, Zweimuller, AEA Papers and Proceedings, 109, 122–126, 2019.

표 8-1 저자 계산.

찾아보기